suhrkamp taschenbuch
wissenschaft 1924

Die Figur des Fremden ist eine der universellsten Semantiken in der Geschichte menschlicher Gesellschaften. Mittels dieser Figur beobachten Gesellschaften ihre Grenzen, legen Identitäten fest und markieren Bedrohungen. Rudolf Stichweh verfolgt die Spur des Fremden in verschiedenen sozialen Systemen und Leitthemen: im Zusammenhang von Fremdheit und Selbstbegrenzung der Menschheit, in der Identifikation des Fremden über körperliche Merkmale, seiner Prominenz in Universität und Wissenschaft, seinem Verhältnis zur Selbstbeschreibung Europas und in den vielfältigen Formen des Vagabunden und Peripheren in der frühen Neuzeit. In der Moderne vollzieht sich ein Umbruch, der bedeutet, daß jetzt alle anderen fremd sind oder niemand mehr ein Fremder ist. Die Selbstbeobachtung der Moderne, so eine zentrale These dieses Buches, erfindet Formen minimaler Sympathie und universaler Indifferenz, die unser Verhältnis zu allen anderen Menschen bestimmen.

Rudolf Stichweh ist Professor für Soziologie an der Universität Luzern.

Im Suhrkamp Verlag erschienen: *Zur Entstehung des modernen Systems wissenschaftlicher Disziplinen* (1984), *Der frühmoderne Staat und die europäische Universität* (1991), *Wissenschaft, Universität, Profession* (stw 1146) und *Die Weltgesellschaft* (stw 1500).

Rudolf Stichweh
Der Fremde
Studien zu Soziologie und Sozialgeschichte

Suhrkamp

Bibliografische Information der Deutschen Nationalbibliothek
Die Deutsche Nationalbibliothek verzeichnet diese Publikation
in der Deutschen Nationalbibliografie; detaillierte bibliografische Daten
sind im Internet über http://dnb.d-nb.de abrufbar.

suhrkamp taschenbuch wissenschaft 1924
Erste Auflage 2010
© Suhrkamp Verlag Berlin 2010
Alle Rechte vorbehalten, insbesondere das der Übersetzung,
des öffentlichen Vortrags sowie der Übertragung durch
Rundfunk und Fernsehen, auch einzelner Teile.
Kein Teil des Werkes darf in irgendeiner Form
(durch Fotografie, Mikrofilm oder andere Verfahren)
ohne schriftliche Genehmigung des Verlages reproduziert
oder unter Verwendung elektronischer Systeme
verarbeitet, vervielfältigt oder verbreitet werden.
Umschlag nach Entwürfen
von Willy Fleckhaus und Rolf Staudt
Druck: Druckhaus Nomos, Sinzheim
Printed in Germany
ISBN 978-3-518-29524-3

1 2 3 4 5 6 – 15 14 13 12 11 10

Inhalt

Vorwort 7

1 Die klassische Soziologie des Fremden und die Genese der Disziplin Soziologie 9

2 Fremde, Barbaren und Menschen. Vorüberlegungen zu einer Soziologie der ›Menschheit‹ 25

3 Homo sapiens in der Umwelt sozialer Systeme. Eine Antwort auf die Frage »Was ist der Mensch?« 45

4 Die psychische Einheit der Menschheit und die Nichtrationalität des Sozialen. Voraussetzungen und Folgen einer Idee der Moderne 50

5 Der Körper des Fremden 59

6 Die Semantik des Fremden in der Genese der europäischen Welt 75

7 Universitätsmitglieder als Fremde in spätmittelalterlichen und frühmodernen europäischen Gesellschaften 84

8 Fremde im Europa der frühen Neuzeit 111

9 Ambivalenz, Indifferenz und die Soziologie des Fremden 128

10 Fremde, Inklusionen und Identitäten 148

11 Fremdheit in der Weltgesellschaft. Indifferenz und Minimalsympathie 162

12 Weltgesellschaft und Fundamentalismus 177

13 Interkulturelle Kommunikation in der Weltgesellschaft.
   Zur politischen Soziologie
   der Integration und Assimilation 195

Textnachweise 206
Sachregister 208

Vorwort

Die Aufsätze dieses Bandes verdanken sich einem Arbeitszusammenhang, der mich seit gut fünfzehn Jahren beschäftigt. Die Semantik und Soziologie des Fremden ist einerseits Selbstbeobachtung der Gesellschaft, mittels deren historische Gesellschaften festlegen, wer ihnen zugehört, wie sie ihre Grenzen bestimmen und wie sie ihre Umwelt auffassen. Andererseits ist die Soziologie des Fremden ein wichtiger Teil der entstehenden Disziplin Soziologie, weil der Soziologe sich mit dem Fremden identifiziert, gleichsam wie ein Fremder die Gesellschaft zugleich von innen und von außen zu beobachten versucht.

Für mich verknüpft die Arbeit an diesem Thema sich mit drei anderen für meine Forschung zentralen Interessenrichtungen. Dies ist erstens die Frage nach dem Zusammmenhang von historischer Semantik und Sozialstruktur, nach jenen komplexen Beziehungsmustern, in denen Semantiken teils utopisch-projektiv, teils retrospektiv, teils normativ und oft operativ in die gesellschaftliche Strukturbildung eingreifen. Das Studium der historischen Semantik hat sich in den letzten zwanzig Jahren als die vielleicht produktivste Variante einer Gesellschaftsanalyse als Wissenssoziologie erwiesen. Zweitens geht es in den Texten dieses Buches immer auch um den Zusammenhang der Semantik des Fremden mit einem entstehenden globalen Gesellschaftssystem, das ich in der systemtheoretischen Tradition »Weltgesellschaft« nenne. Der Fremde ist oft ein Kosmopolit, der nur deshalb ein Fremder genannt wird, weil eine globale gesellschaftliche Ordnung sich noch nicht konsolidiert hat. Die Soziologie des Fremden ist insofern auch eine Vorgeschichte der Weltgesellschaft (siehe dazu insb. Kap. 11-13). Und deshalb ist dieses Buch auch eine Vorarbeit für eine Theorie der Weltgesellschaft, die ich demnächst vorzulegen hoffe. Drittens verknüpft sich für mich die Soziologie des Fremden mit dem Interesse an einer evolutionären Theorie des Sozialen. Die Figur des Fremden ist einerseits ein evolutionäres Universal aller Gesellschaften, in dem Sinne, wie Talcott Parsons diesen Begriff des evolutionären Universals verwendet hat. Andererseits verbindet sich mit der Soziologie des Fremden seit Georg Simmel und Robert Ezra Park die Frage nach den Mechanismen der gesellschaftlichen Innovation und Variation. Evolutionäre Theorie hat für mich eine doppelte Bedeutung. Einerseits geht es um das Experimentieren mit dem reichen begrifflichen Instrumentarium, das uns die darwinistische Tradition zur Verfügung gestellt hat. Andererseits handelt es sich um eine mit langen Zeithorizonten arbeitende Geschichte menschlicher Gesellschaften, die strukturelle Kopplungen von gesellschaftlicher Strukturbildung mit den vielfältigen nichtsozialen Umwelten der Kommunikation untersucht (siehe dazu insb. Kap. 3 und 4). Auch in diesen Hinsichten ist dieses Buch eine Vorbereitung umfangreicherer Arbeiten zu einer soziologischen Evolutionstheorie.

Begonnen habe ich die Arbeit an den Fragestellungen dieses Buches in meiner Zeit am Max-Planck-Institut für europäische Rechtsgeschichte in Frankfurt am Main von 1989 bis 1994. Mein Ich danke Dieter Simon, der diese Fragestellungen als meinen Beitrag zum Forschungsprogramm des Instituts akzeptiert hat und mir für fünf Jahre einen Raum uneingeschränkter Forschung eröffnet hat. Vor allem aber gilt mein Dank Marie Theres Fögen, die seit meinem ersten Auftreten am MPI (1986) meine Arbeit mit Interesse und dann bald Freundschaft begleitet hat und immer eine wache Beobachterin und Leserin meiner Arbeiten war. Die ersten beiden Texte zum Fremden, die ich geschrieben habe, das Kapitel 6 dieses Buches und der Aufsatz »Der Fremde – Zur Evolution der Weltgesellschaft« (*Rechtshistorisches Journal* 11, 1992, 295-316; nicht in den vorliegenden Band aufgenommen), sind in Publikationen erschienen, für die sie die redaktionelle Verantwortung trug. Ihre Neugierde, ihre freundschaftliche Zuwendung und ihre Diskussionsbereitschaft fehlen mir, wie vielen anderen. Die Aufsätze dieses Bandes sind ihrem Andenken gewidmet.

Rudolf Stichweh
Luzern, im Oktober 2009

I
Die klassische Soziologie des Fremden und die Genese der Disziplin Soziologie

Zwischen 1890 und 1945 entsteht in Deutschland und in den Vereinigten Staaten eine Reihe von Texten, für die sich heute der Name einer klassischen Soziologie des Fremden anbietet. Zu denken ist an Autoren wie Georg Simmel, Max Weber, Werner Sombart, Robert Michels, Robert Ezra Park, Margaret Mary Wood, Everett V. Stonequist und Alfred Schütz.[1] Warum sind diese Texte geschrieben worden? Wie hängen sie mit der Formation der Soziologie als wissenschaftlicher Disziplin zusammen? Und warum nennen wir sie »klassisch«?

In diesen Texten hat das Nachdenken über den Fremden erstmals die Form einer Wissenschaft angenommen. Davor war es über Jahrtausende eine einflußreiche Semantik historischer Gesellschaften, die allenfalls in der Form der wissenschaftlichen Behandlung des Fremdenrechts den Anspruch auf den Status eines akademischen Wissens erheben konnte. Die Verwissenschaftlichung der Beobachtung des Fremden verbindet sich mit der Genese der Soziologie als wissenschaftlicher Disziplin, und sie ist ein Dokument des Zusammenhangs der Herausbildung dieser Disziplin mit dem Nationalstaat als einer dominanten sozialen Form, die auch Prozesse der Begriffsbildung in der Sozialtheorie in eine bestimmte Richtung lenkte. Der Fremde ist vor allem Fremder im Verhältnis zur Nation, so daß andere Zugehörigkeiten und Ausschlüsse vergleichsweise zurücktreten.

Warum nenne ich diese Texte »klassisch«? Dies ist zunächst in einem in der Philologie üblichen Verständnis des Klassischen gemeint, das Texte bezeichnet, die gelesen und immer erneut gelesen werden. Einen Schritt weiter geht eine Auslegung, die eine Reservation hinsichtlich der fortdauernden Geltung des als klassisch ausgezeichneten Arguments hinzufügt. So beispielsweise der Historiker John Higham: »[...] a classic in the human sciences is a work that

---

1 Simmel 1992 (insb. 764-771, »Exkurs über den Fremden«); Weber 1921; 1972; Sombart 1922b; Park 1928; 1964; Michels 1925; 1929; Wood 1934; Stonequist 1937; Schütz 1944; 1945.

people still read after the kernel of its argument has been rejected or substantially revised.«[2] Und ähnlich formuliert Niklas Luhmann: »Klassisch ist eine Theorie, wenn sie einen Aussagenzusammenhang herstellt, der in dieser Form später nicht mehr möglich ist, aber als Desiderat oder als Problem fortlebt [...]. Der Text bleibt aktuell, solange seine Problemstellung kontinuierbar ist. Er bleibt maßgebend in einem ambivalenten Sinne: Man kann an ihm ablesen, was zu leisten wäre; aber nicht mehr, wie es zu leisten ist.«[3] Ob und warum diese Einschätzung für die klassische Soziologie des Fremden zutrifft und worin die zu kontinuierende Problemstellung besteht, wird uns im folgenden beschäftigen.

Die Probleme, von denen die klassische Soziologie des Fremden ausgeht, kann man sich anhand einiger Leitunterscheidungen vergegenwärtigen. Die erste dieser Unterscheidungen ist die, die den Ankömmling, der gerade eingetroffen ist, von demjenigen unterscheidet, der sich schon längere Zeit an einem fremden Ort aufhält.[4] Für den letzteren Fall verfügt die englische Sprache im Unterschied zum Deutschen mit dem Wort »sojourner« über einen eigenen Terminus.[5] Zum Beispiel steht bei Georg Simmel dieser soziale Typus des »sojourner« im Vordergrund, wenn er von dem Fremden als dem »Wandernde(n) [...], der heute kommt und morgen bleibt«, spricht.[6] Es ist offensichtlich, daß die soziologischen Fragen, die sich für die Analyse des ersten Kontakts zwischen Einheimischen und Fremden stellen, ganz andere Fragen sind als die, die sich auf die wechselseitige Anpassung oder Nichtanpassung der beiden Seiten bei längerem Aufenthalt des Fremden richten. In der klassischen Literatur zum Fremden bieten Margaret Mary Wood und Alfred Schütz Paradigmata für das Studium des Ankömmlings,[7] während außer Simmel auch Park den »sojourner« als denjenigen sozialen Typus benutzt, den er beim Studium des Fremden unterstellt.

Eine zweite wichtige Dimension der Unterscheidung wird durch

---

2 Higham 1994, 345.
3 Luhmann 1977, 17f.
4 Vgl. zu dieser Unterscheidung McLemore 1970.
5 Allerdings gibt es im Schweizerischen den »Aufenthalter«.
6 Simmel 1992, 764.
7 Siehe ausdrücklich bei Wood 1934, 43: »We shall describe the stranger as one who has come into face-to-face contact with the group for the first time.«

die Differenz zwischen dem Fremden und dem »marginal man« artikuliert. Georg Simmel und sein Schüler Robert Ezra Park sind hier die beiden auffälligsten Protagonisten, zwischen deren Formulierungen ein großer, in der kommentierenden Literatur oft gar nicht wahrgenommener Unterschied liegt.[8] Während an Simmels Fremdem vor allem das Moment der inneren Distanznahme im Verhältnis zu der ihn beherbergenden Gesellschaft und umgebenden Kultur auffällt, das ihn zu den ihn auszeichnenden Leistungen intellektueller Objektivität befähigt, wird der »marginal man« in je verschiedener Weise durch seine Positionierung an »Rändern« oder an »Grenzen« bestimmt. In der am wenigsten ausgearbeiteten, fast alltagssprachlichen Version wird Marginalität als »schwache Integration« in soziale Gruppen gedacht.[9] Im Unterschied zu »innerer Distanz« ist schwache Integration offensichtlich ein defizitäres Phänomen und wird von den Betroffenen auch als solches erfahren. Eine neuere Interpretation von Marginalität identifiziert diese mit der sozialtheoretisch prominent gewordenen Unterscheidung von Zentrum und Peripherie. Marginalität meint dann die Positionierung eines Teils der Bevölkerung an der Peripherie eines Sozialsystems.[10]

Mit beiden Versionen kompatibel, aber viel spezifischer ist die Interpretation, die ursprünglich Robert Ezra Park entwickelt hatte. Für ihn ist marginal derjenige, der ein kultureller Hybrid ist:

[...] a man living and sharing intimately in the cultural life and traditions of two distinct peoples; never quite willing to break, even if he were permitted to do so, with his past and his traditions, and not quite accepted, because of racial prejudice, in the new society in which he now sought to find a place. He was a man on the margin of two cultures and two societies, which never completely interpenetrated and fused.[11]

---

8 Siehe dazu auch Stonequist 1937.
9 So Mizruchi 1983, insb. 10.
10 Siehe Fassin 1996, 68: »La marginalidad la situe à la périphérie d'un monde social référé à un centre« (»Die Marginalität situiert sie an der Peripherie einer Sozialwelt, die auf ein Zentrum bezogen ist«; Übersetzung R. S.).
11 »[...] ein Mensch, der im kulturellen Leben und in den Traditionen zweier Kulturen lebt und sie auf intime Weise teilt; der, auch wenn es ihm niemand untersagen könnte, nie bereit wäre, mit seiner Vergangenheit und mit seinen Traditionen zu brechen, und der, aus einem rassischen Vorurteil heraus, in der Gesellschaft, in der er jetzt seinen Platz sucht, nie vollständig akzeptiert wurde. Er ist ein Mensch auf der Grenze zweier Kulturen und zweier Gesellschaften, die sich nie vollstän-

Die Randstellung zu zwei Kulturen und nicht nur zu einem einzigen gesellschaftlich-kulturellen Zusammenhang macht hier den entscheidenden Unterschied aus. Das Moment der Exklusion tritt bei Park vergleichsweise zurück, weil derjenige, der die Exklusion erfährt (»not quite accepted, because of racial prejudice«), eigene Motive hat, sich nicht zu eng an die neue Kultur zu binden. Die kulturelle Hybridität wird für den »marginal man« zur Chance der Kreativität und zum Ursprung von Innovation. Insofern war die Theorie des »marginal man« nicht nur als Theorie des Außenseiters von geringem gesellschaftlichen Einfluß gedacht; Park hatte die Absicht, sie als Theorie der »Great Men« auszuarbeiten, denen er das Potential zuschrieb, kulturelle Hybridisierung in radikale Neuheit umzusetzen.

Die Überlegungen zu der Differenz, die den Fremden vom »marginal man« trennt, führen uns unmittelbar auf eine dritte Dimension des Unterscheidens hin, die den in der klassischen Soziologie des Fremden immer präsenten Gesichtspunkt der Identifikation (mit einem Sozialsystem) betrifft. Es scheint mir sinnvoll, diesen Gesichtspunkt als Unterscheidung dreier Möglichkeiten, als Unterscheidung von Detachement, geteilter Loyalität und Disaffiliation, einzuführen. Die multiple Identifikation mit trennbaren Zugehörigkeiten tritt später als eine vierte Möglichkeit hinzu.

Detachement wurde oben schon mit Bezug auf Simmels Fremden als innere Distanznahme diskutiert. Das Detachement des Fremden ist nicht einfach nur als Gleichgültigkeit zu verstehen, es nimmt vielmehr eine andere Seite des Gestimmtseins in sich auf, die man Betroffenheit oder Engagement nennen kann. Diese Bipolarität von Detachement und Betroffenheit korrespondiert mit der Differenz von Nähe und Ferne, die gerade Simmel als die für die Soziologie des Fremden bestimmende herausgestellt hat:

Die Einheit von Nähe und Entferntheit [...] die Distanz innerhalb des Verhältnisses bedeutet, daß der Nahe fern ist, das Fremdsein aber, daß der Ferne nah ist.[12]

Die Soziologie der 1950er Jahre hat aus dieser Konstellation die ihr angemessen scheinende Orientierungsweise des Professionellen de-

dig durchdrangen und miteinander fusionierten« (Park 1928, 354; Übersetzung R. S.).
12 Simmel 1992, 765.

duziert. Der Professionelle ist bekanntlich ein Fremder, der seinem Klienten in bestimmten für diesen existentiell bedeutsamen Problemlagen zwangsläufig sehr nahe kommt. »Detachierte Betroffenheit« (»detached concern«) heißt die Orientierungsweise, die die Medizinsoziologin Renée Fox für diese Problemlage vorgeschlagen hat.[13] Wie dies für viele bipolare Orientierungen gilt, ist die paradoxe Struktur einer detachierten Betroffenheit unübersehbar. Das temporäre Verweilen eines professionellen Praktikers an einem der beiden Pole der Orientierungsalternative läßt unweigerlich das Unangemessene einer solchen Eindeutigkeit hervortreten und lenkt insofern die Orientierung zum gegenüberliegenden Pol zurück, ohne daß in dieser Oszillation ein stabiler Ruhepunkt identifizierbar wäre.

Der detachierten Betroffenheit des Fremden steht mit der geteilten Loyalität des »marginal man« eine zweite, gleichfalls durch Ambivalenz gekennzeichnete Weise der Identifikation gegenüber. Wir haben dies bereits am Beispiel des marginalen Intellektuellen als eines kulturellen Hybrids zweier kognitiver Welten diskutiert. Joseph Ben-David und Randall Collins haben aus dieser These Parks die Theorie von Rollenhybriden (Hybridisierung zweier wissenschaftlicher Disziplinen) als Theorie wissenschaftlicher Innovation geformt.[14] Der ungeplante Wechsel eines Wissenschaftlers in eine von ihm eigentlich nicht anzielte fremde wissenschaftliche Disziplin wäre danach eine wichtige Quelle radikaler wissenschaftlicher Innovation. Eine andere historisch interessante Formulierung des kulturellen Hybrids ist der »hyphenated American« (der Bindestrich-Amerikaner, z. B. der »German-American«), dessen in Frage gestellte Loyalität zur amerikanischen Nation in Krisenzeiten, insbesondere im Ersten Weltkrieg, zur wahlbestimmenden Frage wurde, so daß Kandidaten, die Erfolg haben wollten, sich zum »unhyphenated Americanism« bekennen mußten und der 1916 wiedergewählte Präsident, Woodrow Wilson, es ausdrücklich ablehnte, sich auf das »hyphenate vote« zu stützen.[15] Der Zusammenhang von politischem Nationalismus und dem aus der Perspektive des Nationalismus immer wieder kommunizierten Zweifel an der politischen Loyalität der eingewanderten Fremden ist ein

---

13 Fox 1957.
14 Ben-David und Collins 1966.
15 Higham 1994, 196 ff.

wichtiger Motivkomplex in der Genese der klassischen Soziologie des Fremden.[16] Noch 1944 verteidigt Alfred Schütz in seinem Essay »The Stranger« die der Illoyalität verdächtigen Fremden, indem er zu zeigen versucht, daß es sich bei der scheinbaren Illoyalität – i. e. der als unzureichend gesehenen Identifikationsbereitschaft mit dem neuen Kontext – in Wirklichkeit um eine grundlegende epistemische Verunsicherung der Einwanderer handelt, die daher rühre, daß die Fremden das einheimische Lebensmuster nicht als Sicherheit gewährend erfahren, es ihnen vielmehr als »labyrinthisch« erscheine und sie deshalb nicht umstandslos zu ihm überwechseln können.[17] Hinter diesem Argument steckt im übrigen eine Position Schütz', die der von Robert Ezra Park diametral entgegengesetzt ist. Schütz denkt eine Kultur als ein geschlossenes kognitives System. Kulturen in der Deutung, die Schütz ihnen gibt, scheinen im Verhältnis zueinander inkommensurabel zu sein, inkommensurabel in dem Verständnis dieses Begriffs, das Thomas Kuhn in die wissenschaftstheoretische Diskussion eingeführt hat.[18] Der Wechsel in eine andere Kultur ist dann eine radikale Diskontinuität, die von hoher Unsicherheit im Moment des Wechsels begleitet wird. Insofern könnte auch von einer Hybridisierung von Kulturen keine Rede sein, weil man sich immer und ausschließlich entweder in der einen oder in der anderen bewegt. Daß der Einwanderer irgendwann diesen Paradigmawechsel zu einer neuen Kultur vollziehen kann und daß er es tun sollte, ist im übrigen eine Prämisse, die bei Alfred Schütz noch in keiner Weise in Frage gestellt ist.

Eine dritte Weise der Identifikation oder des Scheiterns von Identifikation kann man Disaffiliation nennen. Sie liegt dort vor, wo jemand eine Identifikation mit einer neuen Kultur wählt; aber von diesem neuen Bezugssystem die Inklusion verweigert wird. In dieser Situation einer verweigerten oder blockierten Inklusion wird die Person nicht mehr als in einer Grenzsituation lebend gedacht. Zumindest bewegt sie sich nicht auf der Grenze zweier Kulturen.

16 Das tritt auch in den Analysen von Robert Michels (Michels 1925; 1929) plastisch hervor.
17 Schütz 1944, 105: »the stranger in the state of transition does not consider this pattern as a protecting shelter at all but as a labyrinth in which he has lost all sense of his bearings«.
18 Inkommensurabilität heißt dann vor allem, daß ein Vergleich oder eine Übersetzung nicht zu einem eindeutigen und als solchem handlungsstabilisierenden Resultat führt (Kuhn 1970).

Statt dessen befindet sie sich gewissermaßen »vor den Toren einer Kultur«. Auch in diesem Fall scheint Innovation als Reaktionsbildung bei der betreffenden Person wahrscheinlich. Aber diese Innovation ist nicht die kreative Synthese, die Park dem kulturellen Hybrid zuschreibt. Statt dessen nimmt sie die Form abweichenden Verhaltens und der Kriminalität an. Robert King Merton hat diese These abweichenden Verhaltens als Innovation in seiner Bezugsgruppentheorie unter explizitem Bezug auf Parks »marginal man« herausgearbeitet,[19] dabei wie so viele andere der Figur des »marginal man« ein ganz anderes soziales Profil verleihend, als dies Park ursprünglich beabsichtigt hatte. Dieselbe Situation der innerlich vollzogenen Identifikation, aber durch die Bezugsgruppe verweigerten Inklusion hatte bereits Simmel im Exkurs über die soziale Begrenzung diskutiert: »[...] wenn zwar die Gruppe das Maß begrenzt, in dem sie ein Individuum sich zurechnet, innerhalb dieses letzteren aber keine entsprechende Begrenzung stattfindet, sondern es sich von sich aus ganz dahin gehörig fühlt, wo ihm nur eine partielle Zugehörigkeit eingeräumt wird«.[20] Anders als Merton schloß Simmel aber nicht auf Abweichung als Folge dieser Konstellation, er sprach vielmehr von »Tragik« als dem zwangsläufigen Resultat.

Eine vierte Möglichkeit des Umgangs mit Identifikationen liegt bereits jenseits des Horizonts der klassischen Soziologie des Fremden. Dies ist die Möglichkeit der konflikt- und reibungsfreien Partizipation an zwei Kulturen. In explizitem Widerspruch zu Stonequist und Park gelangt Peter I. Rose in einer Analyse von Juden in amerikanischen Kleinstädten zu dieser Diagnose: »[...] rather than being on the periphery of two cultures, the ex-urban Jew seems to have internalized the best of each. He is more a part of his community than he is apart from it. He is far more assimilated to the Gentile milieu than his urban cousin. But [...] he remains a Jew.«[21] Diese Situation, die multiple, voneinander getrennte und gegeneinander isolierte Rollen statt der Rollenhybride der Park-Tradition

---

19 Siehe Merton 1968, 320, 344 f.
20 Simmel 1992, 700.
21 »[...] statt daß er sich an der Peripherie zweier Kulturen befindet, scheint der Jude, der die Großstadt verlassen hat, das Beste beider Kulturen internalisiert zu haben. Er gehört mehr in die Gemeinschaft, als daß er von ihr getrennt bliebe. Er ist weit mehr an das nichtjüdische Milieu assimiliert als sein urbaner Cousin. Aber [...] er bleibt ein Jude« (Rose 1961, 442, Übersetzung R. S.).

entstehen läßt, nennt Rose Dualität im Unterschied zum Begriff der Marginalität. Erfolgreiche Rollentrennung löst zweifellos Konflikte und Ambivalenzen auf. Aber – und dafür sensibilisiert die Parksche Perspektive – sie läßt auch Innovationen als weniger wahrscheinlich erscheinen, weil die Anstrengung der einzelnen Person sich mehr darauf konzentriert, die jeweilige Rolle erfolgreich zu praktizieren und die verschiedenen Rollen voneinander zu separieren, was eine konventionelle Auffassung der einzelnen Rolle nahelegt.

Im letzten Schritt unserer Rekonstruktion der klassischen Soziologie des Fremden möchte ich eine weitere Dimension des Unterscheidens einführen, die in Varianten bei vielen der Autoren des hier diskutierten Korpus von Texten vorkommt. Diese Dimension betrifft Metaphern und Leitunterscheidungen, die sich auf Typen wirtschaftlicher Tätigkeit und wirtschaftlicher Einbettung beziehen. Diese Art des Denkens wird durch Simmels Bemerkung, der Fremde sei allenthalben »Händler« und nicht etwa »Bodenbesitzer«,[22] in der knappsten Weise zusammengefaßt. In diese Leitunterscheidung von Händler und Bodenbesitzer sind eine Reihe wirtschafts- und allgemeinsoziologischer Überlegungen zum Fremden eingelagert, oder sie sind von ihr her sinnvoll zu explizieren. Zunächst einmal geht es um den Unterschied von liquidierbaren vs. illiquiden Engagements. Während es sich bei Bodenbesitz um die Form wirtschaftlichen Eigentums handelt, die am schwersten wieder aufzulösen ist, befindet sich der Händler – insbesondere der Zwischenhändler, dessen Rolle erst dann erforderlich wird, wenn es distanzüberwindenden Güterverkehr gibt – am entgegengesetzten Pol einer maximalen Flüssigkeit der von ihm kontrollierten wirtschaftlichen Ressourcen. Die Präferenz für liquidierbare wirtschaftliche Engagements hängt mit der Gefährdetheit und der Rückkehrabsicht des Fremden zusammen.[23] Es kann sich jederzeit etwas ereignen, das den Fremden zur Rückkehr oder Weiterreise zwingt, und außerdem ist die Absicht zur Rückkehr vielfach ein wichtiger und stabiler Teil des Selbstbildes des Fremden, auch wenn der Realitätsgehalt dieser Absicht in Frage steht.

Der Händler als Zwischenhändler steht zwischen den Kulturen, und er steht auch zwischen den Preisen der vor und hinter ihm gelagerten Handelsstufe. Schon Rudolf von Jhering hat darauf

22 Simmel 1992, 766.
23 Vgl. hierzu auch Bonacich 1973, insb. 584 ff.; Stigler und Becker 1977, 192.

hingewiesen, daß »interpres«, das lateinische Wort für Vermittler und Ausleger von Texten und anderen sprachlichen Äußerungen, zunächst den Zwischenhändler gemeint hatte, der zwischen zwei Preisen eine intermediäre Stellung einnimmt.[24] Die liquideste wirtschaftliche Ressource ist zweifellos das Geld, und das Argument zum Fremden als Händler verbindet sich mit der Kette von Folgerungen, die Simmel in der »Philosophie des Geldes« und dann erneut verdichtet im »Exkurs über den Fremden« vorgetragen hat.[25] Die Liquidität des Geldes wird verknüpft mit der Beweglichkeit der Handlungsmöglichkeiten, die sich demjenigen eröffnen, der nicht durch stoffliche Ressourcen festgelegt ist, sondern über Geld verfügt und es kombinatorisch einzusetzen imstande ist. Und die Beweglichkeit des Geldbesitzers weist eine offensichtliche Verwandtschaft zu der Beweglichkeit menschlicher Intelligenz auf, weil sie gleichfalls indifferent gegenüber konkreten Gegenständen des Interesses ist, sich deshalb beliebigen Gegenständen zuwenden kann und zwischen diesen beliebigen Gegenständen Zusammenhänge entdeckt, die sich demjenigen entziehen, der einzelnen dieser sachlichen Wirklichkeiten durch starke innere Bindungen verpflichtet ist.[26]

Der Handel zeichnet sich im Unterschied zu anderen wirtschaftlichen Tätigkeitssphären dadurch aus, daß die Expansion und Retraktion der Zahl derjenigen, die in ihm tätig sind, viel schneller möglich ist. Auch dieser Sachverhalt begünstigt den Fremden, der, wie Simmel betont,[27] als »Supernumerarius« in einen Kreis eintritt, in dem die Zahl der verfügbaren Positionen nicht so streng limitiert ist, wie dies für andere Tätigkeitssphären gilt. Und im Fall der wirtschaftlichen Krise gilt dann der Umkehrschluß, daß ein Sozialsystem den fremden Händler schneller wieder abstoßen kann, als dies bei einem Einheimischen möglich und wahrscheinlich wäre.

Immer wieder sind in der Literatur die Kontakt- und Interaktionsmuster des fremden Händlers und die daraus resultierenden Ver-

---

24 Jhering 1891, 232, Fn. 128. »Pres« verweist auf das lateinische »pretium« = »Preis«.
25 Simmel 1977; 1992, 765 f.
26 Diese Simmelschen Überlegungen werden mit großer zeitlicher und methodischer Distanz in der Parsonsschen Medientheorie wiederholt, die gleichfalls Geld und Intelligenz als auf verschiedenen Systemebenen angesiedelte Tauschmedien mit adaptivem Funktionsschwerpunkt parallelisiert. Siehe ausführlich zu Intelligenz als Tauschmedium Parsons und Platt 1974, insb. Kap. 2.
27 Simmel 1992, 766.

haltenstendenzen betont worden. Der Fremde trete mit sehr vielen anderen Personen irgendwann in Kontakt, aber er sei mit keinem dieser seiner Kontaktpartner enger verbunden. Werner Sombart hat daraus auf eine spezifische Rücksichtslosigkeit des Fremden im Umgang mit anderen Menschen geschlossen, die, soweit es den Fremden angeht, mit hoher Wahrscheinlichkeit ihrerseits Fremde seien.[28] Quantitative Muster in der Häufigkeit des Kontakts mit Vertrauten oder mit Fremden werden in diesem Argument für die Herausbildung stabiler Verhaltensdispositionen verantwortlich gemacht. Wichtig ist dafür auch die Erfahrung des Bruchs. Man hat das Alte hinter sich gelassen, und das Neue hat keine innere Signifikanz. Die Fremde ist, so erneut Sombart, »[...] öde. Sie hat gleichsam für den Ankömmling keine Seele. Die Umgebung bedeutet ihm nichts. Höchstens kann er sie als Mittel zum Zweck des Erwerbes benutzen«.[29] Zweckrationale Dispositionen und die durch sie begünstigten kapitalistischen Organisationsmuster werden in ihrer Genese auf die strukturelle Verortung des Fremden bezogen. Max Weber spricht im selben Argumentationszusammenhang von der Außenmoral, die Weisen wirtschaftlichen Handelns erlaubt, die »unter Brüdern verpönt« waren,[30] die aber über den Fremden, der ja nicht nur »heute kommt«, sondern auch »morgen bleibt«, Teil der Binnenwelt einer Gesellschaft werden.

Dies hängt wiederum mit Fragen der zeitlichen Orientierung zusammen. Es sind einerseits die »alten Lebensgewohnheiten«[31] abgebrochen, die Vergangenheit ist entsprechend dethematisiert; die »öde« Gegenwart ist kein Ort der inneren Bindung. Also übernimmt die Zukunft die Führung im Zeiterleben, weil in ihr der Zeitpunkt vermutet wird, an dem die rational verfolgten Zwecke erreicht sein sollen. Und dasjenige, was in der Gegenwart die Zu-

---

28 So Sombart 1922b, 887, der Fremde sei »durch keine Schranke in der Entfaltung seines Unternehmergeistes gehemmt, durch keine persönlichen Rücksichten: in seiner Umgebung, mit der er in geschäftliche Beziehungen tritt, stößt er wieder nur auf Fremde«. Und siehe Sombart 1922a, 914f. »Brachte für einen Angehörigen des Wirtsvolkes jeder zehnte oder jeder hundertste Verkehrsakt eine Beziehung zu einem ›Fremden‹, so erfolgten umgekehrt bei den Juden neun Akte von zehn oder neunundneunzig vom Hundert im Verkehr mit Fremden [...].«
29 Sombart 1922b, 886.
30 Weber 1920, 43; vgl. Becker 1956, 229, zu »dualer Ethik«.
31 Sombart 1922b, 885f.

kunft sichert, ist bekanntlich Geld³² als die Form der gegenwärtigen Sicherung künftiger Bedürfnisbefriedigungen.

Man kann das Argument über die transformierenden Wirkungen, die in Wirtschaft und Gesellschaft vom Fremden ausgehen, auch so fassen, daß man die ungewöhnliche Zusammensetzung derjenigen, die sich in einem spezifischen Land zur Auswanderung oder räumlichen Mobilität entschließen, betont und auf diese Weise die abweichenden und modernitätsgenerierenden Dispositionen des Fremden auf Selektionseffekte in der Bildung der räumlich mobilen Populationen der Fremden zurückführt.

Eine letzte Überlegung greift zum ersten Mal über das Paradigma des Fremden, der einen bestimmten Ort verläßt und an einem einzelnen anderen Ort sowohl Einflüssen ausgesetzt ist wie auch strukturelle Effekte erzeugt, hinaus. Sie blickt auf spezifische Kategorien von Fremden als eine globale Population, an der nicht zunächst das Moment ihrer Relokalisierung an einem anderen Ort auffällt, die vielmehr als Population oder besser als Netzwerk aufgefaßt wird, das in dieser Form eines globalen Netzwerks die Form der Vergesellschaftung selbst verändert. Die global vernetzte Population verleiht der Welt die Form eines Zusammenhangs, den es davor so nicht gab. Eine auf das Judentum zielende Passage, die Werner Sombart einer Ausgabe des *Spectator* aus dem frühen 18. Jahrhundert entlehnt hat, wählt dafür ein anschauliches Bild: »They are […] so disseminated through all the trading Parts of the World, that they are become the Instruments by which the most distant Nations converse with one another and by which mankind are knit together in a general Correspondence: they are like the Pegs and Nails in a great Building, which though they are but little valued in themselves, are absolutely necessary to keep the whole Frame together.«³³ In der modernen Soziologie findet man Fortsetzungen dieses Arguments in den Literaturen

---

32 So Luhmann 1972.
33 »Sie sind […] so sehr durch alle miteinander Handel treibenden Weltteile zerstreut, daß sie die Instrumente geworden sind, mittels deren die entferntesten Nationen miteinander verkehren und durch die die Menschheit zu nur einem Kommunikationszusammenhang verknüpft ist. Sie sind wie die Nägel und Dübel in einem großen Gebäude, denen man für sich keinen großen Wert zuschreibt, die aber absolut notwendig sind, um das ganze Gebäude zusammenzuhalten« (Sombart 1922a, 913, zit. den *Spectator* vom 27. 9. 1712; Übersetzung R. S.).

zu »middleman minorities«[34] und später zur transnationalen Migration.[35]

Nach diesen vielfältigen Befunden stellt sich die Frage, ob es einen Leitgesichtspunkt gibt, der die Überlegungen der klassischen Soziologie des Fremden zusammenfaßt. Der Begriff der »Mitgliedschaft« bietet sich an, d. h. die Frage nach den Umständen, von denen abhängt, ob Gesellschaften Mitgliedschaft konzedieren und ob individuelle Fremde Mitgliedschaft anstreben. Wenn man systemtheoretisch argumentiert, wird man einwenden, daß Mitgliedschaft ein Konzept ist, das nur für Organisationen angemessen ist,[36] weil diese auf explizitem Ein- und Austritt ihrer Mitglieder ruhen. Deshalb sollte ein allgemeinerer Begriff als Mitgliedschaft gewählt werden. Die Unterscheidung von Inklusion und Exklusion drängt sich als ein abstrakterer Ersatz auf, weil sie an die Stelle der regel- und entscheidungsbasierten Mitgliedschaft die sich stärker lokal und situativ vollziehende Bezeichnung und Adressierung von Personen in Sozialsystemen setzt. Vorgänge der Bezeichnung und Adressierung können zu Erwartungskomplexen verdichtet werden, die man Rollen nennt, aber dies muß nicht zwangsläufig geschehen; diese Adressierungen kommen immer auch in elementareren Formen vor.

Die Soziologie des Fremden ist ein Teil der Soziologie der Inklusion, und die Frage nach der Aktualität jener sozialen Figur, die die klassische Soziologie des Fremden beschrieben hatte, stellt sich insofern in der Form der Frage, *ob die Inklusionsprobleme der Gegenwartsgesellschaft noch Probleme der Inklusion des Fremden sind.* Gleichzeitig dürfte die skizzierte Rekonstruktion dieser Literatur auch verdeutlicht haben, daß der Anregungsgehalt der klassischen Soziologie des Fremden nicht in dem Bezug auf die Soziologie der Inklusion und Exklusion aufgeht. Das wird an dem Typus der Fragestellungen sichtbar, die bereits die klassische Soziologie des Fremden aufgeworfen hatte: Wie ist Beobachtung als objektive Beobachtung möglich? Welches sind die gesellschaftlichen Bedingungen der Wahrscheinlichkeit von Innovation? Wie kommt es zur Herausbildung von Unpersönlichkeit als einer Voraussetzung der Wirtschaftsweise der modernen Gesellschaft? Wie setzt sich Zukunft als

---

34 Siehe Bonacich 1973.
35 Siehe Schiller, Basch und Blanc-Szanton 1992.
36 Luhmann 1964.

Leithorizont aller Orientierungen durch? Dies sind offensichtlich Fragen zur Epistemologie, zur Evolutionstheorie, zur Interaktionsbasierung und zur Theorie der Zeit in der modernen Gesellschaft – und das verdeutlicht die Reichweite des hier aufgespannten Fragehorizonts. Vor allem aber wird sich in allen Untersuchungen zum Fremden in der Gesellschaft der Gegenwart zeigen, daß der Bezug auf Weltgesellschaft unabweisbar ist; Weltgesellschaft als jenes System, von dem her in der Gegenwart alles Nachdenken und Theoretisieren über den Fremden neu bestimmt werden muß. Das führt uns zu der Frage der Inklusion zurück. Immer wenn von Inklusion die Rede ist, stellt sich die Anschlußfrage: Inklusion mit Blick auf welches Bezugssystem?

Man darf an dieser Stelle nicht den Fehler machen und die typen- und begriffsprägende Konstellation am Ausgangspunkt der Moderne, die auch der klassischen Soziologie des Fremden zugrunde liegt, unterstellen: In dieser ist der Fremde immer ein Fremder im Verhältnis zur Nation.[37] Ein solches reduktives Verständnis würde die historische Evolution von Sozialstrukturen unterschlagen. Viel treffender ist es, demgegenüber im Blick auf den Begriff des Fremden mit einer Wortprägung Roman Jakobsons als von einem »Umschaltbegriff« zu sprechen, der eine Reihe von Ebenen der Sozialorganisation übergreift und deshalb mit Bezug auf sehr verschiedene Referenzsysteme zum Einsatz kommen kann und dem in diesen differenten Bezugskontexten ganz verschiedenartige Funktionen zufallen können. Diskontinuitäten in der soziokulturellen Evolution zeigen sich gerade im Wechsel der Ebenen der Gesellschaft, die in der Selbst- und Fremdbeschreibung der betreffenden Gesellschaften prominent hervortreten.

In Gesellschaften mit familial bestimmter Sozialstruktur – und dies ist unabhängig von der Frage einer patrilinearen oder matrilinearen Verwandtschaftszurechnung – kommt insbesondere auch der Ehepartner für die Designation als ein Fremder (eine Fremde) in Frage. Er oder sie gehört einem anderen Verwandtschaftszusammenhang an, dessen Interessenlage als diskrepant oder gar als konkurrierend erfahren wird. Das Haus (»oikos«), in einem Verständnis dieses Begriffs, der die unmittelbare Verwandtschaft übergreift, ist ein zweiter Bezugskontext in der Evolution von Gesellschaft. Im

---

37 Vgl. dazu Balke 1992.

Verhältnis zu ihm sind dann Gäste, die weder zur Verwandtschaft noch zum Dienstpersonal gerechnet werden, Fremde – und parallel dazu verlieren alle Mitglieder des Hauses den Status des Fremden, der ihnen unter rein familistischen Prämissen zugeschrieben werden konnte. Die Stadt (»polis«) ist ein zunächst räumlich bestimmter Siedlungszusammenhang, der über Mitgliedschaftsbedingungen sozial geschlossen wird und der im Grade dieser Schließung erneut neue Formen von Fremdheit und Formen der Revokation früherer Fremdenstatus mit sich bringt. Die Nation und die mit ihr koordinierte räumlich-territoriale und ethnische Schließung des Staats treten vom 18. bis in die zweite Hälfte des 20. Jahrhunderts ihren Siegeszug an. Diese neue Form der Sozialorganisation ist zugleich der historische Kontext der Entstehung der Soziologie als wissenschaftlicher Disziplin und damit auch der von der frühen Soziologie entworfenen klassischen Soziologie des Fremden. Mit dieser strukturellen Form verbindet sich zunächst eine historisch ungewöhnliche Simplifizierung und Unifizierung der Formen der Inklusion und der Exklusion. Es gibt alles in allem nur einen einzigen Inklusionsstatus, den des »citizen« eines der entstehenden Nationalstaaten, und eine entsprechende Nichtdifferenzierung setzt sich auch auf der Seite der Nichtmitglieder des Staates, also auf der Seite der Fremden durch. Fremde sind alle diejenigen, die nicht Mitglieder der Nation sind. Die Weltgesellschaft schließlich scheint die erste Sozialorganisation zu sein, die keinen korrespondierenden Begriff des Fremden hervorbringt. Welche Negationen sie auch immer formuliert: Sie kann das, was sie negiert, nicht aus dem System exkludieren, und sie darf deshalb für ihre Binnenstrukturen nur mit einem geringen Grad von Homogenität rechnen. Sie koexistiert mit internen Differenzen und Konflikten, die in der heute denkbaren Zuspitzung für frühere Gesellschaften unvorstellbar gewesen wären, aber sie muß möglicherweise ohne Fremde in dem in der historischen Semantik und der klassischen Soziologie ausgearbeiteten Verständnis dieses Begriffs auskommen.

Literatur

Balke, Friedrich, 1992: Die Figur des Fremden bei Carl Schmitt und Georg Simmel, in: *Sociologia Internationalis* 30: 35-59.

Becker, Howard, 1956: Middleman Trading Peoples: Germ Plasm and Social Situations, in: Becker, Howard (Hg.), *Man in Reciprocity: Introductory Lectures on Culture, Society and Personality*, New York: Praeger, S. 225-237.

Ben-David, Joseph und Randall Collins, 1966: The Origins of Psychology, in: *American Sociological Review* 31: 451-466.

Bonacich, Edna, 1973: A Theory of Middleman Minorities, in: *American Sociological Review* 38: 583-594.

Fassin, Didier, 1996: Exclusion, underclass, marginalidad. Figures contemporaines de la pauvreté urbaine en France, aux États-Unis et en Amérique latine, in: *Revue française de sociologie* 37: 37-75.

Fox, Renée C., 1957: Training for Uncertainty, in: Robert King Merton, G. G. Reader und P. L. Kendall (Hg.), *The Student Physician – Introductory Studies in the Sociology of Medical Education*, Cambridge/Mass.: Harvard University Press, S. 207-241.

Higham, John, 1994: *Strangers in the Land. Patterns of American Nativism, 1860-1925*, New Brunswick/N.J.: Rutgers University Press.

Jhering, Rudolf von, 1891: *Geist des römischen Rechts auf den verschiedenen Stufen seiner Entwicklung*, 5. Auflage, Leipzig: Breitkopf und Härtel.

Kuhn, Thomas S., 1970: *The Structure of Scientific Revolutions*, Chicago: University of Chicago Press.

Luhmann, Niklas, 1964: *Funktionen und Folgen formaler Organisationen*, Berlin: Duncker & Humblot.

– 1972: Knappheit, Geld und die bürgerliche Gesellschaft, in: *Jahrbuch für Sozialwissenschaft* 23: 186-210.

– 1977: Arbeitsteilung und Moral. Durkheims Theorie, in: Durkheim, Emile (Hg.), *Über die Teilung der sozialen Arbeit*, Frankfurt/M.: Suhrkamp, S. 17-35.

McLemore, S. Dale, 1970: Simmel's ›Stranger‹: A Critique of the Concept, in: *Pacific Sociological Review* 13: 86-94.

Merton, Robert King, 1968: *Social Theory and Social Structure*, 3., erweiterte Ausgabe, New York: The Free Press.

Michels, Robert, 1925: Materialien zu einer Sociologie des Fremden, in: *Jahrbuch für Soziologie* 1: 296-317.

– 1929: *Der Patriotismus. Prolegomena zu seiner soziologischen Analyse*, München: Duncker & Humblot.

Mizruchi, Ephraim H., 1983: *Regulating Society. Marginality and Social Control in Historical Perspective*, New York: The Free Press.

Park, Robert Ezra, 1928: Human Migration and the Marginal Man, in: Robert Ezra Park (Hg.), *Race and Culture*, New York: The Free Press 1964, S. 345-356.
- 1964: *Race and Culture. Essays in the Sociology of Contemporary Man*, Free Press paperback, New York: The Free Press.

Parsons, Talcott und Gerald M. Platt, 1974: *The American University*, Cambridge/Mass.: Harvard University Press.

Rose, Peter I., 1961: Strangers in their Midst: Small-Town Jews and their Neighbors, in: Peter I. Rose (Hg.), *The Study of Society. An Integrated Anthology*, 2. Auflage, New York: Random House, S. 435-448.

Schiller, Nina Glick, Linda Basch und Cristina Blanc-Szanton, 1992: *Towards a Transnational Perspective on Migration. Race, Class, Ethnicity, and Nationalism Reconsidered* (Annals of the New York Academy of Sciences, Bd. 645), New York.

Schütz, Alfred, 1944: The Stranger: An Essay in Social Psychology, in: *American Journal of Sociology* 49: 499-507.
- 1945: The Homecomer, in: *American Journal of Sociology* 50, 5: 369-376.

Simmel, Georg, 1977: *Philosophie des Geldes*, 7. Auflage, Berlin: Duncker & Humblot.
- 1992: *Soziologie. Untersuchungen über die Formen der Vergesellschaftung*, hg. von Otthein Rammstedt, Bd. 11, *Gesamtausgabe*, Frankfurt/M.: Suhrkamp.

Sombart, Werner, 1922a: *Der moderne Kapitalismus*, Bd. 1, *Einleitung, die vorkapitalistische Gesellschaft, die historischen Grundlagen des modernen Kapitalismus*, 5., unveränd. Auflage, München: Duncker & Humblot.
- 1922b: Die Fremden, in: Sombart, Werner (Hg.), *Der moderne Kapitalismus*, Bd. 1: *Einleitung, die vorkapitalistische Wirtschaft, die historischen Grundlagen des modernen Kapitalismus*, München: Duncker & Humblot, S. 883-895.

Stigler, George J. und Gary S. Becker, 1977: De Gustibus Non Est Disputandum, in: Karen Schweers Cook und Margaret Levi (Hg.), *The Limits of Rationality*. Chicago: Chicago University Press, S. 191-217.

Stonequist, Everett V., 1937: *The Marginal Man. A Study in Personality and Role Conflict*, New York: Russell & Russell.

Weber, Max, 1920: *Gesammelte Aufsätze zur Religionssoziologie*, Bd. I, Tübingen: Mohr.
- 1921: *Gesammelte Aufsätze zur Religionssoziologie*, Bd. III: *Das antike Judentum*, Tübingen: Mohr.
- 1972: *Wirtschaft und Gesellschaft. Grundriß der verstehenden Soziologie*, hg. von Johannes Winckelmann, 5. Auflage, Tübingen: Mohr.

Wood, Margaret Mary, 1934: *The Stranger: A Study in Social Relationships*, New York: Columbia University Press.

2

Fremde, Barbaren und Menschen
Vorüberlegungen zu einer Soziologie der ›Menschheit‹

I

Woher kommen die Barbaren? Für antike Hochkulturen, wie beispielsweise das chinesische oder das Römische Reich, die die Stämme und Völker jenseits der Grenzen oder an den Grenzen ihrer Reichsbildungen mit summarischen Begriffen wie »Barbaren« bezeichneten, mußte sich auch die Frage stellen, ob die Barbaren dort draußen einfach nur »zufällig« vorkommen oder ob sie in irgendeinem Sinn ein Teil der Ordnungsbildung sind, die durch das Weltreich geschaffen wird. Man könnte dies das Theodizeeproblem für Weltreichsbildungen nennen. China ist dafür ein interessantes Beispiel. Zunächst verfügt China noch nicht über einen kompakten Sammelbegriff, der dem sumerisch-griechisch-römischen »Barbaren« entspricht.[1] Statt dessen fungieren im 2. und 1. Jahrtausend v. Chr. einzelne Stammesnamen (Ch'iang, Hu) auch als Allgemeinbegriffe, die fremde Stämme überhaupt bezeichnen können.[2] Schon in der Chou-Zeit (11.-3. Jahrhundert v. Chr.) aber bilden sich abstraktere Benennungen, die typischerweise mit den vier Himmelsrichtungen zu tun haben: Ssu-i (vier Barbaren = alle Barbaren) und Man, Jung, Ti und I als Bezeichnungen für die fremden Völker der einzelnen Himmelsrichtungen.[3] Im gleichen Zeitraum kultiviert die chinesische Mythologie ein Interesse daran, den Barbaren einen chinesischen Ursprung zuzuschreiben. Sie sind entweder die Nachkömmlinge von Rebellen, die wegen eines Fehlverhaltens an die Ränder der chinesischen Welt verbannt worden sind, oder sie sind aus einer problematischen Liaison hervorgegangen, etwa der einer chinesischen Königstochter mit einem Hund.[4] Mit Deutungen

---

1 Seiner Herkunft nach ist das Wort ›Barbar‹ sumerisch und meint »der unverständlich Stammelnde«.
2 Hierzu und zum folgenden Bauer 1980; Müller 1980; Franke 1992.
3 Müller 1980, 46 f.; Franke 1992, 31.
4 Franke 1992, 32; Müller 1980, 65 f.

dieses Typs gelingt es dem »Reich der Mitte«, seine unruhigen Ränder auf sich hin zu ordnen. Den Barbaren können dann militärische Aufgaben zugedacht werden, die beispielsweise den Schutz Chinas vor noch weiter draußen herumziehenden Völkern beinhalten.

Die Bekämpfung von fremden Feinden mittels anderer fremder Feinde[5] – und das heißt u. a. die Aufnahme von Barbaren in eigene Heeresverbände – war auch für Rom eine Selbstverständlichkeit und zugleich eine demographische Notwendigkeit. Im übrigen aber scheint das Faktum der Existenz unzugehöriger Barbaren für das klassische Rom unproblematischer gewesen zu sein. Vielleicht, weil Rom sich seinem historischen Selbstbewußtsein nach als Schlußpunkt einer Sequenz mediterraner Großreichsbildungen verstehen konnte, für die es immer ein Innen und ein Außen gegeben hatte, so daß die Beunruhigungsqualität des Außen abnahm. Integrative Deutungen, die den Barbaren als Teil der römischen Ordnung verstehen, finde ich erst am Ende des 4. Jahrhunderts unter dem bezeichnenden Titel der *Philanthropie* als Herrscherideal. Der Hintergrund ist das Eindringen der Goten in das Römische Reich. Den 369 mit dem Westgoten Athanarich geschlossenen Frieden rechtfertigt Themistius, der an diesem Friedensschluß mitgewirkt hatte, in einer Rede von 370 mit einer psychologischen Analogie. Im Wesenskern eines jeden Einzelmenschen gebe es ein barbarisches Moment, das er in sich zum inneren Ausgleich bringen müsse. Entsprechendes gelte für die Beziehung Roms zu den Barbaren. Als normative Prämisse fungiert in beiden Fällen die Unterwerfung dieses barbarischen Moments unter eine höherwertige Ordnung:[6]

In jedem Menschen liegt ein barbarischer Kern, das allzu Anmaßende und Widerspenstige, nämlich der Übermut und die unersättlichen Begierden [...]. Wie es nun unmöglich ist, diese Leidenschaften [...] vollständig auszureißen, da die Natur sie der Seele zum Gebrauch eingepflanzt hat, wohl aber es eine Aufgabe der Tugend ist, sie [...] den aus dem Verstand kommenden Weisungen zu unterstellen, so ist es auch Aufgabe der Könige [...], wenn sie die Barbaren bei ihrer Erhebung ergriffen haben, diesen

---

5 Im Latein der Kaiserzeit eine Tautologie, da sowohl »Fremder« wie »Feind« *hostis* heißt.
6 Es handelt sich um die 10. Rede des Themistius, die bei Vogt 1967, 20, zitiert wird.

Ergänzungsteil der menschlichen Natur nicht mit der Wurzel auszureißen, sondern ihre Anmaßung zu beseitigen und dann sie selbst zu retten und zu beschützen, da sie zu einem Teil der Herrschaft geworden sind.

Bemerkenswert ist der Schluß des Arguments: Wer die Barbaren nutzlos verfolge, der mache sich nur zum Herrscher der Römer. Wer sie aber nach ihrer Überwindung schone, der verstehe sich als den *Herrscher aller Menschen*.[7]

Ungeachtet des angedeuteten Unterschieds zwischen ihnen zeugen beide – die chinesische und die römische Version des Umgangs mit Barbaren – von einer relativ ausgeprägten kulturell gestützten Selbstsicherheit im Umgang mit fremdartigen Menschen, die die existentielle Ungewißheit angesichts des Fremden, die für viele Stammesgesellschaften charakteristisch ist, nicht mehr erkennen läßt. Die beunruhigende Frage, ob der Fremde vielleicht ein Gott sein könnte oder ob es sich bei ihm um die Inkarnation eines Ahnen handelt, scheint sich nicht mehr zu stellen. Damit geht eine Konsolidierung des Begriffs des Menschen einher. Diese beiden Momente tragen die kulturelle Selbstgewißheit, die Fremde als Barbaren erscheinen läßt und ihnen derart einerseits fraglos menschliche (und nicht mehr göttliche, angelische und – allenfalls in einem metaphorischen Sinn – tierische) Qualitäten attribuiert, diese menschlichen Qualitäten andererseits noch als in einer abgestuften Verwirklichung vorliegend denkt. Diese Thesen bedürfen einer genaueren Explikation.

Für Stammesgesellschaften fällt eine zweiseitige Offenheit im Begriff des Fremden und in dem des Menschen auf. Einerseits können aus den Handlungen des Stammes selbst hervorgehende[8] *nichtmenschliche Entitäten* – also beispielsweise ein medizinischer Schrein[9] – mit dem *Begriff des Fremden* bezeichnet und wie ein menschlicher Gast bewirtet werden, andererseits ist die Humanität von zufällig und unerwartet eintreffenden Fremden durchaus eine offene und entscheidungsbedürftige Frage. Gerade weil sie Fremde sind, können sie auch einer anderen natürlichen oder übernatürlichen Kategorie zugerechnet werden. Eine ähnliche Offenheit für

---

7 Ebd.
8 So zumindest stellt es sich dem anthropologischen Beobachter dar.
9 Dieses Beispiel für die Tallensi Ghanas bei Fortes 1975, 230f. Auf diesen Schrein findet sowohl die Bezeichnung für Fremde (*saan*) Anwendung, wie ihm auch Personalität (*nit*) attribuiert wird.

Zurechnungen ist den Begriffen Mensch und Person eigen. Eine wichtige Rolle spielt dabei die eben schon erwähnte Frage der verstorbenen Ahnen. Fremde, gerade wenn sie sehr selten vorkommen, können generell als Ahnen klassifiziert werden;[10] auch ein Krokodil kann als Inkarnation eines Ahnen gesehen werden und dann auch Personalität zugesprochen bekommen, so daß seine Tötung der eines Menschen gleichzusetzen ist.[11] Meyer Fortes, der diesen letzteren Fall am Beispiel der Tallensi Ghanas ausführlich diskutiert, fragt sich, wie dann eigentlich die Unterscheidung von Tier und Mensch gehandhabt werde, da Tiere einerseits mittels totemistischer Regeln in Sozialsysteme inkorporiert werden können, andererseits niemand das Wort für Mensch (*ni-saal* = lebendige Personalität) auf sie anwenden würde. Da keiner seiner Informanten eine solche Frage zu beantworten bereit oder imstande war, ist Meyer Fortes auf eine eigene Hypothese angewiesen, die er so formuliert, daß den Tallensi einerseits bewußt sei, daß sie das Faktum einer (biologischen) Kontinuität mittels reproduktiver Sukzession mit den Tieren teilen und insofern eine qualitative biologische Differenz nicht auszumachen ist. Andererseits fehle den Tieren nach Meinung der Tallensi das *Verfügen über eine Genealogie*, damit das jedem einzelnen Menschen bewußt verfügbare Wissen um Abstammung und Verwandtschaft und die zugehörigen Wertungen, und genau dieses Moment sei offensichtlich das für den Begriff des Menschen entscheidende.[12]

In den oben diskutierten Beispielen aus zwei antiken Hochkulturen war das Kriterium für die gestufte Teilhabe am Begriff des Menschen offensichtlich ein anderes. Die Grenze ist kultureller Art. Sprache als Kriterium spielt in Europa und in China im Begriff des Barbaren eine große Rolle;[13] und auch wenn Barbarenstämme mit Tiernamen bezeichnet werden, wie es in China regelmäßig geschieht, indiziert dies kulturelle Inferiorität und nur in diesem Sinn eine Annäherung an die Tierheit. Im übrigen signalisieren die gewählten Tiernamen (Schafe, Pferde, Vögel) meist auch eine be-

10 Siehe Lofland 1973, 5, zu Lévy-Bruhl.
11 Fortes 1987, 249.
12 Ebd. insb. 254-256.
13 Müller 1980, 62, 70, notiert typische Bezeichnungen des Barbaren, die an die Wahrnehmung seiner Sprache anknüpfen: Vogelgezwitscher, ungehobelte (= linkische) Sprache, unartikuliertes Schreien. Demgegenüber bedeutet das chinesische Wort für Kultur *wen*, Schriftzeichen, »und zwar das Ideogramm, das Bildzeichen, das noch von allen lautlichen Notierungen frei ist« (Bauer 1980, 9).

sondere Prominenz des gewählten Tiers in der Wirtschaftsform des jeweiligen Barbarenstammes; und nur die Verwendung des Radikals für Hund hat einen ausschließlich pejorativen Sinn, während in seltenen entgegengesetzt gelagerten Fällen Barbarenstämme mit dem Radikal für Mensch geschrieben werden und derart ihre beginnende Integration in die kultivierte Menschheit signalisiert wird.[14] Noch das kommunistische China betreibt den Austausch solcher Radikale als Teil seiner Minderheitenpolitik.

Auch für das kaiserliche Rom gilt das analoge Phänomen einer durch kulturelle Prämissen markierten Grenze in einem weiter gefaßten Begriff der Menschheit. Einerseits gibt es das *genus humanum*, das nicht auf römische Bürger eingeschränkt werden kann. Andererseits wird Menschsein als steigerbar gedacht, und die anzustrebende Steigerungsrichtung wird durch den Begriff der *humanitas* fixiert, der Bildungswerte meint, die nur als Folge des Erwerbs und der Ausübung intellektueller Kompetenzen verwirklicht werden können.[15]

Welches sind die historischen Voraussetzungen dieser hier skizzierten – tendenziell universalistischen – Begriffe des Menschen, die einerseits durch kulturelle Normen restringiert sind, andererseits bei Annäherung an die durch kulturelle Normen gesetzten Standards eine Aufnahme in ein vollgültiges Menschsein auch für Barbaren erreichbar erscheinen lassen? Zwei Momente möchte ich hinsichtlich der Hochkulturen des ersten Jahrtausends v. Chr. betonen. Das eine ist die Delokalisierung der Gottesvorstellung; das andere ist die Entstehung pluraler und zugleich gestufter Kriterien der Beschreibung und der Behandlung von Fremden. Damit kommen ein *religiöser* und ein in einem engeren Sinne *sozialstruktureller* Gesichtspunkt zusammen. Beide wirken in Richtung auf die Entstehung integrativ auslegbarer Begriffe des Menschen.

Eine erste wichtige Hinsicht ist, daß Abstraktionen wie ›der Mensch‹ auf eine übernatürliche Ordnung angewiesen sind, die gewissermaßen den Beobachterstandpunkt angibt, von dem aus sie als Abstraktionen möglich werden.[16] Das aber setzt voraus, daß

---

14 Müller 1980, 60-62.
15 Siehe dazu emphatisch Jaeger 1973, 13 f. Siehe Cicero, *De re publica*, I, 28: »appellari ceteros homines, esse solos eos qui essent politi propriis humanitatis artibus [...]« (zit. n. Bödeker 1982, 1065).
16 Vgl. dazu Cohen 1894, 13-17.

diese übernatürliche Ordnung eine überlokale Ordnung ist. Wenn man bei Migration in ein anderes Land den eigenen Gott nicht mitnehmen kann, vielmehr jetzt den dort verehrten lokalen Göttern dienen muß, heißt dies, daß man im Verhältnis zu dem neuen Gott nicht in der gleichen Weise Mensch sein kann, wie man dies im Verhältnis zu dem früheren eigenen Gott war. An der Entwicklung des antiken Judentums läßt sich gut beobachten, wie sich langsam die Antwort auf die Frage verschiebt, inwiefern Jahwe auch der Gott fremder Personen und Gruppen werden kann.[17] Während das Einräumen dieser Möglichkeit zunächst nur bedeutet, daß für diese fremden Personen und Gruppen damit die Eingliederung in den israelitischen Volksverband erreichbar wird, verschiebt sich mit dem Exil und der dort auftretenden Erfahrung, daß man mit seinem Gott auch im fernen Land noch im Gebetsverkehr stehen kann, die Interpretationsgrundlage. Die Beziehung zu Jahwe wird stärker individualisiert, so daß sich Jeremia den Anschluß von Fremden an die Jahwe-Religion vorstellen kann, ohne daß diese deshalb ihre Volkszugehörigkeit aufgeben müßten.[18] Deuterojesaja (Jes. 40-55) vollzieht den entscheidenden nächsten Schritt. Jahwe ist jetzt der einzige Gott in aller Welt, der Atem und Geist allen gegeben hat, die auf der Erde wandeln, »dem Menschenvolk auf ihr«.[19]

Dieses religionsgeschichtliche Moment der Delokalisierung der Gottesvorstellung wird sozialstrukturell durch die *Institutionalisierung eines pluralen Status für Fremde* gestützt. Es ist auffällig, daß die Hochkulturen der Alten Welt immer mindestens zwei, in vielen Fällen drei Status, für den *inneren*, den *vorüberziehenden* und den *äußeren* Fremden, deutlich voneinander unterscheiden. Man denke hier an den *ger* (im Land siedelnd) und den *nokhri* (vorüberziehend) im israelitischen Fall, den *metoikos* (im Land siedelnd), *xenos* (Fremder als Gast) und *barbaros* (fremd in Sprache und Ritus) in Griechenland und den *hospes* (Gast einer Familie) und *hostis* (Gast einer politischen Gemeinschaft, später dominant der Feind) in Rom.[20] Dieser Pluralisierung des Fremdenstatus sind zwei Leistungen zu verdanken. Sie skizziert in sich gestufte Wege für eine Integration von Fremden in ein Volk oder eine politische Gemeinschaft; Wege,

17 Hierzu und zum Folgenden Bertholet 1896, insb. 67, 69, 78, 99f., 114-117.
18 Ebd. 116.
19 Jes. 42, 5; Bertholet 1896, 117.
20 Vgl. Bertholet 1896; Gauthier 1973; Baslez 1984.

die im übrigen nicht mehr darauf angewiesen sind, mittels schneller Adoption an einen Verwandtschaftszusammenhang die Fremdheit rückstandslos zum Verschwinden zu bringen. Das zweite ist, daß der Fremde jetzt nicht mehr einfach nur Barbar ist. Die gestufte Vielheit von Fremden erlaubt Abstraktionen, die die Zugehörigkeit zur Menschheit als eine darunterliegende Gemeinsamkeit entdecken.[21]

II

Bemerkenswert ist, daß die Christianisierung des Römischen Reiches zunächst wenig an Veränderung mit sich gebracht hat.[22] Joseph Vogt hat eine christlich-römische Elitesicht des 4. und 5. Jahrhunderts beschrieben (z. B. Ambrosius, Prudentius, Leo der Große), deren Mitglieder nach Herkunft, Bildungsgang und Laufbahn dem römischen Adel zugehörten und die in ihrem Verhältnis zu den Barbaren selbstverständlich die Perspektive des Römischen Reiches übernahmen.[23] Einer ihrer mächtigsten Repräsentanten, Ambrosius, der Bischof von Mailand, habe sich eine Bekehrung der Barbaren nur im Zusammenhang mit ihrer Unterwerfung unter das Römische Reich vorstellen können, und er habe in diesem Sinn einer Königin der Markomannen geantwortet, die ihn um Belehrung im christlichen Glauben gebeten hatte.[24] Vogt zitiert eine erstaunliche Textpassage aus dem Karfreitagsgebet für den Herrscher, die unverändert vom 5. Jahrhundert bis in die ersten Jahrzehnte des

---

21 Vgl. Cohen 1900, insb. 62, zur »Entdeckung des Menschen« als einer Folge der Rolle des »Fremdling-Beisaß« (Noachiden) in Israel. Im Unterschied zu Cohen möchte ich nicht die Formulierung *einer* bestimmten Rolle, vielmehr die Pluralität von Fremdenstatus als die Auslösebedingung von Abstraktionen wie »Mensch« betonen.
22 Für die semantisch-normative Ebene registriert Cohen 1900, 67 f., daß die Lehre von der Nächstenliebe sich im Alten und im Neuen Testament nicht unterscheide. An allen einschlägigen Stellen im Neuen Testament zitiere entweder ein Schriftgelehrter das alttestamentarische Gebot, oder Jesus selbst tue dies unter Zustimmung des Schriftgelehrten. Diese These Cohens läßt aber die Frage offen, welche historische Bedeutung der neutestamentarischen Idee der Menschwerdung (einer Person) Gottes zukommt.
23 Vogt 1967, 35-41.
24 Ebd., 38.

20. Jahrhunderts im *Missale Romanum* stehengeblieben war: »ut deus et dominus noster subditas ille faciat omnes barbaras nationes ad nostram perpetuam pacem.«[25]

Ein anderes Bild ergibt sich, wenn man sich die gelehrten Theologen vor allem des griechischen Ostens ansieht. Der Gedanke, daß »alle Menschen eine natürliche Kenntnis von Gott haben und daß vor Gott alle Menschen gleich sind«,[26] ist in der Theologie lebendig geblieben. Ein gutes Beispiel bietet die zweite Predigt des Johannes Chrysostomus zum Römerbrief. Chrysostomus weist darauf hin, daß Paulus die Römer und die von ihnen beherrschten Völker in einem Atemzug nenne. Paulus setze die Römer »trotz ihrer unzähligen Trophäen und Siege, trotz ihrer glanzvollen Konsuln [...] auf die gleiche Stufe mit den Barbaren. Und das mit vollem Recht. Denn da, wo der Adel des Glaubens gilt, gibt es keinen Unterschied zwischen Barbaren und Hellenen, zwischen Fremdlingen und Bürgern [...]«.[27]

Gerade die in dieser Predigt behauptete Gleichheit der Würde aller Menschen bleibt noch für lange Zeit eine offene Frage und wird in den folgenden Jahrhunderten durch die immer wiederkehrende Relevanz der Unterscheidung von Gläubigen und Ungläubigen (Rechtgläubigen/Häretikern) und durch die strukturellen Prämissen der ständischen Gesellschaft des alten Europa in Frage gestellt. Zwei weitere Herausforderungen für den Begriff des Menschen, die bis zum Beginn der Moderne von großer Bedeutung sein sollten, waren die Entdeckung der Neuen Welt, d.h. die Begegnung mit den Indianern und anderen neuartigen Barbaren, und schließlich die Fortdauer und die Wiederaufnahme der Sklaverei.[28]

Der Begriff des Barbaren war immer lebendig geblieben. Er taucht beispielsweise in der Universitätsterminologie auf, wenn

25 Ebd., 41 (»dass Gott unser Herr alle barbarischen Nationen unserem immerwährenden Frieden unterwerfen möge«).
26 Ebd. 45.
27 Chrysostomus zit. n. Vogt 1967, 45. Bödeker 1982, 1067 weist darauf hin, daß die Kirchenväter »*humanitas*« die *quantitativ-kollektive* Bedeutung gegeben hätten, die bis dahin nur *genus humanum* und *homines* zu eigen gewesen sei.
28 Die Frage der Sklaverei lasse ich in diesem Text außer acht. Es liegt aber auf der Hand, daß analog zur Thematisierung des Barbaren auch die Thematisierung des Sklaven (der oft ein versklavter Barbar ist) sich als Folie für das Studium des Begriffs des Menschen und der Menschheit eignet. Vgl. zum angelsächsischen Kontext des 18. und 19. Jahrhunderts Haskell 1985a; 1985b.

man in Paris den Hörsaal Abaelards »den Zulauf der Barbaren« nannte, womit offensichtlich die Deutschen gemeint waren.[29] Die spätmittelalterliche Universität kennt im übrigen in der Gliederung ihrer Studenten (und auch Lehrenden) in *vier Nationen*, die in einer ersten Annäherung an den Himmelsrichtungen orientiert waren, ein Analogon zu der chinesischen Klassifikation von Barbaren gemäß den Himmelsrichtungen ihrer Herkunft. Dabei mag *natio* seiner sprachlichen Entstehung nach »außerhalb von Rom siedelnd« bedeutet haben,[30] womit die Analogie zur chinesischen Situation vollständig wäre. Ein Beispiel aus einem anderen Bereich, dem des politischen Denkens, ist der Sprachgebrauch Machiavellis, der gelegentlich die umliegenden Völker (Spanier, Deutsche, Franzosen), die in Italien intervenierten, kollektiv »Barbaren« nannte.[31]

Ein neues Wort des 16. und 17. Jahrhunderts ist dann der »Wilde«.[32] Offensichtlich hat »Barbar« durch jahrhundertelange Gewöhnung die Schärfe kultureller Ausgrenzung verloren, so daß die Bewältigung des überraschenden Kontakts mit den Bewohnern der überseeischen Welt ein neues Wort verlangte. Man kann auch die im vorigen Absatz zitierten Beispiele zu »Barbar« im Sinn einer solchen Abschwächungshypothese lesen. In der Folge steht dann einerseits auch für die Bewohner der Neuen Welt ihre prinzipielle Anerkennung als Menschen außer Frage. Bereits aus dem Jahr 1537 datiert die Bulle Papst Pauls II., in der die Indianer »wahrhaft als Menschen, des katholischen Glaubens und der Sakramente fähig«, bezeichnet werden.[33] Entsprechende Konstruktionen finden sich im entstehenden Völkerrecht des 16. und 17. Jahrhunderts: Es gibt eine Gemeinschaft aller Menschen der Welt. Diese ist schon allein deshalb gewährleistet, weil »alle dieselbe vernunftbegabte Natur« besitzen und alle von »dem gemeinsamen Naturgesetz geleitet« werden.[34] Andererseits wird parallel zu diesen Formulierungen, ohne

---

29 Du Moulin Eckart 1929, 10.

30 Diese Deutung ist umstritten, würde aber gut zur exzentrischen Position Bolognas passen, wenn dort die Universitätsnationen zuerst aufgekommen sein sollten. Siehe Kibre 1948, 3; Weijers 1979, 263 f.

31 Siehe Michels 1913a, 18.

32 Bödeker 1982, 1075, dies sei die erste Allgemeinbezeichnung seit dem Wort »Barbaren«. Siehe ausführlich Bitterli 1976.

33 *Sublimis Deus* von 1537: »Veros homines fidei catholicae et sacramentorum capaces« (zit. n. Bödeker 1982, 1075).

34 Soder 1973, 76 paraphrasiert Francisco Suárez.

daß ein expliziter Widerspruch vorläge, wie in der Antike die Auffassung einer in sich gestuften ›Menschheit‹ prominent. Auffällig sind dreistellige Klassifikationen, wie sie beispielsweise Christian Thomasius vorschlägt: »Es sind dreyerley Art Leute in der Welt: Unvernünfftige Menschen oder *Bestien, Menschen* oder weise Tugendhaffte Leute/und endlich gottseelige *Christen*.«[35] Es handelt sich hier offensichtlich nicht nur um eine Einteilung, sondern zugleich um eine Rangfolge und potentiell um eine zu durchschreitende Stufenfolge. Thomasius insistiert, daß in der Jetztzeit die meisten Lebenden sich noch auf der Stufe der Bestien befänden und die Zahl der mitlebenden Menschen und Christen sehr klein sei.[36] Eine verwandte Einteilung trägt Wilhelm Traugott Krug noch 1833 in einem Lexikonartikel vor: Tierheit – Menschheit – Vernunftheit.[37]

Drei Gesichtspunkte fallen an diesen dreistelligen Klassifikationen auf: Sie sind erstens in dem Sinn universalistisch formuliert, daß sie nicht eine bestimmte Weltgegend von vornherein disprivilegieren (es sei denn, diese ist hartnäckig nichtchristlich[38]); gerade deshalb eignen sie sich auch zur Analyse des Wilden und zur Identifikation des von ihm aufzuholenden Rückstandes. Zweitens ist nicht nur die Dreistelligkeit selbst analog zu den ständischen Klassifikationen des mittelalterlichen und frühneuzeitlichen Europa entworfen, auch die quantitativen Relationen der drei Schichten (die relative Seltenheit der beiden oberen Schichten) sind ein präzises Analogon. Drittens fällt auf, daß diese Klassifikationen den Begriff des Menschen immer in einer Mittellage ansiedeln. Es gibt eine Bestialität darunter und einen transzendenten Status darüber. Auf dieses Merkmal komme ich zurück.

Neben diese Klassifikationen des Menschseins treten in der frühen Neuzeit vermehrt biologisch-körperliche Charakterisierungen. Am oben diskutierten chinesischen Beispiel konnte auffallen, in wie hohem Grade auch sehr scharfe Abgrenzungen zu den Barbaren ausschließlich auf kulturelle Kriterien gestützt wurden. Das schließt

35 Thomasius 1692, Vorrede, Abschnitt 2 (Hervorhebungen R. S.).
36 Ebd., Abschnitt 3.
37 Zit. b. Bödeker 1982, 1108.
38 Es bedarf einiger begrifflicher Anstrengung, um überhaupt zu merken, daß Christ »wenigstens der Benennung nach, eine eingeschränktere und engere Beziehung als der Name Mensch mit sich führt«. So Thomas Abbt, *Vom Verdienste*, 1765, zit. n. Bödeker 1982, 1087 f. Abbt stellte dann der partikularen Einheit der Christen die »große ausgebreitete der Menschen« gegenüber.

die gelegentlich explizit formulierte These ein, daß die Säuglinge von Chinesen und die der Barbaren einander gleich seien.[39] Im Vergleich dazu kultiviert die frühe Neuzeit ein prononciertes Interesse an körperlich-biologischen Unterschieden. In einer ersten Hinsicht konzentriert diese Diskussion sich auf die Frage eines einheitlichen oder mehrfachen Ursprungs des Menschen (monogenetisch vs. polygenetisch). An sich war diese Fragestellung unter christlichen Prämissen häretisch und ihr deutlicheres Hervortreten setzt eine gewisse Lockerung religiöser Kontrollen voraus. Andererseits gibt es ein Interesse an der Markierung der Differenz zu den »Wilden« und darüber hinaus für eine spezielle Gruppe ein Interesse an einer Rechtfertigung der Sklaverei. Unter diesen Umständen etabliert sich in Europa eine Spaltung. Die dominante kulturelle Tradition bleibt immer monogenetisch, während daneben eine kulturelle Unterströmung existiert, die sich von La Peyrères (1655) Hypothese einer präadamitischen Schöpfung der farbigen Völker am fünften Schöpfungstag herleitet.[40] Diese Hypothese wird in einer außerhalb der eigentlichen Gelehrsamkeit stehenden Literatur fortgesetzt, die sich Reisenden, Pflanzern, Sklavenhändlern usw. verdankt. Daneben gibt es eine restriktivere These, die Zwischenzustände von Mensch und Tier, Mensch und Affen annimmt und nach ihnen als einem »missing link« sucht.[41] Schimpanse und Orang-Utan stehen hier auf der einen Seite, Pygmäe, Lappländer und Hottentotte auf der anderen, und ihre Beschreibung plausibilisiert die Vermutung eines kontinuierlichen Übergangs. Schließlich ist eine dritte Interessenrichtung festzustellen, die sich auf Mißbildungen und Monstrositäten richtet und diese explizit oder implizit als Resultat einer unnatürlichen Verbindung (Beispiel Elefantenmensch) von Tier und Mensch deutet.[42] Diese letztere Literatur, die eher moralisch als anthropologisch orientiert ist, beschwört die Speziesgrenze als eine unüberschreitbare Norm und organisiert den Schrecken angesichts der Mißbildung als eine ihn normativ verpflichtende Erfahrung des Menschen schlechthin.[43]

39 Müller 1980, 46, 67 f.
40 Bitterli 1976, 327-331.
41 Hodgen 1964, 417-426; Bitterli 1976, 332-339.
42 Dazu interessant Davidson 1991; zur Namengebung des »Elefantenmenschen« ebd., 53.
43 Davidson, 1991, 54 ff., betont, daß, während im Alten Testament der Schrecken angesichts einer Monstrosität immer die Erfahrung eines spezifischen Volkes in seiner Beziehung zu Gott gewesen sei, in den Texten der frühen Neuzeit auffalle,

III

Der Übergang zur Moderne wird durch mehrere Traditionsstränge vermittelt. Einer davon ist die Anthropologie des 18. Jahrhunderts,[44] die, soweit sie eher psychologisch orientiert ist, also die Bestimmung des Menschen in Begriffe wie Perfektibilität, Selbsttätigkeit und Selbstmacht verlegt,[45] die Distanz des Menschen zu anderen Spezies vergrößert und sich auch damit auf die Einheit des Menschengeschlechts festlegt.[46] Eine zweite signifikante Entwicklung ist die Ersetzung der dreistelligen Klassifikationen der frühen Neuzeit durch neue Gegenbegrifflichkeiten, die in der Regel zweistellig konstruiert sind. *Mensch* und *Bürger* ist die wichtigste dieser dualen Unterscheidungen. In Frankreich wird sie politisch konstruiert, meint dann zwei politisch relevante Zugehörigkeiten von verschiedener Reichweite, wobei eine Präferenz für die Selbstidentifikation als Glied der Menschheit (und erst in zweiter Instanz als Bürger) seit der Revolution gefordert und faktisch auch gewählt werden kann.[47] In Deutschland wird dieselbe Unterscheidung auf Bildung und Erziehung bezogen und mittels dieser Institutionen implementiert. Schon bei Mendelssohn wird Aufklärung in der zweifachen Form von Bürgeraufklärung und Menschenaufklärung gedacht.[48] In den folgenden beiden Jahrzehnten rückt die Unterscheidung von Mensch und Bürger in eine Reihe weiterer Kontexte ein. In den Erziehungsinstitutionen dient sie der Abgrenzung zum utilitaristischen Denken der Aufklärung, dem jetzt zugespitzt vorgeworfen wird, es habe die Erziehung zur »Bestialität« (gemeint ist: Sinnenhaftigkeit, Ertrags- und Nützlichkeitsdenken) befördert,[49] und die Schule müsse in der Jetztzeit auf die Erziehung zur Humanität

daß der Horror als eine Erfahrung des Menschen als eines vernunftbegabten Wesens unterstellt werde.
44 Vgl. Luhmann 1980.
45 Siehe die Bestimmung dieser Begriffe bei Tetens 1777, I, 740 f., 753, 756.
46 Vgl. interessant, weil mit Widerstreben formuliert, ebd., I, 781.
47 Dumont 1991 hat einen Vergleich der französischen und der deutschen Ideologie prononciert auf die These gestützt, daß die französische moderne Ideologie eine Hierarchie dieser beiden Identifikationsniveaus etabliere: Zuerst verstehe man sich als Mensch, erst danach als Franzose.
48 Mendelssohn 1784.
49 Diese Unterscheidung bei E. A. Evers, *Über die Schulbildung zur Bestialität*, Aarau 1807, zit. nach Bödeker 1982, 1088 f.

umgestellt werden. In den Professionen – beispielsweise im Klerus – eignet sich das »Humane« im Unterschied zum Bürgerlichen als Angabe einer erweiterten Wirkungssphäre, die Distanznahme gegenüber bisherigen staatlich-polizeilichen Erwartungen erlaubt.[50] Schließlich wird die Wissenschaft ihrem letzten Zwecke nach als »Bildung zur reinen, vollendeten Humanität« verstanden.[51]

Die Verwandtschaft zur antiken Bestimmung von *humanitas* ist auffällig und natürlich zeitgenössisch bewußt. Das, was den Menschen in seinem Wesenskern ausmacht, wird erst durch den Vollzug von Bildung im Einzelmenschen realisiert, und die Partizipation an der Menschheit als Kollektiv ist ihrerseits als über Bildung vermittelt zu denken. Damit ist einerseits eine Absetzbewegung gegenüber den Ständen des alten Europa und gegenüber der Einschließung in berufliche Sphären gefordert, da beides der Entwicklung des Menschlichen hemmend gegenübersteht.[52] Andererseits ist ein eigengeneriertes ständisches Moment in der Semantik der Humanität unübersehbar. Ein nur bildungsabhängig realisierbares Menschsein bleibt denen versperrt, die an sich selbst die Transformation durch Bildung nicht vollziehen können oder es nicht wollen. Genau darin liegt die sozialgeschichtliche Grenze des (Neu-)Humanismus der deutschen Bildungsidee.

Eine Gemeinsamkeit ist allen Unterscheidungen eigen, die wir hier angedeutet haben. Der Mensch ist nicht mehr Mittelglied in einer dreistelligen Konstellation. Statt dessen besetzt »der Mensch« oder »die Menschheit« jetzt immer die präferierte Seite des Duals, in dem einer dieser Termini vorkommt. Zumindest gilt dies so lange, bis Menschheit als der moderne Kollektivbegriff von maximaler Extension durchgesetzt ist.[53] »Menschheit« wird dann zu einem Korrelat von »Weltgesellschaft«. Die »Einheit der Menschheit« oder, wie die Biologie heute oft sagt, die »psychische Einheit der Menschheit«, nimmt die Position eines der zentralen Symbole einer wünschbaren oder denkbaren Solidarität in der Weltgesellschaft ein. Dabei ist ein

50 Siehe La Vopa 1988, 348.
51 Jäsche 1816, 6.
52 Vgl. La Vopa 1988, 374f., am Beispiel von Fichte.
53 Vgl. Bödeker 1982, 1087: »»Menschheit‹ hebt alle vorglobalen Kollektivbegriffe auf, die das Menschengeschlecht bislang in verschiedener Hinsicht gegliedert haben.« Vgl. ebd., 1109, zur Zurückdrängung des *Zielbegriffs* Menschheit (= Gesamtheit von Eigenschaften) zugunsten des *Kollektivbegriffs* (= Gesamtheit von Einzelmenschen).

Merkmal auffällig, das »Mensch« oder »Menschheit« vom Begriff der Weltgesellschaft trennt. Während »Weltgesellschaft« eigentlich immer nur den gegenwärtigen Zustand eines autopoietischen Systems bezeichnet, besitzen »Mensch« und »Menschheit« eine sehr starke diachrone Komponente. Die Einheit der Menschheit ist eine Einheit über die Folge der Generationen hinweg, ist die Einheit einer Spezies durch ihre Entwicklungsgeschichte hindurch. Schon bei Thomas Paine, der die Französische Revolution gegen die Anwürfe Edmund Burkes zu verteidigen versuchte, war die diachrone Vergewisserung der Einheit der Menschheit ein wichtiges Motiv. Nur glaubte Paine noch, daß diese Einheit gefährdet würde, wenn man in der Folge der Generationen Abweichungen (also Evolution) zuließe, und führte deshalb die Hypothese einer kontinuierlichen Schöpfung des Menschen ein: »*unity of man*; by which I mean [...] men are all of *one degree*, and consequently that all men are born equal [...] in the same manner as if posterity had been continued by *creation* instead of *generation*, the latter being only the mode by which the former is carried forward; and consequently every child born into the world must be considered as deriving its existence from God«.[54] Für modernes Denken nach Darwin genügt dann reproduktive Kontinuität als Definiens von Einheit.

Parallel zu dieser Entwicklung aber entsteht ein unübersehbares Problem im Begriff des Menschen oder der Menschheit. Wozu braucht man einen solchen Begriff noch, wenn er den Gegenstand, von dem er spricht, nicht mehr ernsthaft von irgend etwas unterscheidet, wenn er keine Ausgrenzungsleistungen mehr organisiert, weil es niemanden mehr gibt, der der Menschheit als ein Fremder gegenübersteht oder der im Verhältnis zu ihr ein Barbar ist? Natürlich kommt in Sonderlagen eine Reaktualisierung sehr alter Unterscheidungen vor, wenn beispielsweise Hans Magnus Enzensberger Saddam Hussein einen »Feind des Menschengeschlechts«

---

54 »*Einheit der Menschheit*; damit meine ich, daß alle Menschen derselben Entwicklungsstufe zugehören und daß sie folgerichtig alle gleich geboren sind ... und dies auf eine solche Weise, als ob die Fortzeugung der Menschheit eher durch *Schöpfung* als durch *Fortpflanzung* geschehen sei, so daß die letztere nur als die Weise in Frage kommt, in der die erstere fortgesetzt wird; und deshalb muß ein jedes Kind, das in die Welt hineingeboren wird, so verstanden werden, als ob es seine Existenz unmittelbar von Gott ableite« (Paine 1791, 42, Hervorhebungen im Orig.; Übersetzung R. S.).

nennt.⁵⁵ Aber das ist Krisenrhetorik und ganz untypisch für die Semantik der Moderne. Das Problem, das ich meine, wird deutlich, wenn man sich die Entwicklung von Worten wie *humanitarian* ansieht. Walter Laqueur verortet die Entstehung dieses Terminus in den Jahren um 1850, und er notiert, daß der Sinn zunächst fast ausschließlich pejorativ war.⁵⁶ Gemeint waren diejenigen, die sich primär um Fremde sorgen und deshalb die ihnen Nahestehenden außer acht lassen. Das sich hier abzeichnende Problem scheint das der Berücksichtigungsfähigkeit für Differenzen und für die Relevanz lokaler Identifikationen zu sein. Kann man von Menschheit in einem Sinne sprechen, der noch ein Außen generiert und zugleich einen lokalen Kontext zur Verfügung stellt? Ein schönes Beispiel bietet Robert Michels, wenn er die Frage der Möglichkeit eines sozialdemokratischen Patriotismus erörtert und die von sozialistischen Organisationen schließlich gefundene Problemlösung mit den Worten »Fürsorge für die im Vaterland wohnhafte Menschheit« umschreibt.⁵⁷

Differenzierung – und wie man ihr gedanklich und strukturell Rechnung trägt – ist also die heimliche Anomalie aller auf den Menschen bezogenen Thematisierungen in der Moderne, ein Problem, das die soziologische Parallelbegrifflichkeit »Weltgesellschaft« so nicht kennt, weil Gesellschaft immer schon als in sich differenzierte Einheit analysiert wurde. Die Gegnerschaft und die Parteigängerschaft, die »Mensch«, »Menschheit«, »humanitär«, »Menschenrecht« in der Gegenwart erfahren,⁵⁸ haben immer mit der Frage zu tun, ob faktisch vorliegende Differenzierungen sinnvollerweise kontinuiert oder eben aus menschheitsbezogenen Gründen eliminiert werden sollten. Ist das Tragen eines Schleiers durch sehr junge Mädchen im Schulunterricht eine Verletzung ihrer Menschenrechte oder eine legitime, vielleicht sogar wünschbare, kulturelle Differenz? Deutlich wird erneut, wie dramatisch sich die Situation gegenüber allen

---

55 Im *Spiegel* (4. 2. 1991) unter dem Titel »Hitlers Wiedergänger«. Siehe dazu und zur spätantiken Verwendung dieses Terminus (*inimicus humani generis*) Fögen 1993.

56 Laqueur 1989, 203.

57 Michels 1913b, 448.

58 In Anlehnung an Luhmanns Soziologie der Moral könnte man auch von einem polemogenen Charakter solidaritätsstiftender Symbole sprechen. Siehe Luhmann 1978. Ein guter Studiengegenstand wäre das menschheitsbezogene Agieren international operierender humanitärer Organisationen (Amnesty International; Human Rights Watch). Siehe dazu Thränhardt 1992.

vormodernen Gesellschaften verändert hat. Es geht nie mehr um Ausgrenzungen, sondern immer um innere Differenzen, die relativ zu einer übergreifenden Einheit ein Innen und ein Außen organisieren. Lösungen sind in Richtungen zu suchen, die ein universalistisches mit einem partikularistischen Moment verbinden. Ein gutes Beispiel ist die Selbstbeschreibung der amerikanischen Nation, in der immer wieder das Motiv auftaucht, daß diese Nation wegen der inneren Diversität, die sie aufweist, eine vermittelnde Stellung zwischen Menschheit und Ethnos beanspruchen kann, daß sie eine *reale Einheit* ist, die die (einigermaßen fiktive) Einheit der Menschheit approximiert.[59]

Ich möchte meine Überlegungen mit zwei kurzen Bemerkungen zur Bedeutung des »Menschen« und der »Menschheit« für die soziologische Theorie und zum Zusammenhang von Ökologie und Menschheit abschließen. Der Eindruck, von dem die vorstehenden Analysen sich haben leiten lassen, ist, daß es bei der Frage nach dem Menschen nicht um eine Fragestellung der Mikrosoziologie geht, nicht um die Frage nach elementaren Voraussetzungen sozialen Ordnungsaufbaus, die wegen ihres elementaren Charakters im Menschen zu suchen oder dort zu verankern wären. Die Dekomposition sozialer Systeme in elementare Bestandteile, seien dies nun Kommunikationen, Komponenten von Kommunikationen, soziale Minimalsituationen usw., führt offensichtlich nie auf den Menschen hin. Demgegenüber scheint es viel attraktiver, die Frage nach dem »Menschen« oder der »Menschheit« als Problem der Makrosoziologie zu behandeln. Wir haben es hier offensichtlich

---

59 Siehe etwa Hollinger 1993, 334: »A society so constituted, and in possession of a strongly universalist mythology of the nation, confronts a striking circumstance: its national community – the ›we‹ that corresponds to American citizenship – mediates more directly than most other national communities do between the species and those varieties of humankind defined in terms of ethno-racial affiliations« (»Eine Gesellschaft, die so verfaßt ist und die über eine so starke universalistische Mythologie der Nation verfügt, sieht sich einem frappierenden Sachverhalt konfrontiert: ihre nationale Gemeinschaft – jenes ›wir‹, das der amerikanischen Staatsbürgerschaft korrespondiert – vermittelt viel direkter, als dies andere nationale Gemeinschaften tun, zwischen der Spezies und jenen Varietäten der Menschheit, die in Termini ethnischer und rassischer Zugehörigkeiten definiert werden«; Übersetzung R. S.). Reiter 1992, 86 ff., zitiert ein interessantes Beispiel aus dem 19. Jahrhundert, eine Denkschrift des deutschen Revolutionärs Karl Follen; zur Menschheitsbedeutung Amerikas dort, 90.

mit sozialen Konstrukten zu tun, die Konstruktionen von Kommunikationssystemen sind und die sich als Konstruktionen mit der Expansion des Gesellschaftssystems hin zur Realisierung eines weltgesellschaftlichen Kommunikationszusammenhangs entsprechend verschieben. Diese sich mit der soziokulturellen Evolution verändernden Funktionszuweisungen und Problemlösungsfähigkeiten, die dem »Menschen« und der »Menschheit« angesonnen werden, sind der eigentliche Gegenstand einer Soziologie der Menschheit. Die vermutlich jüngste dieser Funktionszuweisungen vollzieht sich im Kontext der Ökologie. Unter ökologischen Perspektiven scheint es noch einmal (oder: erstmals) zu gelingen, ein Außen zu entdecken, das eine gemeinsame Außenbeziehung der Menschheit anzugeben erlaubt. Das verrät im übrigen, wie nahe der Begriff der Menschheit dem Begriff einer Spezies ist, weil aus ökologischer Sichtweise die Frage nach der Menschheit die Frage nach den (Über-)Lebensbedingungen von einer unter den vielen Millionen die Erde bevölkernden Spezies ist. Das schließt die Anerkennung von Konflikten ein. Kann die Spezies Mensch ernsthaft mit der Erhaltung der Verschiedenheit des Lebens auf der Erde koexistieren?

Literatur

Baslez, Marie Françoise, 1984: *L'Étranger dans la Grèce Antique*, Paris: Soc. d'Édition »Les Belles Lettres«.

Bauer, Wolfgang, 1980: Einleitung, in: ders.(Hg.), *China und die Fremden. 3000 Jahre Auseinandersetzung in Krieg und Frieden*, München: C. H. Beck, S. 7-41.

Bertholet, Alfred, 1896: *Die Stellung der Israeliten und der Juden zu den Fremden*, Freiburg i. Br., Leipzig: J. C. B. Mohr.

Bitterli, Urs, 1976: *Die ›Wilden‹ und die ›Zivilisierten‹. Grundzüge einer Geistes- und Kulturgeschichte der europäisch-überseeischen Begegnung*, München: C. H. Beck.

Bödeker, Hans Erich, 1982: Menschheit, Humanität, Humanismus, in: Otto Brunner, Werner Conze und Reinhart Koselleck (Hg.), *Geschichtliche Grundbegriffe*, Bd. 3, Stuttgart: Klett, S. 1063-1128.

Cohen, Hermann, 1894: Über Wurzel und Ursprung des Gebots der Nächstenliebe, in: ders. (Hg.), *Der Nächste*, Berlin: Schocken, S. 11-18.

– 1900: Die Liebe in den Begriffen Gott und Mensch, in: ders. (Hg.), *Der Nächste*, Berlin: Schocken, S. 53-81.

Davidson, Arnold I., 1991: The Horror of Monsters, in: James J. Sheehan und Morton Sosna (Hg.), *The Boundaries of Humanity. Humans, Animals, Machines*, Berkeley: University of California Press, S. 36-67.

Du Moulin Eckart, Richard Graf, 1929: *Geschichte der deutschen Universitäten*, Hildesheim: Olms 1976.

Dumont, Louis, 1991: *L'idéologie allemande. France-Allemagne et retour* (Homo Aequalis, II), Paris: Seuil.

Fögen, Marie Theres, 1993: Inimici humani generis. Menschheitsfeinde und Glaubensfreunde in der Spätantike, in: Laurent Mayali und Maria M. Mart (Hg.), *Of Strangers and Foreigners. (Late Antiquity – Middle Ages)*, Berkeley: Robbins Collection, S. 1-17.

Fortes, Meyer, 1975: Strangers, in: ders. und Sheila Patterson (Hg.), *Studies in African Social Anthropology*, London: Academic Press, S. 229-253.

– 1987: The Concept of the Person, in: ders.(Hg.), *Religion, Morality and the Person. Essays on the Tallensi Religion*, New York: Cambridge University Press, S. 247-286.

Franke, Herbert, 1992: Die unterschiedlichen Formen der Eingliederung von Barbaren im Lauf der chinesischen Geschichte, in: Shmuel N. Eisenstadt (Hg.), *Kulturen der Achsenzeit II. Ihre institutionelle und kulturelle Dynamik*, Teil 1, *China, Japan*, Frankfurt/M.: Suhrkamp, S. 25-70.

Gauthier, Philippe, 1973: Notes sur l'étranger et l'hospitalité en Grèce et à Rome, in: *Ancient Society* 4: 1-21.

Haskell, Thomas L., 1985a: Capitalism and the Origins of the Humanitari-

an Sensibility, Part I, in: *American Historical Review* 90, April: 339-361.
- 1985b: Capitalism and the Origins of the Humanitarian Sensibility, Part II, in: *American Historical Review* 90, June: 547-566.

Hodgen, Margaret T., 1964: *Early Anthropology in the Sixteenth and Seventeenth Centuries*, Philadelphia: University of Pennsylvania Press.

Hollinger, David A., 1993: How Wide the Circle of the »We«? American Intellectuals and the Problem of the Ethnos since World War II, in: *American Historical Review* 98: 317-337.

Jaeger, Werner, 1973: *Paideia. Die Formung des griechischen Menschen*, Berlin: De Gruyter.

Jäsche, Benjamin, 1816: *Einleitung zu einer Architektonik der Wissenschaften nebst einer Skiagraphie und allgemeinen Tafel des gesammten Systems menschlicher Wissenschaften nach architektonischem Plane*, Brüssel: Éditions Culture et Civilisation, Nachdruck 1973.

Kibre, Pearl, 1948: *The Nations in the Mediaeval Universities*, Cambridge/Mass.: Mediaeval Academy of America.

La Vopa, Anthony J., 1988: *Grace, Talent, and Merit. Poor Students, Clerical Careers, and Professional Ideology in Eighteenth-Century Germany*, Cambridge: Cambridge University Press.

Laqueur, Thomas W., 1989: Bodies, Details, and the Humanitarian Narrative, in: Lynn Hunt (Hg.), *The New Cultural History*, Berkeley: Univ. of California Press, S. 176-204.

Lofland, Lyn H., 1973: *A World of Strangers. Order and Action in Urban Public Space*, New York: Basic Books.

Luhmann, Niklas, 1978: Soziologie der Moral, in: Stephan H. Pfürtner und Niklas Luhmann (Hg.), *Theorietechnik und Moral*, Frankfurt/M.: Suhrkamp, S. 8-116.
- 1980: Frühneuzeitliche Anthropologie: Theorietechnische Lösungen für ein Evolutionsproblem der Gesellschaft, in: ders., *Gesellschaftsstruktur und Semantik. Studien zur Wissenssoziologie der modernen Gesellschaft*, Bd. 1, Frankfurt/M.: Suhrkamp, S. 162-234.

Mendelssohn, Moses, 1784: Über die Frage; was heißt aufklären?, in: ders. (Hg.), *Kleinere Schriften I. Gesammelte Schriften*, Bd. 6, 1, Stuttgart-Bad Cannstadt: Frommann, S. 113-119.

Michels, Robert., 1913a: Zur historischen Analyse des Patriotismus, Teil 1, in: *Archiv für Sozialwissenschaft und Sozialpolitik* 36: 14-43.
- 1913b: Zur historischen Analyse des Patriotismus, Teil 2, in: *Archiv für Sozialwissenschaft und Sozialpolitik* 36: 394-449.

Müller, Claudius C., 1980: Die Herausbildung der Gegensätze: Chinesen und Barbaren in der frühen Zeit (1. Jahrtausend v. Chr. bis 220 n. Chr.), in: Wolfgang Bauer (Hg.), *China und die Fremden. 3000 Jahre Auseinandersetzung in Krieg und Frieden*, München: C. H. Beck, S. 43-76.

Paine, Thomas, 1791: *The Rights of Man*, Reprint London 1966.
Reiter, Herbert, 1992: *Politisches Asyl im 19. Jahrhundert. Die deutschen politischen Flüchtlinge des Vormärz und der Revolution von 1848/49 in Europa und den USA*, Berlin: Duncker & Humblot.
Soder, Josef, 1973: *Francisco Suárez und das Völkerrecht. Grundgedanken zu Staat, Recht und internationalen Beziehungen*, Frankfurt/M.: A. Metzner.
Tetens, Johann Nicolaus, 1777: *Philosophische Versuche über die menschliche Natur und ihre Entwickelung*, 2 Bde., Hildesheim (Reprint der Ausgabe Leipzig 1777): Olms 1979.
Thomasius, Christian, 1692: *Einleitung zur Sittenlehre*, Hildesheim (Reprint der Ausgabe Halle 1692): Olms 1979.
Thränhardt, Dietrich, 1992: Globale Probleme, globale Normen, neue globale Akteure, in: *Politische Vierteljahresschrift* 33, 2: 219-234.
Vogt, Joseph, 1967: *Kulturwelt und Barbaren. Zum Menschheitsbild der spätantiken Gesellschaft (Akademie der Wissenschaften und der Literatur. Abhandlungen der Geistes- und Sozialwissenschaftlichen Klasse)*, Mainz: Verlag der Akademie der Wissenschaften und der Literatur.
Weijers, Olga, 1979: Terminologie des universités naissantes. Étude sur le vocabulaire utilisé par l'institution nouvelle, in: Albert Zimmermann (Hg.), *Soziale Ordnungen im Selbstverständnis des Mittelalters*, 1. Halbband, Berlin: De Gruyter, S. 258-280.

3
Homo sapiens in der Umwelt sozialer Systeme
Eine Antwort auf die Frage »Was ist der Mensch?«

Der Mensch ist jene Spezies, deren Bedeutung in der Geschichte der Natur darin besteht, daß in der Kopplung an Populationen von Menschen die Sozialsysteme entstehen, die wir (menschliche) Gesellschaften nennen. Aus der Konvergenz der vielen menschlichen Gesellschaften der Geschichte ist in den letzten fünf Jahrhunderten eine einzige Weltgesellschaft entstanden, die eine ihrer Besonderheiten darin hat, daß ihre Kopplung an die Unizität der Spezies *Homo sapiens* noch enger ist, als dies historisch für frühere Gesellschaften der Fall war.

Ein plausibler Startpunkt für unser Argument ist jener Augenblick, in dem der Spezies *Homo sapiens*, die vor ca. 150 000 Jahren in Ostafrika entstanden ist und für viele Jahrzehntausende auf einen schmalen Siedlungsraum dort beschränkt war, ungefähr vor 65 000 Jahren der Transfer nach Südasien gelingt. Aus dieser kleinen Startpopulation gehen jene Gruppen hervor, die in den darauffolgenden 50 000 Jahren zunächst Australasien, dann – nach Norden abzweigend – den Nahen Osten und Europa und schließlich und zuletzt, vermutlich auf dem Weg über die Beringstraße, Nord- und Südamerika besiedeln. Die gesamte gegenwärtige Weltbevölkerung geht auf diese Populationen und deren Migrationen zurück.[1] Daraus resultiert eine geringe genetische Diversität der Menschheit, die Anthropologen und Psychologen motiviert hat, von einer »psychischen Einheit der Menschheit« zu sprechen.

Diese relative Einheitlichkeit der psychobiologischen Infrastruktur menschlicher Gesellschaften hat interessante Folgerungen für die Sozialsysteme, die sich unter der Prämisse der strukturellen Kopplung mit diesen Populationen bilden. Diese müssen nur

---

1 Neue archäologische Funde werden vermutlich an den Daten und an den Einzelheiten der postulierten Migrationswege etwas ändern, aber sie werden mit einer gewissen Wahrscheinlichkeit die zugrundeliegende These der Besiedlung des gesamten Erdballs durch Migrationen einer einzigen Ausgangspopulation untangiert lassen – siehe zum Stand der Diskussion Macaulay u. a. 2005; Forster und Matsumura 2005; Thangaraj u. a. 2005; Stringer 2002.

mit einer geringeren Diversität der psychobiologischen Verhaltenstendenzen rechnen. Das engt den Spielraum für Strukturbildungen und semantische Diskriminierungen in sozialen Systemen ein. Zwar registrieren wir in allen Kulturräumen Tendenzen, den Begriff des Menschen auf lokale und regionale Teilpopulationen einzuschränken und anderen Populationen subhumanen Status zuzuschreiben.[2] Diese Tendenzen finden sich vor allem dort, wo entweder ein Interesse entsteht, Fremden jede Möglichkeit des Zugangs und der Mitgliedschaft zu verweigern, oder umgekehrt dort, wo eine Gesellschaft zwar eine Inkorporation bestimmter fremder Populationen anstrebt, aber für diese einen extrem disprivilegierten Status (insbesondere als Sklaven) vorsieht. Beide Strategien – der Ausschluß der als subhuman definierten Fremden oder die Inkorporation von als prinzipiell ungleichwertig verstandenen Sklaven – scheitern langfristig an der sachlichen (und d. h. zunehmend auch szientifischen) Unplausibilität der zugrundeliegenden diskriminatorischen Semantiken und an der soziohistorischen Karriere von Normen und Werten, die keine radikalen Ungleichheitsvermutungen mehr zulassen. Spätestens für die Weltgesellschaft der Moderne gilt dann, daß es keine subhumanen Fremden mehr gibt, keine Legitimationen für Sklaverei mehr stabilisierbar sind und niemand ein ursprüngliches Recht auf einen bestimmten Platz der Erde reklamieren kann[3] – und die Gesellschaft als Weltgesellschaft alle Ungleichheiten, die sie erzeugt (und die sie vielleicht zunehmend erzeugt), allein sich selbst zurechnen und diese als soziale Ungleichheiten aus eigenen semantisch-kulturellen Ressourcen legitimieren muß, aber diese Ungleichheiten mit keinem denkbaren Argument mehr auf postulierte psychobiologische Ungleichheiten ihrer menschlichen Umwelt zurechnen kann.

Die Semantik der Moderne besteht in einer ihrer wichtigsten Hinsichten aus immer neuen Erfindungen, in denen sie den Sachverhalt der »psychischen Einheit der Menschheit« formuliert und immer erneut reformuliert. So z. B. die Vorstellung der Subjektivität des Menschen, also des Menschen als eines einheitlichen Substrats, das Vorgängen des Erkenntnisgewinns und der Gesellschaftsbildung zugrunde liegt. Oder zweitens das Postulat der Individualität

---

2 Siehe Stichweh 1994.
3 So bereits Kant 1795, 214: »ursprünglich ... niemand an einem Ort der Erde zu sein mehr Recht hat, als der andere«.

psychischer Systeme, das allen Menschen Individualität zuschreibt, anhand deren sie sich voneinander unterscheiden, die zugleich aber auch bedeutet, daß sie sich in diesem fundierenden Sachverhalt der Individualität selbst nicht voneinander unterscheiden. Schließlich die interne Mikrodiversität menschlicher Populationen,[4] ohne die von Populationen von Menschen auch gar nicht die Rede sein könnte,[5] die aber eben nur Mikrodiversität ist im Sinne von Spielarten menschlicher Verhaltensmöglichkeiten, auf die soziale Systeme in ihren Vorgängen der Strukturbildung selektiv zurückgreifen können und dies zu verschiedenen Zeitpunkten verschieden tun können.

Soziale Systeme tragen aber nicht nur dem Sachverhalt der Homogenität (und Mikrodiversität) menschlicher Populationen Rechnung; sie benutzen dieselben Semantiken, mittels deren sie dies tun, zugleich zur Präzisierung der Grenzbildung sozialer Systeme und zum radikalen Ausschluß aller derjenigen, die nichtmenschliche Adressen in der Umwelt der Gesellschaft sind. Es sind nur noch Menschen, die sie als ihre relevante psychobiologische Umwelt betrachten. Pflanzen und Tiere – so ungeheuer bedeutsam der Vorgang der Domestikation von Pflanzen und Tieren für die Herausbildung und die Trajektorien menschlicher Gesellschaften war[6] – gehören in der Moderne definitiv nicht mehr zu den potentiellen Adressaten sozialer Kommunikation. Und dasselbe Schicksal ereilt viele andere Adressaten: Geister, Ahnen, Engel, Teufel, Heilige, Götterbilder und die Gottheiten selbst (außer in ausdifferenzierten religiösen Kommunikationen).[7] Nur noch Menschen kommen als relevante Umwelt der Gesellschaft in Frage.

Diese Selbstbegrenzung und Präzisierung der Grenzbildung sozialer Systeme korreliert schließlich mit einer spezifischen Rücksichtslosigkeit menschlicher sozialer Systeme. Sie institutionalisieren gesellschaftsweite Semantiken der Humanität und globale Menschenrechte (auch wenn es global umstrittene Menschenrechte sein sollten), aber sie sind vergleichsweise indifferent gegenüber allen jenen, die nicht mehr zu den berücksichtigungsfähigen Adres-

---

4 Siehe anregend, wenn auch nicht mehr ausgearbeitet, Luhmann 1997.
5 Zum grundlegenden Charakter des Populationsbegriffs für jeden Darwinismus Mayr 1983.
6 Diamond 1997; Mann 2006.
7 Vgl. interessant Lindemann 2005.

sen in der Umwelt der Gesellschaft gehören. Ein solcher Rückzug menschlicher Gesellschaften auf sich selbst und ihre infrastrukturelle Prämisse des Menschen könnte unproblematisch sein, wenn nicht von Weltgesellschaft die Rede wäre. Denn das System der Weltgesellschaft ist auch ein System, dem eine Macht zugefallen ist, für die es in der Geschichte keine Vorläufer gibt. Die menschliche Gesellschaft entscheidet nicht nur über ihre eigenen Lebensbedingungen, sondern sie entscheidet mit der Entscheidung über diese auch über die Lebensbedingungen und die Erhaltungschancen der meisten anderen Spezies, die die natürliche Evolution hervorgebracht hat. Dies ist eine Herausforderung, eine »treuhänderische« Verantwortung für die Existenzbedingungen des Lebens auf der Erde,[8] von der wir noch nicht wissen, ob die Sozialsysteme des *Homo sapiens* ihr gewachsen sein werden.

---

8 Ich lehne mich an Termini von Talcott Parsons an, Parsons 1978.

Literatur

Diamond, Jared, 1997: *Guns, Germs, and Steel. The Fates of Human Societies*, New York: W.W. Norton.

Forster, Peter und Shuichi Matsumura, 2005: Did Early Humans Go North or South?, in: *Science* 308, 5724: 965-966.

Kant, Immanuel, 1795: Zum ewigen Frieden. Ein philosophischer Entwurf, in: Wilhelm Weischedel (Hg.), *Werke in zehn Bänden*, Bd. 9, Darmstadt: Wissenschaftliche Buchgesellschaft 1975, S. 191-251.

Lindemann, Gesa, 2005: The Analysis of the Borders of the Social World: A Challenge for Sociological Theory, in: *Journal for the Theory of Social Behaviour* 35, 1: 72-98.

Luhmann, Niklas, 1997: Selbstorganisation und Mikrodiversität: Zur Wissenssoziologie des neuzeitlichen Individualismus, in: *Soziale Systeme* 3: 23-32.

Macaulay, Vincent, u. a., 2005: Single, Rapid Coastal Settlement of Asia Revealed by Analysis of Complete Mitochondrial Genomes, in: *Science* 308, 5724: 1034-1036.

Mann, Charles C., 2006: *1491. New Revelations of the Americas Before Columbus*, New York: Vintage Books.

Mayr, Ernst, 1983: *The Growth of Biological Thought*, Cambridge/Mass.: Belknap.

Parsons, Talcott, 1978: *Action Theory and the Human Condition*, New York: The Free Press.

Stichweh, Rudolf, 1994: Fremde, Barbaren und Menschen. Vorüberlegungen zu einer Soziologie der ›Menschheit‹, in: Peter Fuchs und Andreas Göbel (Hg.), *Der Mensch – das Medium der Gesellschaft?*, Frankfurt/M.: Suhrkamp, S. 72-91, in diesem Band Kap. 2.

Stringer, Chris, 2002: Modern Human Origins: Progress and Prospects, in: *Philosophical Transactions of the Royal Society of London B* 357: 563-579.

Thangaraj, Kumarasamy, u. a., 2005: Reconstructing the Origins of Andaman Islanders, in: *Science* 308: 996.

4
Die psychische Einheit der Menschheit und die Nichtrationalität des Sozialen
Voraussetzungen und Folgen einer Idee der Moderne

Die Naturwissenschaft der Aufklärung ruht auf der Unterscheidung von Naturlehre und Naturgeschichte. Naturlehre ist das Studium allgemeiner Eigenschaften der Körper. Dazu gehören Eigenschaften wie Impenetrabilität (die Undurchdringlichkeit des Körpers, die dafür verantwortlich ist, daß ein Körper sich nicht an dem Ort aufhalten kann, an dem bereits ein anderer Körper ist) oder die Bewegung im Raum (also der Wechsel der Orte). Naturgeschichte ist das deskriptive Studium der Verschiedenheit der Körper in den drei Naturreichen: dem *regnum animale* (Tiere), *regnum vegetabile* (Pflanzen), *regnum minerale* (Steine, Mineralien).[1]

Was in dieser Erkenntnisordnung fehlt, ist das Studium des Menschen. Rousseau registriert dies in einer langen Anmerkung in seiner Abhandlung über den Ursprung und die Grundlagen der Ungleichheit unter den Menschen (1755): Es seien, obwohl die Einwohner Europas seit drei bis vier Jahrhunderten die übrigen Teile der Welt zu überschwemmen begonnen hätten, »uns keine anderen Menschen bekannt als die Europäer«.[2] Und eine Seite weiter heißt es:

[…] ich kann kaum begreifen, wie es zuginge, daß sich in einem Jahrhundert, da man so gern etwas zu wissen wollen scheint, nicht zwei Menschen zusammentun sollten, die beide reich wären, aber einer an Geld der andere an Verstand […] und daß der eine zehntausend Taler von seinem Gelde und der andere zehn Jahre von seinem Leben aufopferte, um eine berühmte Reise vorzunehmen, deren Absicht nicht wäre, Steine und Pflanzen auszukundschaften, sondern die Menschen und ihre Sitten kennenzulernen und nach vielen hundert Jahren, die man angewendet hat, das Haus zu messen und zu betrachten, endlich auch einmal auf die Leute achtzugeben, die darin wohnen.[3]

1 Siehe näher Stichweh 1984, insb. Kap. 2 und 3.
2 Rousseau 1978, 288.
3 Ebd., 289.

Es folgt eine lange Liste zu bereisender Länder, auf der der fünfte Kontinent (damals ›Neuholland‹) und der sechste Kontinent noch fehlen. Im gleichen Sinne der Etablierung des Studiums des Menschen als eines eigenen Naturreichs äußert sich wenig später auch Johann Gottfried Herder, der zugleich das Thema inauguriert, das uns in diesem Text beschäftigt: »Je weiter hin es sich in Untersuchung der ältesten Weltgeschichte, ihrer Völkerwandrungen, Sprachen, Sitten, Erfindungen und Traditionen aufklärt: desto wahrscheinlicher wird mit jeder neuen Entdeckung auch der *Ursprung des ganzen Geschlechts von Einem*.«[4]

Die Weite der Reisewege, die Rousseau antizipiert, wird in der wissenschaftlichen Karriere Alexander von Humboldts nahezu verwirklicht, auch wenn bei Humboldt erneut nicht das Studium des Menschen und seiner kulturellen Varianten im Vordergrund steht, statt dessen jenes Unterfangen, das einige Wissenschaftshistoriker »Humboldtian Science« genannt haben, die weltweite Beobachtung, Deskription und Messung insbesondere geophysikalischer Variablen, unter denen vor allem auch dem Studium des Erdmagnetismus besondere Bedeutung zukam.[5] Humboldts Gegenstand war nicht die ›Lebenswelt‹ des Menschen, sondern der ›Kosmos‹, eine naturalistische Beschreibung der Gesamtheit der Umstände, in die das Leben auf der Erde eingefügt ist. Ungeachtet dieser thematischen Differenz wurde Humboldts Programm, sein Lebens- und Reiseweg zum Vorbild für jenen Anthropologen, der dieselbe deskriptive Zugangsweise, die Humboldt eigen war, auf das Studium einer großen Zahl menschlicher Zivilisationen ausdehnte und der vermutlich auch derjenige war, der die Formulierung von der ›psychischen Einheit der Menschheit‹ zuerst verwendet hat oder ihr zumindest zum Durchbruch verholfen hat: Adolf Bastian (1826-1905), aus Bremen gebürtig, der nach enzyklopädischem Studium 1850 in Prag einen medizinischen Abschluß erwarb und danach – seine ärztliche Kompetenz zur Sicherung des Lebensunterhalts einsetzend – in den ihm verbleibenden fünfeinhalb Jahrzehnten als ethnologischer Forscher immer neue Weltregionen durchstreifte.[6] Zur Illustration will ich nur einmal einige aufeinanderfolgende Stationen von Bastians erster großer Forschungsreise von 1851 bis

---

4 Herder 1990, 5.
5 Siehe Cawood 1977; Cannon 1978
6 Siehe zu Bastian Köpping 2005; Fischer, Bolz und Kamel 2007

1859 auflisten: Australien, Neuseeland, Westküste Südamerikas, Mexiko, Kalifornien, China, Indonesien, Indien, Mesopotamien, Syrien, Kairo, Aden, Kapstadt, Kongo, Westküste Afrikas, Portugal, Spanien, Türkei, Rußland, Schweden, Norwegen – Bremen.

Die ethnologische Theorie, die Bastian in den folgenden Jahrzehnten entwickelte, ruhte auf der Vorstellung elementarer sozialpsychologischer Verarbeitungsmechanismen auf, die als Universalien überall auf der Erde erschlossen werden können. Deshalb ist ein weltweites Studium des Menschen erforderlich – und zwar des Durchschnittsmenschen, in jeder einzelnen Zivilisation. Die Universalien, die Bastian postuliert, nennt er ›Elementargedanken‹. In den jeweils untersuchten geographischen Regionen manifestieren sie sich konkret als ›Völkergedanken‹, d. h. in variierenden Gestalten, die durch die natürlichen Lebensbedingungen des Menschen, aber auch durch historische Umstände des Kontakts mit anderen Zivilisationen geformt sind. Über einen langen Zeitraum führte Bastian zwischen 1870 und 1900 eine Kontroverse mit dem in Deutschland wichtigsten zeitgenössischen Konkurrenten, Friedrich Ratzel, die das relative Gewicht physikogeographischer vs. historischer (auf Diffusion und Migration aufruhender) Faktoren betraf.[7]

Das empirische Fundament der zugrundeliegenden These der psychischen Einheit der Menschheit wird in unseren Tagen zunächst durch paläoanthropologische Befunde gestützt, die ich im Kapitel 3 dieses Buches knapp referiert habe. *Homo sapiens* ist eine einzige Spezies mit einem einheitlichen Ursprung in einer eng umgrenzten ostafrikanischen Region vor etwas mehr als 100 000 Jahren. Diese Spezies hat vor ca. 65 000 Jahren den Migrationsweg begonnen, der ihr nach vielleicht 30 000 Jahren eine Präsenz an jedem Ort des heutigen Siedlungsraums der Menschheit gesichert hat. Zugleich gab es bereits zu diesem Zeitpunkt vor etwa 30 000 Jahren keine anderen überlebenden Varianten des Genus *Homo* mehr. Zu den denkbaren Universalien dieser seither singulären Spezies gehören nicht nur morphologische Eigentümlichkeiten und psychobiologische Verhaltenstendenzen, sondern auch soziokulturelle Muster wie der Gebrauch von Werkzeugen aus Stein und Knochen, Techniken der Jagd und des Fischfangs, eine Ausdehnung des räumlichen Horizonts und der unter dieser Voraussetzung möglich werdende

---

7 Köpping 2005, insb. Kap. 5 zu Bastian und Ratzel.

Austausch und Handel über Distanz (und damit auch Muster des Kontakts zu ›Fremden‹), das Symbolsystem Sprache und der symbolische Gebrauch von Pigmenten, schließlich Institutionen der Bestattung von Verstorbenen.[8]

In der soziologischen Tradition des Studiums von Gesellschaft und Kultur hat in den letzten fünfzig Jahren vor allem Talcott Parsons diese Idee eines einheitlichen Ursprungs der Menschheit wiederaufgenommen. Parsons verbindet die These der Koevolution, die die Koevolution der organischen Ausstattung des Menschen mit seinen sozialen und kulturellen Systemen betrifft, mit der These eines einheitlichen Ursprungs aller sozialen Systeme, die für ihn verbürgt, daß alle beobachtbaren sozialen und kulturellen Unterschiede Differenzen auf der Basis historischer Differenzierungen eines als einheitlich angenommenen Ausgangspunkts sind.[9] In der ausformulierten Fassung postuliert die Parsonssche Theorie auf der Basis eines einheitlichen Ursprungs eine Koevolution von Verhaltensorganismus, psychischem System, Gesellschaft und Kultur.[10] Dieser Hinweis ist mit der frühen Einsicht Talcott Parsons' zu verknüpfen, daß die Eigenrealität des Sozialen gegenüber biologischen und ökonomischen Determinanten von Gesellschaft im Bereich des ›Nichtrationalen‹ und des ›Voluntarismus‹ zu suchen ist, d. h. in der Selbstbegründung gesellschaftlicher Ordnung auf der Basis von Normen und Werten, die nicht aus Imperativen, die die Umwelt der Gesellschaft diktiert, abzuleiten sind.[11] In diesem anspruchsvollen Verständnis von Gesellschaft ist zu sagen, daß Gesellschaft selbst nicht als Anpassung verstanden werden kann, sondern nur als eine kreative und emergente Ordnung, die Möglichkeitsräume schafft, die nicht als Anpassungen interpretiert werden dürfen, die aber für diejenigen, denen sie als Ordnung gegenübertritt, Anpassungszwänge eigener und neuer Art schafft.

Derselbe Argumentationsweg, der uns gerade von Annahmen

8 Siehe Stringer 2002, insb. 574-576; Balter 2002.
9 Siehe insb. den Abschnitt »Socio-Cultural Development from a Single Origin«, 284-286 in Parsons 1971. Ähnliche Bemerkungen in den beiden Evolutionsbüchern von 1966 und 1971.
10 Siehe das letzte zu Lebzeiten fertiggestellte Buch, in dem das evolutionäre Moment mit der Betonung der »Human Condition« an Bedeutung gewinnt, Parsons 1978, insb. Kap. 15.
11 Dazu Parsons 1937 und als eine Diskussion des Verhältnisses von Rationalität und Nichtrationalität Stichweh 1980.

über die Einheitlichkeit des Ursprungs der Menschheit und über die Koevolution psychobiologischer und soziokultureller Strukturen zur Eigenrealität der Gesellschaft (gewissermassen vom *regnum humanum* zum *regnum sociale*) geführt hat, wiederholt sich innerhalb der darwinistischen Tradition, wenn man ernsthaft über soziokulturelle Evolution nachzudenken versucht. Wenn das Ziel des Darwinismus je darin bestanden haben sollte, das *regnum humanum* in das *regnum animale* zurückzuholen, ist der Darwinismus daran gescheitert. Wir denken statt dessen heute über Theorien der soziokulturellen Evolution nach und formulieren adäquate Theorien u. a. als ›Dual-Inheritance-Theorien‹, die für Neuheiten im soziokulturellen Bereich Modi der Transmission und der Selektion vorsehen, die ähnlich wie die *natural selection*, aber streng getrennt von deren Mechanismen operieren.[12] Und die Theorien soziokultureller Evolution, zu denen man auf diese Weise gelangt, stoßen erneut auf den Sachverhalt der Nichtrationalität. Kulturelle Varianten, die entstehen und sich durchzusetzen imstande sind, sind nur schwer als Anpassungen – an die biologischen Existenzbedingungen des Menschen – zu verstehen. Sie sind eher Anpassungen an die idiosynkratischen Erwartungen soziokultureller Umwelten, mit denen sie zirkulär verknüpft sind.

Ich will in dem Überlegungsgang dieses Texts, der einen experimentellen Status hat, abschließend zwei Positionen vergegenwärtigen, die gleichfalls dem Bereich der Theorien soziokultureller Evolution entstammen und in denen sich erneut die gleiche Diagnose der Prädominanz des Nichtrationalen in der Evolution humaner Sozialsysteme aufdrängt.

Die erste Theorie, die ich vorstellen möchte, ist eine darwinistische Epidemiologie von Repräsentationen, die Dan Sperber in den letzten Jahren entwickelt hat.[13] Auch Sperbers Theorie geht von einer Art psychischen Einheit der Menschheit aus, die man an Weisen des Schlußfolgerns und Wahrnehmens erkennt, die relativ kulturunspezifisch sind und die deshalb in allen Kulturen als rational erscheinen. Die Überzeugungen (*beliefs*), die auf diese Weise gebildet werden, nennt Sperber intuitive Überzeugungen, und das Wort ›intuitiv‹ bedeutet hier auch, daß die betreffenden *beliefs* ihre

---

12 Maßstabgebende Varianten einer solchen Theorie finden wir beispielsweise bei Campbell 1988; Boyd und Richerson 1985; Richerson und Boyd 2005.
13 Sperber 1985; 1990; 1996.

Überzeugungskraft gewissermaßen in sich selbst tragen. Es braucht keine Argumentation, damit man sie akzeptiert. Sie sind auf evidente Weise adaptiv. Für menschliches Denken aber sei charakteristisch, daß ihm außer dieser Fähigkeit zur Bildung intuitiver Überzeugungen zusätzlich eine metarepräsentationale Fähigkeit eigen sei.[14] D. h., es könne Überzeugungen bilden, die sich auf andere Überzeugungen beziehen. Diesen zweiten Typus von Überzeugungen nennt Sperber auch reflektive Überzeugungen. Diese Überzeugungen, die sich auf andere Überzeugungen beziehen, haben als solche bemerkenswerte Eigenschaften. Sie lassen Überzeugungen zu, die andere Überzeugungen für falsch oder unwahrscheinlich halten, d. h., sie etablieren die Möglichkeit des Zweifels oder des Unglaubens. Zweitens erlauben sie die Repräsentation von Vorstellungen, die man – vorläufig – noch nicht versteht. In diesem Sinn speichern sie Aufgaben für spätere Prozesse des Verstehens und des Lernens, für die die Voraussetzungen erst noch geschaffen werden müssen. Drittens können auf diese Weise auch rätselhafte Vorstellungen (*mysteries*) Teil der menschlichen Vorstellungswelt werden, rätselhafte Vorstellungen, die vielleicht nie aufgeklärt werden können, die sich aber in der Vorstellungswelt festsetzen. Unter diesen rätselhaften Vorstellungen behaupten sich diejenigen am besten, die mit anderen Vorstellungen derselben Person oder sozialen Gruppe am engsten verknüpft sind. Ihr Erfolgskriterium ist also eine gruppenbezogene Konsistenz, die ihren Erfolg nicht auf intuitiver Plausibilität als einem Mechanismus der Spezies, sondern auf Kommunikation innerhalb einer engeren Gruppe gründet. Von außen betrachtet, d. h. beispielsweise aus der Perspektive einer anderen Kultur, erscheinen diese *beliefs* als nichtrational, aber erneut sind es gerade diese nichtrationalen *beliefs*, die die soziokulturelle Identität des entsprechenden sozialen Bezugssystems am stärksten bestimmen. Deutlich wird hier auch, wie die Konsolidierung der Eigenrealität des Sozialen mit dem Wechsel von intuitiven, wahrnehmungsgestützten *beliefs* zu Prozessen der kommunikativen Verständigung über Metarepräsentationen zusammenhängt.

Ich komme zu einem abschließenden Argument, das erneut mit den vorgelegten Überlegungen konvergiert und sie erweitert. Es verdankt sich einer evolutionären Theorie der Religion, die Pascal

---

14 Zum Folgenden insb. Sperber 1985, 83-85; ders. 1990, 35-40.

Boyer 2002 (Erstdruck 2001) vorgelegt hat.[15] Eine der wichtigsten Thesen Boyers ist, daß Religion ›natürlicher‹ als Wissenschaft ist. Diesen ›natürlichen‹ Status der Religion erläutert Boyer, indem er eine Reihe universeller psychologischer Mechanismen darstellt, für die er experimentalpsychologische Bestätigungen sieht.[16] Dazu gehören *Konsensuseffekte*, also das Phänomen, daß Personen ihre Wahrnehmungen einer Situation an die Wahrnehmungen anderer Personen anpassen; *falsche Konsensuseffekte*, i. e. die von Personen gehegte Überzeugung, daß ihre Einschätzung einer Situation von anderen geteilt wird, unabhängig davon, ob dies tatsächlich der Fall ist; drittens der Sachverhalt, daß man *eigenerzeugter Information* stabiler zu glauben geneigt ist, als man dies für Informationen zu tun bereit ist, die von anderen erzeugt worden sind; viertens *Gedächtnisillusionen*, die von der Art sind, daß das Gedächtnis eines Menschen Erinnerungen unterstützt, die sich einem Willen oder einem Wunsch verdanken, welche sich an die Stelle des tatsächlich beobachteten Geschehens setzen; fünftens *Zurechnungsirrtümer* hinsichtlich der Quelle einer Information oder einer Handlung; sechstens *kognitive Biases*, die bestätigende Instanzen für eine Überzeugung, die man hegt, verstärken und falsifizierende Informationen unterdrücken; siebtens die *nachträgliche Anpassung von Erinnerungen* an gegenwärtige Erfahrungen. Mechanismen dieser Art und ihre sich eventuell wechselseitig verstärkenden Effekte in einem psychischen System oder in einem Sozialsystem erklären Boyers These der Unwahrscheinlichkeit von Wissenschaft und der Natürlichkeit von Religion. In Sozialsystemen liegen alternative Möglichkeiten des Umgangs mit diesen Mechanismen vor. Man kann Sozialsysteme so einzurichten versuchen, daß sie sich bemühen, die kognitiven Verzerrungen dieser Mechanismen durch soziale Korrekturmechanismen auszuschalten. Dies ist der unwahrscheinliche Fall der Etablierung von Wissenschaft. Alternativ ist es viel einfacher, diese Mechanismen zum Aufbau einer nichtrationalen sozialen Eigenwelt – beispielsweise religiöser Art – zu nutzen, die auf Konsensus ruht und in welcher Konsensus unterstellt wird. Und wie wir alle auf der Basis naturalistischer Epistemologien wissen, die die Wissenschaftstheorie der letzten Jahrzehnte bestimmt haben, ist auch die Wissenschaft nicht so verfaßt, daß sie bei ihren

15 Boyer 2002
16 Siehe insb. ebd., 344 ff.

einzelnen Mitgliedern oder in ihren einzelnen ›Communities‹ die skizzierten *Biases* korrigiert. Vielmehr sind die Gründe des Erfolgs der Wissenschaft dort, wo er sich überhaupt einstellt, eher darin zu sehen, daß dieses System oberhalb der lokalen Erkenntnisgemeinschaften eine Kultur der Kritik der Repräsentationen etabliert, die die Möglichkeit abschneidet, divergente Deutungen derselben Sachverhalte auf Dauer nebeneinander bestehen zu lassen. Selbst die Rationalität der Wissenschaft macht sich auf diese Weise die Nichtrationalität der Bindungskräfte in den lokalen Erkenntnisgemeinschaften für den Strukturaufbau der anspruchsvollsten Wissensordnung der Moderne zunutze.

Literatur

Balter, Michael, 2002: What Made Humans Modern?, in: *Science* 295: 1219-1225.

Boyd, Robert und Peter J. Richerson, 1985: *Culture and the Evolutionary Process*, Chicago: University of Chicago Press.

Boyer, Pascal, 2002: *Religion Explained. The Human Instincts that Fashion Gods, Spirits and Ancestors*, London: Vintage.

Campbell, Donald T., 1988: *Methodology and Epistemology for Social Science*, Chicago: University of Chicago Press.

Cannon, Susan Faye, 1978: *Science in Culture: The Early Victorian Period*, Folkestone: Dawson.

Cawood, John, 1977: Terrestrial Magnetism and the Development of International Collaboration in the Early Nineteenth Century, in: *Annals of Science* 34: 551-588.

Fischer, Manuela, Peter Bolz und Susan Kamel (Hg.), 2007: *Adolf Bastian and His Universal Archive of Humanity. The Origins of German Anthropology*, Hildesheim: Georg Olms.

Herder, Johann Gottfried, 1990: *Auch eine Philosophie der Geschichte zur Bildung der Menschheit (1774)*, Stuttgart: Philipp Reclam jun.

Köpping, Klaus Peter, 2005: *Adolf Bastian and the Psychic Unity of Mankind. The Foundations of Anthropology in Nineteenth Century Germany*, Münster: Lit Verlag.

Parsons, Talcott, 1937: *The Structure of Social Action*, New York: The Free Press (of Glencoe).

– 1971: Comparative Studies and Evolutionary Change, in: *Parsons, Social*

Systems and the Evolution of Action Theory, New York: The Free Press 1977, S. 279-320.
- 1978: *Action Theory and the Human Condition*, New York: The Free Press.
Richerson, Peter J. und Robert Boyd, 2005: *Not by Genes Alone. How Culture Transformed Human Evolution*, Chicago: University of Chicago Press.
Rousseau, Jean-Jacques, 1978: Abhandlung über den Ursprung und die Grundlagen der Ungleichheit (1755), in: Henning Ritter (Hg.), *Jean-Jacques Rousseau, Schriften*, 2 Bde., Bd. 1, München: Carl Hanser, S. 165-302.
Sperber, Dan, 1985: Anthropology and Psychology: Towards an Epidemiology of Representations, in: *Man* 20: 73-89.
- 1990: The Epidemiology of Beliefs, in: Colin Fraser und George Geskell (Hg.), *Psychological Studies of Widespread Beliefs*, New York: Oxford University Press, S. 25-43.
- 1996: *Explaining Culture. A Naturalistic Approach*, Oxford: Blackwell.
Stichweh, Rudolf, 1980: Rationalität bei Parsons, in: *Zeitschrift für Soziologie* 9, 1: 54-78.
- 1984: *Zur Entstehung des modernen Systems wissenschaftlicher Disziplinen. Physik in Deutschland 1740-1890*, Frankfurt/M.: Suhrkamp.
Stringer, Chris, 2002: Modern Human Origins: Progress and Prospects, in: *Philosophical Transactions of the Royal Society of London B* 357: 563-579.

5
Der Körper des Fremden

I

Sprache und Körperlichkeit sind die beiden Unterscheidungsmerkmale, die den Fremden am deutlichsten zu identifizieren erlauben. In vielen Fällen scheint die sprachliche Differenz zunächst dominant. Man kann sich mit dem Fremden *nicht verständigen*, aber dennoch ist Warentausch möglich, und insofern fungiert »stummer Handel« (*silent trade*) als elementare Form der Interaktion mit dem Fremden, die zudem vollzogen werden kann, ohne daß die Beteiligten gleichzeitig am Ort des Tausches anwesend sein müßten.[1] Der Fremde spricht *unverständliche* Laute, die ihm den Namen des »Barbaren« eintragen, womit eine scharfe kulturelle Grenze markiert wird; oder er »mauschelt«, d. h., er spricht ein Deutsch, das dank eines jiddischen Akzents, seiner Intonation oder des Vokabulars in die Unverständlichkeit absinkt.[2] In vielen Fällen ist der Fremde sogar *taub* oder, wie es die »medizinische« Literatur über Juden hervorhebt, mit einer weit überdurchschnittlichen Häufigkeit *taubstumm*,[3] oder er ist, wie dies für amerikanische Indianer behauptet wurde, eine Art Papagei *ohne eigene Sprache*, der europäische Sprachen imitiert.[4] Wenn man diese Diagnosen bedenkt, ist es konsequent, daß jener Fremde, der schließlich zum Kosmopoliten geworden ist, sich vor allem dadurch auszeichnet, daß er viele Sprachen spricht, und d. h. zugleich, daß er der Möglichkeit nach in vielen Kulturen – und dies mittels der Sprache von innen – zu Hause ist.[5]

Angesichts der Schwierigkeit der Überschreitbarkeit einer durch sprachliche Differenzen markierten kulturellen Grenze überrascht

---

1 Vgl. Wood 1934, 93 f.; Gauthier 1973, 6; Smith 1985, 20 f.
2 Gilman 1991, 16, 88, 134 f.
3 Gutmann 1920, 40 f.
4 Smith 1985, 20, Fn. 69.
5 So Stonequist 1937, 178 f., vgl. demgegenüber bei Goldstein 1985, 526, das Beispiel eines *körperbezogenen* Begriffs des Kosmopolitischen, der am Judentum die singuläre Fähigkeit hervorhebt, sich den verschiedensten geographischen und klimatischen Bedingungen anpassen zu können.

es nicht, wenn sich Hoffnungen hinsichtlich der Überwindung von Fremdheitsgrenzen auf körperbezogene Sozialsysteme richten. In der Gesellschaft der Gegenwart bietet der Sport dafür ein gutes Beispiel. Die Kultur des Sports ist weit überwiegend Körperkultur. Die Kommunikationen des Sportsystems vollziehen an sich selbst eine Reduktion auf körperliche Leistungen.[6] Und insofern scheint die in der Sportpolitik und in den Sportverbänden fast einhellig geteilte Meinung, daß sich der Sport – wegen seiner geringen Abhängigkeit von Sprache – für interkulturelle Kontakte besonders eigne, in einer ersten Annäherung plausibel zu sein.[7] Sie setzt allerdings voraus, daß der Körper in irgendeinem Sinn universal und zugleich kulturneutral ist,[8] und gerade diese Unterstellung wird durch Wettkampferfahrungen – beispielsweise mit dem (bis zu tätlichen Auseinandersetzungen zwischen Spielern reichenden) Konfliktniveau in Fußballspielen zwischen deutschen und türkischen Mannschaften – nicht gedeckt.

Natürlich gibt es in einer fundamentalen Hinsicht eine *Universalität des Körpers*. Diese hat mit der im christlich-abendländischen Denken immer dominierenden monogenetischen Tradition zu tun, die einen einheitlichen Ursprung der Menschheit annahm.[9] Seit dem 19. Jahrhundert konnte man diese These zu der Formulierung verdichten, daß alle Menschen ein und derselben Spezies zuzurechnen seien, die evolutionär vermutlich nur einmal und nur an einem einzigen Ort entstanden sei. Diese Einsicht hatte Folgen für die Beschreibung körperlicher Unterschiede.

Die Universalität des Körpers, die alle körperlichen Unterschiede als Unterschiede innerhalb der Menschheit (als Spezies) erscheinen läßt, setzt soziohistorisch eine *Homogenisierung des Körpers* voraus, die den menschlichen Körper als eine Entität etabliert, die zweifelsfrei von anderen (spirituellen, nichtorganischen, gesellschaftlichen, psychischen) Entitäten zu unterscheiden ist. Fünf Aspekte dieser Homogenisierung des Körpers möchte ich kurz erwähnen.

---

6 Vgl. Stichweh 1990.
7 Siehe dazu ausführlich und mit überzeugender Kritik Bröskamp 1988 – vgl. die typische Formulierung von Stüwe 1984, 303, die Bröskamp zitiert: »Sport mit seinen primär nonverbalen und konkret faßbaren Interaktionsformen eignet sich deshalb besonders als Medium, um der soziokulturellen Fremdheit zu begegnen.«
8 Bröskamp 1988, 13.
9 Vgl. näher Stichweh 1994.

Erstens tritt die Einheit des einen Körpers an die Stelle der Multiplizität seiner Funktionszuschreibungen. Jean-Pierre Vernant erläutert dies am Beispiel des archaischen Griechenland, das ein differenziertes begriffliches Instrumentarium für Aspekte von Körperlichkeit – die Statur (*demas*), den sichtbaren Aspekt (*eidos*, *phue*), die äußere Umhüllung (*chros*), die Glieder in ihrer Geschmeidigkeit (*guia*) usw. – besessen habe, wobei einigen dieser Partialbegriffe auch eine metonymische Bezeichnung des Ganzen des Körpers zugewiesen worden sei. Es habe aber für diese Ganzheit des Körpers ein eigenständiges Wort gefehlt, und *soma*, der einzige in Frage kommende Kandidat, habe lange nur den leblosen Körper (den Leichnam) gemeint.[10]

Eine zweite wichtige Transformation ist, daß Körperlichkeit eine eigene distinkte Ebene in der Hierarchie natürlicher Entitäten ausmacht. Körper bestehen nicht länger aus Elementen, die ihrerseits kleine Körper sind, sie bestehen auch nicht aus Früchten (letztere Option macht den devianten Status Arcimboldos in der europäischen Kunsttradition aus),[11] sie bestehen vielmehr aus Organen, d. h. körperspezifischen Elementen, die die sich jetzt durchsetzende Beschreibung des Körpers als die einzig möglichen Elemente designiert. Entsprechendes gilt für die ›supraorganische‹ Ebene. Die Gesellschaft ist künftig kein »sozialer Körper« mehr, wenngleich diese Beschreibung bis ins 19. Jahrhundert fortwirken sollte[12] und auch heute noch in Termini wie ›Körperschaft‹ semantisch präsent ist.

Als dritte Veränderung möchte ich registrieren, daß Körperlichkeit ausschließlich mit Sichtbarkeit identifiziert wird.[13] Noch die mittelalterliche Diskussion der Frage, wie viele Engel auf einer Nadelspitze Platz finden, unterstellte eine körperliche Ausdehnung unsichtbarer Entitäten (der Engel), während die Moderne Körperlichkeit unverrückbar mit Sichtbarkeit identifiziert und sich erst damit hinreichende Gewißheit für Identifizierungen und Diskriminierungen verschafft. So konzentriert sich die moderne Medizin wesentlich darauf, bis dahin unsichtbare Teile des Körpers durch

---

10 Vernant 1989, insb. 21 f.
11 Diese beiden Beispiele bei Malamoud 1989, 80.
12 Vgl. auch Gallagher 1987.
13 Vgl. dazu am Beispiel des mittelalterlichen Japan die faszinierende Analyse »hungriger Geister« als unsichtbarer Körper, die überall in der menschlichen Welt präsent seien, bei LaFleur 1989; zu sichtbar/unsichtbar dort insb. 271.

immer neue Visualisierungstechniken (Kernspintomographie, ›Magnetic Resonance Imaging‹) zu erfassen.[14]

Ein viertes Moment ist in den gerade skizzierten Umstellungen ansatzweise deutlich geworden. Der Weg zur Moderne zeichnet sich dadurch aus, daß der größte Teil dessen, was in der Welt vorkommt, entkörperlicht wird. Gedanken, Handlungen, Ereignisse, Gefühle und Kommunikationen lassen sich nicht mehr unter dem Bild eines Körpers vorstellen, so daß damit der Begriff des Körpers eine sachthematische Spezifität gewinnt, die vordem undenkbar war.

Fünftens schließlich etabliert sich eine Form der Wiederverknüpfung des Körpers mit den Entitäten, im Verhältnis zu denen sich eine Differenzierung vollzogen hat. Talcott Parsons hat diesen Aspekt am deutlichsten herausgearbeitet. Der Körper wird zum *Verhaltensorganismus*.[15] Gemeint ist damit der Körper als eine psychophysische Einheit, die unter dem Gesichtspunkt betrachtet wird, daß sie an der Emergenz von *Handlung* als einem Basiselement sozialer Systeme mitwirkt, und die als eine Einheit umgekehrt dadurch garantiert wird, daß sie sich als ein Zurechnungspunkt für Handlungen eignet.

Einer der Begriffe, mit dessen Hilfe sich das mittelalterliche und frühneuzeitliche Europa der Grenzen dessen vergewissert, was in einem menschlichen Körper vorkommen darf, ist der des Monstrums. Ein Monstrum ist das Aufeinandertreffen verschiedener (inkompatibler) Naturen in ein und demselben Körper, und man kann dann beispielsweise – so Philippe de Grève, Kanzler der Pariser Universität von 1218 bis 1236 – eine Universität ein Monstrum nennen, weil sie die verschiedenartigen Naturen der einzelnen ›Nationen‹ in einem Körper zusammenfaßt, der sich zusätzlich wegen der Ungleichartigkeit der vier Fakultäten als ein mit vier Köpfen ausgestattetes Monstrum erweist.[16] Selbst der Körper Christi am

---

14 Vgl. dazu in einer Verknüpfung von Kunst- und Medizingeschichte Stafford 1991.
15 Siehe dazu Parsons 1978 und bemerkenswert auch Lidz und Lidz 1976.
16 Haskins 1929, 61, Fn. 2, zit. Philippe de Grève: »Circumiit scolas et invenit monstruositatem. Monstrum in uno corpore diversarum coniunctio naturarum. Quid est ergo ex diversis nationibus universitatem facere nisi monstrum creare? [...] Quattuor capita huius monstri sunt quattuor facultates, logice, phisice, canonici et divini iuris« (»Er wandert von Schule zu Schule, und er erfindet ein Monstrum. Ein Monstrum ist das Aufeinandertreffen verschiedenster Naturen in einem Körper. Was anderes bedeutet es denn, wenn man mittels verschiedener Nationen eine Universität errichtet, als ein Monstrum hervorzubringen? [...] Die vier Köp-

Kreuz konnte in einer riskanten Formulierung als monströs erfahren werden, weil an ihm unwahrscheinliche Kombinationen beobachtbar sind: tiefer Fall und Exaltation, Erniedrigung und Erhöhung, Schändlichkeit und äußerster Ruhm.[17] Monstren überschreiten die Speziesgrenze, sie kommen sowohl auf der Seite der Menschen wie auf der der Tiere vor, so daß die Zuordnung zu einer dieser beiden Seiten an Eindeutigkeit verliert.[18] Entsprechendes gilt für das Thema der Diversität menschlicher Formen. Bestimmte Völkerschaften (Lappländer, Hottentotten) werden im 17. und 18. Jahrhundert gern einem Zwischenbereich von Mensch und Tier (Affe) zugeordnet, einem Bereich, in dem noch Linné explizit einen *Homo Monstrosus* vorsieht.[19] Die Reaktionen gegenüber dem Monstrum sind im übrigen normativer Art. Es handelt sich beim Monstrum um eine unnatürliche Abweichung, die eigentlich nicht vorkommen darf.[20] Erst das 19. Jahrhundert bringt dann eine Normalisierung des menschlichen Körpers mit sich – im oben diskutierten Sinne einer Universalität und Homogenität des Körpers, die die Erwartungen hinsichtlich des normalen Körpers stabilisiert –, die mit einer Kognitivierung des Verhaltens gegenüber Differenzen und Abweichungen einhergeht. Diese müssen in der Folge zunächst einmal erklärt werden, können also nicht umstandslos verurteilt werden.

II

Nachdem man nicht mehr mit Monstren rechnet, konzentriert sich die Beobachtung des Körpers des Fremden auf die kleinen Unterschiede. Wenn Robert Redfield behauptet, das Weltbild einfacher Gesellschaften werde vor allem durch zwei binäre Oppositionen – »Mensch/Nichtmensch« und »Wir/Sie« – organisiert, die in der

---

fe dieses Monstrums sind die vier Fakultäten: Logik, Physik, die Fakultät vom kanonischen und die vom göttlichen Recht«; Übersetzung R. S.).

17 So formuliert in der Autobiographie des in der Jugend zum Christentum konvertierten kölnischen Juden Hermann von Scheda (gest. 1173) als seine erste Erfahrung mit dem in einer christlichen Kirche sichtbaren Kruzifix – Schmitt 1990, 189, zit. Hermannus Judaeus, *Opusculum de sua conversione*, P. L. 170, col. 809c.
18 Vgl. Le Goff 1970, 292.
19 Vgl. Hodgen 1964, 417-426.
20 Siehe dazu Davidson 1991.

Regel übereinandergeblendet würden,[21] läßt sich umgekehrt für die Moderne sagen, daß diese beiden Unterscheidungen fast immer entkoppelt sind. Die Unterscheidung »Wir / Sie« (oder »eigen/fremd«) ruht deshalb auf den kleinen Differenzen, die am menschlichen Körper allenfalls noch beobachtbar sind.[22] Für diese stellt das 19. und 20. Jahrhundert den neuen Begriff der *Rasse* zur Verfügung, der die interne Differenzierung der Menschheit gemäß körperlichen Merkmalen bezeichnet.[23] ›Rasse‹ ist die stärkste Form, ethnische, nationale und andere Unterschiede, die Fremdheit konstituieren, auf körperlich sichtbare Unterschiede zurückzuführen. Im Begriff der Rasse wiederholt sich das polygenetische Argument der frühen Neuzeit jetzt als Argument für die Erklärung von Unterschieden innerhalb einer Spezies – und, wie dies schon für die frühneuzeitliche Debatte galt, auch im Interesse am Rassebegriff ist eine Verbindung mit der Frage der Rechtfertigung der Sklaverei in den Formulierungen des Anfangs nicht zu übersehen.[24]

Warum aber ist die Identifikation des Fremden mit Hilfe körperbezogener Unterscheidungen so überzeugend? Zunächst einmal ist zu betonen, daß körperbezogene Unterscheidungen auf Merkmale zielen, die im Prinzip unmittelbar sichtbar sind, auch wenn sie im Einzelfall durch Kleidung verborgen sein mögen, so wie sich beispielsweise die europäischen Eroberer nach Meinung von Afrikanern mit Kleidung bedeckten, um die häßlichen blauen Venen an ihren Beinen zu verbergen.[25] Diese äußeren Merkmale sind außerdem durch die Person, an deren Körper sie haften, kaum zu ändern, und dies im Unterschied zu der konstruktiven Freiheit im Umgang mit der Identität, die in der Moderne jede Person für sich zu entwerfen versuchen muß. Sichtbarkeit und Irreversibilität der Merkmale erlauben im Zweifelsfall eine sichere Identifikation des Körpers als eines individuellen Körpers und vielleicht auch eine Zurechnung zu ethnischen und rassischen Kategorien – und dies wiederum ungeachtet der Frage, ob ein korrespondierender Wil-

21 Redfield 1953, 92.
22 Vgl. zum »Narzißmus kleiner Differenzen« in Anlehnung an Freud Gilman 1991, 176.
23 Vgl. zur Begriffsgeschichte von ›Rasse‹ mit einer Herleitung aus ratio als einem Leitbegriff für die Typendifferenzen zwischen Dingen Spitzer 1941.
24 Dies scheint selbst in der deutschen Diskussion in den Jahren um 1850 der Fall zu sein – so Smith 1991, insb. 50, 65.
25 Dieses Beispiel bei Szwed 1975, 258.

lens- oder Bewußtseinsakt (eine bewußte Identifikation mit dem zugeschriebenen Körper) der zugehörigen Person vorliegt. Von dem Augenblick, an dem der moderne Staat seit dem 19. Jahrhundert über die Gewißheit verfügen will, ob es sich in jedem einzelnen Fall um einen seiner Bürger (oder um einen Fremden) und weiterhin, um welchen seiner Bürger (oder welchen Fremden) es sich genau handelt, gewinnen Techniken physischer Identifikation mittels Lichtbild, Hinweis auf körperliche Besonderheiten (Narben, Haar-, Augenfarbe) an Bedeutung,[26] wobei diese Techniken sich im 20. Jahrhundert zunehmend auf eine Sichtbarkeit verlassen, die nur mittels der Wissenschaft etabliert werden kann (Fingerabdruck, genetischer Fingerabdruck). Hinzu kommen Techniken der Identifikation, die sich der Körpersprache bedienen, d. h. auf ein Agieren des Körpers setzen, das einen sinnhaften Ausdruck hervorbringt. Auch hier aber wird mit der Handschrift und mit der Unterschrift ein Körperausdruck privilegiert, dem zugleich zu eigen ist, daß er eine irreversible Sichtbarkeit hinterläßt.[27] Erneut handelt es sich um eine Beweisführung, die man unhintergehbar mit dem eigenen Körper erbringt.

Ein weiteres wichtiges Moment für die über den Körper laufende Identifikation des Fremden ist, daß die wahrgenommene körperliche Ähnlichkeit oder Andersheit eine unmittelbare affektive Reaktion hervorrufen kann. Diese Vermutung ist oft in der Form der These formuliert worden, daß es für die Genese eines Zusammengehörigkeitsgefühls und damit auch für die Entstehung von Fremdheitserfahrungen einen Primat körperbezogener Wahrnehmungen gebe.[28] Dabei stehen dann wiederum visuelle Wahrnehmungen sichtbarer Unterschiede im Vordergrund, aber Geruchssinn und Gehör sind zweifellos beteiligt und stützen einen kompakten Eindruck, der relativ schnell ablaufende Zuordnungsprozesse zu affektiv besetzten Kategorien steuert. Interessant ist die Frage, wie der Tastsinn involviert ist. Trifft es zu, wie Nathaniel Shaler behauptet

---

26 Vgl. Noiriel 1991, insb. 75 f.

27 Vgl. bemerkenswert zu Handschrift und Tätowierung als Aspekten der Körpersprache Hahn 1993.

28 So etwa Dore 1984, 408: »The sort of ›fellow feeling‹, the sense that the other person is of ›one's own kind‹, necessary for that minimal sense of moral community can be inhibited by a variety of things – most clearly, perhaps, by the fact that people have different skin colours or facial bone structures […]«.

hat, daß eine Berührung des anderen Körpers bei einer anfänglich vorliegenden starken Fremdheitserfahrung diese Fremdheitserfahrung – möglicherweise sogar schnell – abzubauen erlaubt,[29] oder gilt nicht vielmehr auch hier, daß im Akt der Berührung genausogut ein (eigener oder fremder) Widerstand spürbar werden kann, der eher auf Dissoziation hindrängt? Wenn wir weiterhin davon ausgehen, daß Affekte nicht als private, interne Reaktionsmuster zu verstehen sind, daß sie vielmehr als gestischer und mimischer Ausdruck kommuniziert werden,[30] wird die Wahrscheinlichkeit von Konflikten zwischen Einheimischen und Fremden deutlich und zugleich die Notwendigkeit von Affektkontrolle als Voraussetzung der Steuerung eines angestrebten kommunikativen Verlaufs.

III

Körperbezogene Wahrnehmungen kommen natürlich nicht in der einfachen Form des Registrierens und Beschreibens eines festgestellten oder zumindest behaupteten Unterschieds und der Herausbildung einer dazu passenden affektiven Reaktion zum Abschluß. Vielmehr fungiert Körperwahrnehmung immer auch als Metapher, und d. h., daß sie in einen soziokulturellen Interpretationsprozeß eingebettet wird, der einzelne Merkmalsunterschiede in komplexe Diagnosen transformiert, die für Prozesse sozialer Klassifikation und Hierarchisierung verwendet werden können. Umgekehrt gilt dann auch, daß die körperbezogenen Wahrnehmungsprozesse und die mit ihnen koordinierten Affekte von dieser Ebene einer soziokulturellen Plausibilisierung faktisch vorliegender oder zukünftig angestrebter sozialer Unterschiede her gesteuert werden.[31]

---

29 Shaler 1904, 32 ff., dessen Beispiel das zunächst dominierende Erschrecken im Umgang mit schwerverletzten oder mißgebildeten Menschen ist. Ebd., 211-213, konstatiert Shaler eine zunehmende Vermeidung des Körperkontakts im Prozeß der Zivilisation. Die Schlußfolgerung aus diesen beiden Befunden ist für Shaler nicht die Annahme einer soziohistorisch gesteigerten Feindseligkeit zwischen Menschen, vielmehr postuliert er für moderne Gesellschaften ein Vorherrschen von *Indifferenz* als der Normaleinstellung gegenüber den meisten anderen Menschen (295 ff.).

30 Siehe dazu etwa Blacking 1977, 5.

31 Insofern ist auch jede Fremdenfeindlichkeit das Anmelden des Anspruchs auf eine bestimmte, *kollektiv zu sichernde* soziale Position, die man mit *individuellen*

Ein gutes Beispiel für diese Transformationen, mittels deren zunächst isolierte körperliche Merkmale in eine psychophysische Gesamtbeschreibung eines Körpers umgeformt werden und dann im nächsten Schritt in eine soziale Charakteristik einer Population, an die soziale Klassifikationen angeknüpft werden können, bieten einige *klassische Topoi in der Beschreibung von Juden*, wie sie vor allem um die Wende zum 20. Jahrhundert formuliert wurden. Zunächst einmal seien Juden, so wurde behauptet, etwas kleiner als andere Europäer. Dieser Topos – wie andere im folgenden zu erwähnende Beispiele – wurde von jüdischen Autoren geteilt, denen es gerade auch um die Partizipation an Diskursen gehen mußte, deren wissenschaftlicher Status zeitgenössisch vielfach unbestreitbar schien. Insofern lag es für jüdische Autoren eher nahe, Differenzierungen einzuführen, als offen dissidente Positionen zu beziehen: Juden seien zwar kleiner als »Deutsche, Russen, Angelsachsen und Skandinavier«, aber sie seien ebensogroß wie Südeuropäer.[32] An diesem Beispiel zeigt sich im übrigen erneut, daß in der Moderne (nach Abschaffung der Monstren) kleine Differenzen genügen, während ältere Gesellschaften, wenn es ihnen um die Beschreibung des Fremden ging, diesen gern als einen Riesen[33] oder als einen Pygmäen[34] identifizierten.

Mit der Körpergröße ist nun von vornherein eine Variable ins Spiel gebracht worden, die sich für das Anschließen hierarchischer Klassifikationen eignet. Die Körpergröße scheint eines der wenigen Universalien sozialer Klassifikation zu sein, und sie verbindet sich als ein solches Universal in einer Vielzahl bekannter Gesellschaften unmittelbar mit der Frage der Zuschreibung sozialen Rangs für die betreffende Person.[35] Zur Körpergröße tritt als eine zweite Variable die Körperhaltung hinzu, die im Fall der Juden den Effekt der ersten Variable noch verstärkt. Juden stehen »schief und krumm«, und selbst Max Nordau, Zionist und Arzt, der dies als ein Ste-

Mitteln nicht mehr erreichen zu können glaubt. Dazu überzeugend Hernes und Knudsen 1992; vgl. am Beispiel des Antisemitismus Hertzberg 1993.
32 So Nordau 1902, 384; Gutmann 1920, 17f., sieht allerdings bereits Schichtzugehörigkeit als die Variable, die auf die Körpergröße am deutlichsten einwirkt.
33 Vgl. Müller 1980, 69, zur chinesischen Beschreibung von Barbaren.
34 Beispiele in Hodgen 1964.
35 Siehe dazu faszinierend Schwartz 1981, der für die Universalität dieses Musters eine Erklärung vorschlägt, die den in jeder Primärsozialisation vorkommenden radikalen Größenunterschied von Eltern und Kindern geltend macht.

reotyp referiert und allenfalls eine verminderte »Stattlichkeit« des Juden konzedieren will, sah den erhofften Effekt der von ihm immer wieder geforderten jüdischen Turnbewegung darin, daß sie die Juden »körperlich und im Charakter *aufrichten*« wird.[36] Wie selbstverständlich die Körperhaltung neben der Sprache benutzt werden konnte, um einen Juden zu identifizieren, will ich mit einem kleinen Beispiel illustrieren. Friedrich Kohlrausch, der einflußreichste deutsche Experimentalphysiker jener Tage, berichtet in einem an einen Freund gerichteten Brief von 1885 über den Besuch eines prospektiven Habilitanden namens Clauss: Der Name Clauss klinge eigentlich nicht jüdisch, aber die Sprache und die Körperhaltung lasse eine solche Zugehörigkeit dennoch vermuten. Er, Kohlrausch, sei zwar in der »Theorie« kein Antisemit, aber in der »Praxis« ziehe er einen Deutschen einem Juden vor.[37]

Die Frage war, wie sich die angenommene geringe Größe, die schiefe Haltung und auch die mangelnde Körperkraft von Juden erklären lassen. Natürlich spielte hier das Thema der Inzucht als mutmaßlicher Grund von Kleinwüchsigkeit eine Rolle. Aus innerjüdischer Perspektive konnte man statt dessen auch das Ghetto als Verursachung anführen, von dem Max Nordau in einer schönen Formulierung sagt: »Alle Elemente der aristotelischen Physik waren uns knickerig zugemessen: Licht und Luft, Wasser und Boden.«[38] Offensichtlich aber existierte auch ein ›tieferliegender‹ Grund. Juden wie auch schwarzen Amerikanern wurden typischerweise Plattfüße[39] zugeschrieben, die zusammen mit anderen Krankheiten und Schwächen des Bewegungsapparats die schiefe Körperhaltung und den nach vorne geneigten Gang verursachen sollten. Plattfüße wiederum konnten mit der loseren Struktur der jüdischen Muskulatur

---

36 Die Zitate bei Nordau 1902, 383 f., bzw. ders. 1900, 380 (Hervorhebung R. S.). Zu dem von Nordau geforderten »Muskeljudentum« vgl. auch Nordau 1898. Als negativer Gegenbegriff zum »Muskeljuden« fungiert der »Nervenjude«. Damit ist eine verbreitete pathologische Disposition jener Jahre angesprochen, die nicht nur Juden zugeschrieben wurde – vgl. zu Nervenschwäche und Nervosität Radkau 1994. Zur jüdischen Turnbewegung der Jahrhundertwende siehe König 1993b; ders. 1993a.

37 Zit. bei Cahan 1989, 178.

38 Nordau 1900, 380. Vgl. Jastrowitz 1909, 34, über die jüdische ›Rasse‹ in den Ghettos, »wo sie, gebeugt, und mutlos, mit enger Brust und kurzem Atem, mit verkümmertem Knochenwuchs und verkümmerten Muskeln dahinvegetierte«.

39 Dazu exzellent Gilman 1991, 38-59.

zusammenhängen oder mit der Beanspruchung der Füße durch das Leben in der Großstadt oder schließlich mit Sonderbelastungen, die sich aus den typisch jüdischen Berufen in der Großstadt (Handel usw.) ergaben.[40] Zwei weitere symbolische Verbindungen waren unübersehbar. Einerseits gab es den latenten Hinweis auf den Teufel, der bekanntlich einen Klumpfuß hat, diesen in einem Schuh zu verstecken versucht, aber dennoch das Hinken nicht verbergen kann.[41] Daneben stand der Bezug auf eine hierarchische soziale Klassifikation. Dieser wird in einem Text des jüdischen Orthopäden G. Muskat von 1909 auf bestechende Weise belegt. Muskat zitiert einen Aufsatz von Burmeister aus den *Geologischen Bildern* von 1855. Dort ist hinsichtlich des Plattfußes der Schwarzen von einem »dicke(n) Fettpolster in der Höhlung am Innenrande« des Fußes die Rede. Burmeister führt ein nordamerikanisches Volkslied an, in dem es heiße: »The hollow of his foot, Makes a hole in the ground«, und er fährt fort:

Beißender möchte das Eigentümliche dieses Baues nicht angegeben, das Unschöne desselben nicht boshafter hervorgehoben werden können. In der Tat, man sieht die ganze Last des Körpers gerade auf der Stelle den Boden drücken, welche beim Europäer die erhabenste ist und frei schwebend über dem Grunde die Leichtigkeit des Ganges so außerordentlich begünstigt, die Schönheit desselben um so mehr hervorhebt, je schwebender der Körper mittels dieser Anordnung gehalten wird.[42]

Offensichtlich ist, daß es hier nicht nur um quasiästhetische Attribute der Schönheit und der Leichtigkeit ging, daß vielmehr der dank »Schweben« dem Verhaftetsein an den Boden entrissene Körper zugleich eine soziale Superiorität für sich reklamieren konnte.

Eine letzte – und gesellschaftlich vielleicht die wichtigste – Verbindung rückt den behaupteten Plattfuß der Juden in den Kontext der Praxis *sozialer Inklusion*.[43] Können Juden in einem vollgültigen Sinne Bürger – unter Einschluß aller Rechte und Pflichten – sein? Schon 1783 hatte der Göttinger Orientalist und Alttestamentler Johann David Michaelis der Forderung nach der bürgerlichen Emanzipation der Juden entgegnet, wegen ihrer unzureichenden Physis

40 Ebd.
41 Vgl. ebd.
42 Zit. bei Muskat 1909, 354 f.
43 Siehe zu Begriff und Theorie der Inklusion Stichweh 1988.

seien die Juden für den Militärdienst ungeeignet, und das schließe sie zugleich vom vollgültigen Status eines Bürgers aus.[44] In dem Maße, in dem im 19. Jahrhundert das religiöse Argument gegen die Juden an Bedeutung verliert, wird ihre nicht hinreichend belastbare Körperlichkeit – und d. h. insbesondere die bei Musterungen angeblich in vielen Fällen zu Untauglichkeitserklärungen führenden Plattfüße – zum dominanten Argument gegen Militärtauglichkeit und damit per Implikation gegen uneingeschränkten Bürgerstatus. Die jüdische Turnbewegung und die Forderung nach einem Muskeljudentum ist auch aus diesem Zusammenhang zu verstehen, ähnlich wie gleichzeitig in Frankreich nach der Niederlage von 1871 der Sport als etwas propagiert wurde, das sich eigne, den Franzosen ihre Muskeln zurückzugeben.[45] Die jüdische Forderung nach Kräftigung des Körpers war in ihrer Motivierung ambivalenter. Einerseits ging es vielfach darum, die gewonnene körperliche Kraft der Juden der deutschen Nation zur Verfügung zu stellen, um die Zugehörigkeit zur Nation auf diese Weise etablieren zu können. Andererseits stand in der zionistischen Turnbewegung das Judentum selbst im Blick auf eine noch nicht präzise bestimmbare Zukunft im Vordergrund, war Inklusion also ein fraglich gewordenes Ziel.

Parallel dazu konnte dann auch die Vorstellung an Bedeutung verlieren, daß das Ziel der Kräftigung des Körpers die *Erlangung eines »universalistischen« Körpers* ist. Ähnlich wie Schwarze in den Vereinigten Staaten in den letzten zwanzig Jahren vielfach eine demonstrative Identifikation mit ihrem Körper vollzogen haben, so daß die relative *whiteness* eines schwarzen Körpers zum Identitätsproblem werden konnte, gab es auch im Judentum der Jahrhundertwende vereinzelt die Vorstellung, daß, nachdem die dem Ghetto verdankten Deformationen einmal überwunden worden wären, ein semitischer oder jüdischer Körper zurückbleiben werde, der in seiner Andersheit affirmiert werden könne.[46] An die Stelle eines defektiven Körpers, der als Metapher sozialer Ausschließung

---

44 Hierzu und zum folgenden Gilman 1991, insb. 40, 42 f., 48, 53.
45 »Rendre aux Français les muscles« – zit. bei Weber 1971, 73.
46 Siehe sehr vorsichtig Jastrowitz 1909, 35, der auf eine »glücklichere Generation« hofft. Nach Verschwinden der dem Druck des Ghettos geschuldeten Defekte könne »der zurückbleibende, rein semitische Tpyus an und für sich auf den Kenner und auf jeden gebildeten Menschen, der aufgehört hat, alles Fremdartige zu hassen, keineswegs unangenehm wirken«.

und Herabstufung fungiert, tritt also, wenn man diese Umwertung vollzieht, ein in seiner Differenz bewußt gewollter Körper, der zur Metapher einer Reidentifikation mit Ethnizität wird.[47]

---

47 Vgl. zur symbolischen Vergewisserung ethnischer Herkunft Alexander 1990, insb. 283.

Literatur

Alexander, Jeffrey C., 1990: Core Solidarity, Ethnic Out-groups, and Social Differentiation, in: Jeffrey C. Alexander und Paul Colomy (Hg.), *Differentiation Theory and Social Change. Comparative and Social Perspectives*, New York: Columbia University Press, S. 267-293.

Blacking, John, 1977: Towards an Anthropology of the Body, in: John Blacking (Hg.), *The Anthropology of the Body*, London: Academic Press, S. 1-28.

Bröskamp, Bernd, 1988: *Der fremde Körper: Das Problem des Körperlichen im Kontext migrationsbedingter Kulturkontakte unter besonderer Berücksichtigung des Sports*, Diss.: Berlin.

Cahan, David, 1989: Kohlrausch and Electrical Conductivity: Instruments, Institutes, and Scientific Innovation, in: *Osiris* 5: 167-185.

Davidson, Arnold I., 1991: The Horror of Monsters, in: James J. Sheehan und Morton Sosna (Hg.), *The Boundaries of Humanity. Humans, Animals, Machines*, Berkeley: University of California Press, S. 36-67.

Dore, Ronald, 1984: Unity and Diversity in World Culture, in: Hedley Bull und Adam Watson (Hg.), *The Expansion of International Society*, Oxford: Clarendon Press, S. 407-424.

Gallagher, Catherine, 1987: The Body Versus the Social Body in the Works of Thomas Malthus and Henry Mayhew, in: Catherine Gallagher und Thomas Laqueur (Hg.), *The Making of the Modern Body. Sexuality and Society in the Nineteenth Century*, Berkeley: University of California Press, S. 83-106.

Gauthier, Philippe, 1973: Notes sur l'étranger et l'hospitalité en Grèce et à Rome, in: *Ancient Society* 4: 1-21.

Gilman, Sander, 1991: *The Jew's Body*, New York/London: Routledge.

Goldstein, Jan, 1985: The Wandering Jew and the Problem of Psychiatric Anti-semitism in Fin-de-Siècle France, in: *Journal of Contemporary History* 20: 521-552.

Gutmann, Moses Julius, 1920: *Über den heutigen Stand der Rasse- und Krankheitsfrage der Juden*, München: Müller & Steinicke.

Hahn, Alois, 1993: Handschrift und Tätowierung, in: Hans Ulrich Gumbrecht und K. Ludwig Pfeiffer (Hg.), *Schrift*, München: Fink, S. 201-217.

Haskins, Charles Homer, 1929: The University of Paris in the Sermons of the Thirteenth Century, in: Charles Homer Haskins (Hg.), *Studies in Mediaeval Culture*, New York: Reprint Ungar 1965, S. 36-71.

Hernes, Gudmund, und Knud Knudsen, 1992: Norwegians' Attitudes Toward New Immigrants, in: *Acta Sociologica* 35: 123-139.

Hertzberg, Arthur, 1993: Is Anti-Semitism Dying Out?, in: *New York Review of Books* 40, 12: 51-57.

Hodgen, Margaret T., 1964: *Early Anthropology in the Sixteenth and Seventeenth Centuries*, Philadelphia: University of Pennsylvania Press.

Jastrowitz, M., 1909: Muskeljuden und Nervenjuden, in: *Jüdische Turnzeitung* 10, 3-4: 33-36.

König, Hans Jürgen, 1993a: *Stigmatisierung und Selbstentfremdung. Das Modell der Etablierten-Außenseiter-Beziehung als Erklärungsansatz für die Herausbildung der jüdischen Turn- und Sportbewegung in Deutschland* (Ms.).

– 1993b: *Symbole, Mythen und die nationaljüdische Turn- und Sport-»Bewegung«* (Ms.).

LaFleur, William R., 1989: Hungry Ghosts and Hungry People: Somaticity and Rationality in Medieval Japan, in: Michel Feher (Hg.), *Fragments for a History of the Human Body*, Teil 1, New York: Zone, S. 270-303.

Le Goff, Jacques, 1970: L'Occident médiéval et l'océan Indien: un horizon onirique, in: ders. (Hg.), *Pour un autre Moyen Age. Temps, travail et culture en Occident*, Paris: Gallimard, S. 280-298.

Lidz, Charles W., und Victor Meyer Lidz, 1976: Piaget's Psychology of Intelligence and the Theory of Action, in: Jan. J. Loubser, Rainer C. Baum, Andrew Effrat und Victor Meyer Lidz (Hg.), *Explorations in General Theory in Social Science. Essays in Honor of Talcott Parsons.* 2 Bde., Bd. 1, New York: The Free Press, S. 195-239.

Malamoud, Charles, 1989: Indian Speculations about the Sex of Sacrifice, in: Michel Feher (Hg.), *Fragments for a History of the Human Body*, Teil 1, New York: Zone, S. 74-103.

Müller, Claudius C., 1980: Die Herausbildung der Gegensätze: Chinesen und Barbaren in der frühen Zeit (1. Jahrtausend v. Chr. bis 220 n. Chr.), in: Wolfgang Bauer (Hg.), *China und die Fremden. 3000 Jahre Auseinandersetzung in Krieg und Frieden*, München: C. H. Beck, S. 43-76.

Muskat, G., 1909: Ist der Plattfuß eine Rasseneigentümlichkeit?, in: *Im deutschen Reich* o. J., 354-358.

Noiriel, Gérard, 1991: *La tyrannie du national. Le droit d'asile en Europe (1793-1993)*, Paris: Calmann-Lévy.

Nordau, Max, 1898: Rede vor dem II. Zionistenkongreß, *Stenographisches Protokoll der Verhandlungen des II. Zionisten-Congresses gehalten zu Basel vom 28. bis 31. August 1898*, Wien: Verlag des Vereines »Erez Israel«, S. 14-27.

– 1900: Muskeljudentum, in: ders. (Hg.), *Zionistische Schriften*, Köln: Jüdischer Verlag, S. 379-381.

– 1902: Was bedeutet das Turnen für uns Juden?, in: ders. (Hg.), *Zionistische Schriften*, Köln: Jüdischer Verlag, S. 382-388.

Parsons, Talcott, 1978: *Action Theory and the Human Condition*, New York: The Free Press.

Radkau, Joachim, 1994: Die wilhelminische Ära als nervöses Zeitalter, oder:

Die Nerven als Netz zwischen Tempo- und Körpergeschichte, in: *Geschichte und Gesellschaft* 20: 211-241.

Redfield, Robert, 1953: *The Primitive World and Its Transformations*, Ithaca: Great Seal Books.

Schmitt, Jean Claude, 1990.: *La raison des gestes dans l'occident médiéval*, Paris: Gallimard.

Schwartz, Barry, 1981: *Vertical Classification: A Study in Structuralism and the Sociology of Knowledge*, Chicago: University of Chicago Press.

Shaler, Nathaniel S., 1904: *The Neighbor. The Natural History of Human Contacts*, Boston: Houghton, Mifflin & Co.

Smith, Jonathan Z., 1985: What a Difference a Difference Makes, in: Jacob Neusner und Ernest S. Frerichs (Hg.), »*To see Ourselves as Others see Us*«. *Christians, Jews, »Others« in Late Antiquity*, Chico/Cal.: Scholars Press, S. 3-48.

Smith, Woodruff D., 1991: *Politics and the Sciences of Culture in Germany, 1840-1920*, New York: Oxford U. P.

Spitzer, Leo, 1941: Ratio and Race, in: *American Journal of Philology* 62, 2: 129-143.

Stafford, Barbara Maria, 1991: *Body Criticism. Imaging the Unseen in Enlightenment Art and Medicine*, Cambridge/Mass.: MIT-Press.

Stichweh, Rudolf, 1988: Inklusion in Funktionssysteme der modernen Gesellschaft, in: ders. (Hg.), *Inklusion und Exklusion: Studien zur Gesellschaftstheorie*, Bielefeld: Transcript 2005, S. 13-44.

– 1990: Sport – Ausdifferenzierung, Funktion, Code, in: *Sportwissenschaft* 20: 373-389.

– 1994: Fremde, Barbaren und Menschen. Vorüberlegungen zu einer Soziologie der ›Menschheit‹, in: Peter Fuchs und Andreas Göbel (Hg.), *Der Mensch – das Medium der Gesellschaft?*, Frankfurt/M.: Suhrkamp, S. 72-91; in diesem Band Kap. 2.

Stonequist, Everett V., 1937: *The Marginal Man. A Study in Personality and Role Conflict*, New York: Russell & Russell.

Stüwe, Gerd, 1984: Sport, in: Georg Auernheimer (Hg.), *Handwörterbuch Ausländerarbeit*, Weinheim und Basel: Beltz Verlag, S. 303-305.

Szwed, John F., 1975: Race and the Embodiment of Culture, in: Jonathan Benthall und Ted Polhemus (Hg.), *The Body as a Medium of Expression*, London: Allen Lane, S. 253-270.

Vernant, Jean Pierre, 1989: Dim Body, Dazzling Body, in: Michel Feher (Hg.), *Fragments for a History of the Human Body*, Teil 1, New York: Zone, S. 18-47.

Weber, Eugen, 1971: Gymnastics and Sports in Fin-de-Siècle France: Opium of the Classes?, in: *American Historical Review* 76: 70-98.

Wood, Margaret Mary, 1934: *The Stranger: A Study in Social Relationships*, New York: Columbia University Press.

6
Die Semantik des Fremden in der Genese der europäischen Welt

Wer über Fremde und Europa spricht, muß der Tatsache Rechnung tragen, daß er sich im Raum historischer und politischer Semantik bewegt, daß er es mit zwei wirkmächtigen gesellschaftlichen Selbstbeschreibungen zu tun hat, die an der Formung von Gesellschaften über lange Zeiträume und in vielen Weltregionen mitgewirkt haben und die dies auch in der Gegenwart weiterhin tun. Für beide Selbstbeschreibungen kann man sagen, daß ihre historische Wirkmächtigkeit u. a. damit zusammenhängt, daß sich in ihnen deskriptiv-analytische Anteile und normativ-affektive Bedeutungskomponenten vermischen und miteinander verbinden und daß ihnen daraus eine intellektuelle Komplexität und zugleich motivbildende Kraft zuwächst, die man für ihren historischen Erfolg verantwortlich machen kann. Die beiden Semantiken sind bisher nur selten ausdrücklich aufeinander bezogen worden. Ich denke aber, daß sie teilweise denselben sozialen Raum – gewissermaßen aus entgegengesetzten Richtungen[1] – vermessen, und ich möchte dies im folgenden deutlich machen.

Zunächst zum Fremden. Die Semantik des Fremden erweist sich in der Evolution von Gesellschaften als einer der Fälle einer in dem Sinn universellen Semantik, daß es keine Gesellschaften zu geben scheint, die nicht über Termini und dann oft auch Rollen für Fremde verfügen. Von Fremden ist immer dort die Rede, wo soziale Andere auftauchen, mit denen sich das Moment des Unerwarteten und der Überraschung verknüpft, und wo für diese Überraschung zunächst keine gesicherten Routinen der Bearbeitung und des Umgangs mit ihnen zur Verfügung stehen. Der Fremde bedeutet insofern eine pragmatische Störung oder Irritation, die erst in noch zu findende Lösungen, die in der Folge natürlich routinisiert werden können, umgearbeitet werden muß. Diese Lösungen lassen sich mit der heute sozialtheoretisch

---
[1] Im Fall der Semantik des Fremden geht es oft um die Abwehr sozialer Kontingenz; in der Semantik Europas um die Erfahrung reduzierter sozialer Kontingenz.

viel verwendeten Unterscheidung von Inklusion und Exklusion beschreiben.[2]

Es handelt sich entweder um Exklusionen. Das heißt, dem Fremden wird der Zutritt verwehrt. Er wird vielleicht sogar getötet oder mit physischer Gewalt weggeschafft. Viele andere Techniken der Negation, der Kontaktvermeidung und der kognitiven Leugnung sind bekannt. Manche dieser Techniken gehen nahezu bruchlos in Inklusionen über. Wenn man den Fremden als einen Ahnen oder als einen verstorben geglaubten Verwandten identifiziert, oder wenn man die in vielen Gesellschaften beobachtbaren Techniken der rituellen Reinigung und der anschließenden Adoption an einen Verwandtschaftszusammenhang praktiziert, so vollzieht man eine Inklusion, aber es handelt sich nicht um eine Inklusion der Fremdheit des Fremden, vielmehr wird der Fremde seiner Fremdheit entkleidet und ist damit ohne die zuvor beunruhigenden Qualitäten, und er ist erst als ein solcher in die Gesellschaft zu integrieren.

Andere Praktiken erlauben es eher, von einer Inklusion von Fremden zu sprechen. Alle Gesellschaften oberhalb einer gewissen Komplexität und Größenordnung scheinen über explizit institutionalisierte interne Rollen für Fremde zu verfügen. Es ist die interne Differenzierung von Gesellschaft, die zunehmende Komplikation ihrer Sozialstruktur und die interne Differenzierung der in ihnen verfügbaren Rollensets, die dafür verantwortlich ist, daß jetzt Inklusionsmöglichkeiten für Fremde verfügbar werden. Der amerikanische Soziologe Irwin D. Rinder hat 1958 die Hypothese skizziert, daß in komplexeren Gesellschaften ›Statuslücken‹ entstehen, die die verfügbaren Inklusionsrollen für Fremde definieren.[3]

Einige Rollentypen kehren in fast allen Gesellschaften wieder. Drei davon werde ich kurz skizzieren. Da ist zunächst der Gast, in modernen Termini der Tourist. Er hat meist einen Gastgeber, der im Lateinischen *hospes* heißt. Der Gastgeber übt an ihm die Gastfreundschaft, also die Hospitalität. Sofern der Gast nicht ausdrücklich von einem Gastgeber beherbergt wird, kommt alternativ noch das Hospital als ein Aufenthaltsort in Frage. Das Hospital ist bis ins 18. Jahrhundert hinein eine multifunktionale Einrichtung für die Aufnahme randständiger Fremder.[4] Alternativ wohnt der fremde Gast eventuell

---

2 Siehe dazu Stichweh 2005; Stichweh und Windolf (Hg.) 2009.
3 Rinder 1958.
4 Siehe Imbert 1993 und Foucault 1969.

im Hospiz (dieselbe sprachliche Wurzel) und dann später im Hotel. Der Gast selbst, also die Person in der Komplementärrolle zum *hospes*,[5] heißt in der römischen Semantik *hostis*. Es ist ein äußerst interessantes Indiz der fortdauernden Ambivalenz gegenüber dem Gast, daß im spätrepublikanischen Rom des 1. Jahrhunderts vor unserer Zeitrechnung die Semantik von *hostis* eine zweite Bedeutung hinzuerwirbt. Der *hostis* ist jetzt auch der Feind, so daß die Nutzung derselben lautlichen Form (Homonymie) für polare Gegenbegriffe sichtbar macht, daß die Gastfreundschaft potentiell in Feindseligkeit, im heutigen Englisch die *hostility*, umschlägt.[6]

Es ist lohnend, sich für einen Augenblick die griechische Begriffsgeschichte von ›Gast‹ zu vergegenwärtigen. Im spätarchaischen Griechenland des 5. bis 6. Jahrhunderts vor unserer Zeitrechnung ist der Gast der *xenos*, also der Fremde in einem Wortsinn, der auch uns noch vertraut ist; schließlich sprechen wir von ›Xenophobie‹. In dieser Situation einer nach außen im Prinzip streng geschlossenen Polis gibt es keine Hospitäler, also noch keine Beherbergungsverhältnisse für beliebige Kategorien von Fremden und schon gar nicht gewerbliche Beherbergungsverhältnisse.[7]

Also hat der *xenos* immer einen individuellen Gastgeber, einen privaten Gastgeber, der ihn in seinem Haus aufnimmt und sich gewissermassen für die Sicherheit des Fremden verbürgt, aber auch der Polis die Unschädlichkeit des Gastes garantiert. Diese Beherbergungsverhältnisse sind im übrigen auf Reziprozität und damit auf Wiederholbarkeit angelegt. Der jetzige Gast wird später bereit sein, seinen jetzigen Gastgeber seinerseits in der eigenen Polis zu beherbergen und zu schützen. Dieser Langfristreziprozität vergewissert man sich durch in zwei Teile zerspaltene Objekte, von denen jeder die eine Hälfte an sich nimmt. Diese heißen ›Symbola‹, bis heute unser Wort für jene Zeichen, die die Zusammengehörigkeit von Getrenntem erweisen – und im griechischen Fall entwickeln sich aus diesen auf Reziprozität angelegten Beherbergungsverhältnissen schließlich vertragliche Strukturen, die zwischen den Städten und nicht mehr zwischen einzelnen Haushalten gelten, also Makrostrukturen der gesellschaftlichen Ordnung vorbereiten, vor allem der Diplomatie.

5 Zu Komplementärrollen siehe Stichweh 1988.
6 Gauthier 1973.
7 Gauthier 1972.

Soviel zum ›Gast‹ als dem ersten Typus einer Inklusionsrolle für Fremde, die historisch fast einen universellen Status hat. Ich skizziere eine zweite Inklusionsrolle, die ich mit einem modernen Wort benenne: Dies ist der ›Gastarbeiter‹. Das ist ein Wort, das den Vorteil hat, daß es sprachgeschichtlich sehr präzise ist. Ein Gastarbeiter ist zunächst einmal ein Gast – und d. h. vor allem, daß wir von ihm, wie dies für jeden Gast gilt, erwarten, daß er unsere Gastfreundschaft nur eine begrenzte Zeit beansprucht. Viele tribale Gesellschaften kennen präzise Regelungen, die vorsehen, daß nach einer kleinen Zahl von Tagen, oft sind es drei Tage, die Beherbergungspflicht des Gastgebers in ein Recht umschlägt, das dann sogar die Tötung des Gastes einschließen kann. Die zeitliche Limitation ist unhintergehbar in den Begriff des Gastes eingebaut. Und erneut zeigt sich in diesen sozialen Strukturen die außerordentliche und institutionalisierte Ambivalenz gegenüber dem Fremden und dem Gast. Und auch hier hilft der Wortsinn von Ambivalenz. Wir haben es mit einer oszillatorischen Bewegung zwischen kontradiktorischen Wertungen zu tun.

Auch der ›Gastarbeiter‹, das ist meine zweite Bemerkung zu diesem Typus von Inklusionsrolle, ist eine innere Kontradiktion. Denn ein Gastarbeiter tut etwas, was ein ›Gast‹ eigentlich nicht tut. Er arbeitet dort, wo er ein Gast ist. Das führt dazu, daß die Zeiträume, die ihm im Gaststatus konzediert werden, verlängert werden – und das hat die Konsequenz, daß in der Regel für ihn ein komplexes Set von Berechtigungen und Privilegien einerseits und von Benachteiligungen und Untersagungen andererseits definiert wird.[8]

Auch der Gastarbeiter ist eine weitverbreitete Institution, die wir in allen Gesellschaften finden, die die als Voraussetzung dienenden Statuslücken aufweisen. In der klassischen griechischen Welt heißt er *metoikos*, mit einem Rollenset, das von dem des xenos entlang der gerade skizzierten Linien unterschieden ist. Auch beim *metoikos* geht es um eine gewerblich-berufliche Tätigkeit als Voraussetzung dafür, daß ihm eine längerdauernde Aufenthaltsberechtigung verliehen wird. Und auch das Wort *metoikos* ist in der gegenwärtigen Welt als Selbst- und als Fremdbezeichnung des Gastarbeiters, so im französischen *le métèque*, noch präsent.

Wichtig ist es abschließend, mit Blick auf den Gastarbeiter und

---

8 Vgl. Gilissen 1958.

den *metoikos* – oder, um ein englisches Wort zu verwenden, den *sojourner* – zu betonen, daß die Berechtigungen und die Untersagungen, die mit seiner Rolle verknüpft sind, in der Regel mit der Unterscheidung von liquiden, mobilen Ressourcen einerseits, immobilen Ressourcen andererseits verbunden sind. Was dem gewerblich tätigen und als solchen inkludierten Fremden immer möglich ist, sind die liquiden und liquidierbaren Engagements, die mit Handel und Gewerbe verbunden sind.[9] Grunderwerb und Grundbesitz sind in der Regel untersagt, weil es um immobile Ressourcen geht und dies die zeitlichen Limitationen unterläuft, die in die Gastrollen eingebaut sind.[10]

Es ist nun der dritte Typus von Inklusionsrolle zu erläutern, der historisch beobachtbar ist. Ich nenne sie den ›Wanderer‹ oder den ›Migranten‹, und ich meine damit denjenigen Fremden, der an einem gegebenen Ort inkludiert ist, ohne daß die Erwartung seiner Rückkehr an einen Herkunftsort bei der Regelung der Inklusion eine Rolle spielt.[11] Dieser dritte Typus der Inklusion von Fremden ist für unsere Überlegungen auch deshalb interessant, weil er historisch am Ursprung jener Einheit bedeutsam wird, die man mit einer gewissen Berechtigung ›Europa‹ nennen kann.

Europa ist in einer strategischen Hinsicht das Resultat der Inklusion von Wanderern in eine gesellschaftliche Welt, die zuvor durch die sozialen Strukturen des Römischen Reichs bestimmt worden war. Dies vollzieht sich ungefähr im 3. bis 8. Jahrhundert unserer Zeitrechnung, ohne daß für diese in Umrissen erkennbare neue gesellschaftliche Ordnung bereits die Selbstbezeichnung ›Europa‹ verfügbar gewesen wäre. Es ist aber bemerkenswert, wie die Semantiken jener Zeit an die bereits etablierten Semantiken des Fremden und des Gastes anknüpften.

Es seien zwei Beispiele angeführt: Das erste dieser beiden Beispiele betrifft die Semantik des ›Barbaren‹. Barbar ist ein altes Wort mesopotamischen Ursprungs, das die Griechen zur Bezeichnung

9 Vgl. Bonacich 1973.
10 Wenn heute eine zunehmend große Zahl von niederländischen, schweizerischen und britischen Landwirten nach Frankreich umsiedelt und dort einen neuen landwirtschaftlichen Betrieb beginnt, ist dies eine historisch neue Situation, die durch im europäischen Vergleich sehr niedrige Grundstückspreise und die Regeln der EU (an denen auch die Schweizer partizipieren) begünstigt wird. Siehe Griffoul 2005.
11 Vgl. Simmel 1992.

der Völkerschaften am Rande der griechischen Zivilisation verwendeten, die nicht als *xenoi* oder *metoikoi* in Frage kamen.

Es lag nun auf der Hand, daß die Romanen in der Zeit des 3. bis 8. Jahrhunderts Germanen, Franken, Langobarden und viele andere *barbari* nannten. Aber diese Begrifflichkeit war offensichtlich nicht im gleichen Maße herabsetzend und exkludierend gemeint, wie dies in der griechischen Welt der Fall war. Der Begriff des Barbaren hatte dann u. a. die Bedeutung ›außerhalb der römischen Kultur‹ und ›außerhalb des Christentums‹, aber der Begriff des Barbaren schloß auch Bedeutungskonnotationen wie ›Soldat‹ und ›Söldner‹ ein,[12] was offensichtlich machte, daß es sich um Inklusionsrollen handelte – und nicht um die Ausschließung von sozialen Gruppen, die prinzipiell außerhalb des Perimeters der Gesellschaft gehalten werden sollten.

Ein gutes Indiz ist weiterhin, daß der Begriff ›Barbar‹ häufig Verwendung in der Selbstbezeichnung der nichtromanischen Gruppen findet. Ich will nur eine Passage aus Prokops *De bello gotico* zitieren. Dort sprechen im Jahr 548 Abgesandte der Langobarden vor Kaiser Justinian, und sie schließen ihre Darstellung mit der Bemerkung: »Wir haben als Barbaren schlicht und einfach gesprochen, denn wir verstehen es nicht, viele Worte zu machen […]« Dies ist eine Bescheidenheitsgeste und als solche selbst eine rhetorische Strategie – aber es verortet auch das ›Barbarische‹ als eine Kultur der Schlichtheit und Einfachheit in einem argumentativen Raum jenseits der rhetorischen Kultur der römischen Welt, in welchem der Barbar für sich selbst mit Selbstbewußtsein und fast mit Stolz diese Fremdbeschreibung als Barbar sich als Selbstbezeichnung aneignen kann, ohne einen Ausschluß fürchten zu müssen.

Eine zweite Semantik führt uns zurück zur *hospitalitas*, als einem vielgestaltigen institutionellen Komplex. Ein entscheidender Mechanismus der Integration von römischer Welt und nichtrömischen Völkerschaften waren die Aufteilungen des Grundbesitzes, die eine Eigentumsübertragung zugunsten der zuwandernden Völkerschaften vorgenommen haben. Ich verweise auf die 1922 publizierten Studien von Alfons Dopsch, *Wirtschaftliche und soziale Grundlagen der europäischen Kulturentwicklung*, der in einer beeindruckenden Materialdichte für eine Kontinuitätsthese im Übergang von den

---

12 Hierzu und zum folgenden Dopsch 1923, I, 194 ff.

Strukturen des Römischen Reiches argumentiert hat. Dopsch betont die geregelten Formen dieser Landteilungen, die rechtlich feste Anteile fixierten – oft war es ein Drittel –, die übertragen werden mußten, und er arbeitet heraus, daß dies mit der Semantik der *hospitalitas* beschrieben wurde. Der römische Grundherr wird *hospes* genannt, und die Übertragung von Grundbesitz wird mit dem Terminus der *hospitalitas* ausgeflaggt. Die ›Hospitalität‹, die natürlich eine fortdauernde Asymmetrie ausdrückt – es existiert z. B. ein Vorkaufsrecht des früheren Eigentümers –, fungiert in dieser Entwicklung als ein Modus der dauerhaften Integration von Migranten.[13]

Es überrascht nicht, daß in dieser Situation vielleicht zum ersten Mal das Wort ›Europäer‹ auftritt. Denis Hay, in seiner Begriffsgeschichte Europas, hat als Ort der ersten Verwendung des Wortes eine Chronik aus dem 8. Jahrhundert, ein Werk des Chronisten Isidor Pacensis, identifiziert.

Es geht in der betreffenden Passage bei Isidor Pacensis um jene Schlacht 732 bei Tours, in der der fränkische Heerführer Karl Martell eine zusammengewürfelte Truppe aus romanisch-gallischen und barbarischen Elementen zum Sieg über ein islamisches Heer führte. In der Beschreibung dieser heterogen zusammengesetzten militärischen Gruppierung hat der Chronist – wie Hay vermutet, zum ersten Mal – das Wort *Europeenses* verwendet.[14] Wenn dies zutrifft, wäre es die Abwehr des Fremden (in Gestalt des Islams und seiner Heere), die die neue semantische Einheitsbildung motiviert, die die auf der Basis einer Art Gastrechts inkludierten Barbaren jetzt zum Teil einer neuen Kollektivität namens *Europeenses* werden läßt. Diese Beobachtung ist nicht ohne Aktualität. Dreizehnhundert Jahre später ist Europa immer noch ein zunehmend dichter verflochtenes Gewebe heterogener Völkerschaften, das als ein relatives Außen die islamische Welt identifiziert und hinsichtlich deren Integrierbarkeit unsicher ist.

Ich möchte an dieser Stelle keinen Versuch unternehmen, die weitere Evolution des Begriffs von Europa nachzuzeichnen. Denis Hays Hypothese war, daß die Selbstbezeichnung ›Europa‹ (außer in geographischen Zusammenhängen, wo es um den Kontinent Europa und nicht um eine soziokulturelle Einheit ging) über viele Jahrhunderte selten gewesen sei, weil die Alternative *Christianitas*

13 Ebd., 4, 203 ff.
14 Hay 1957.

die Semantik dominiert habe. *Christianitas* sei die größere, der Absicht nach weltumfassende Einheit gewesen. Erst als das 17. Jahrhundert realisiert habe, daß die globale Expansion der *Christianitas* angesichts der geringen Bedeutung dieser Religion in Asien und Afrika nicht als Erfolg verbucht werden könne, habe der Europa-Begriff den der *Christianitas* abgelöst, und zudem sei bald sichtbar geworden, daß die soziokulturellen, aber säkularen Eigentümlichkeiten Europas weit eher eine globale Expansion zu tragen imstande waren als dies die Ausbreitung der christlichen Welt habe bewirken können. Erst im Zusammenhang mit diesen Erfahrungen habe die positive Identifikation mit dieser soziokulturellen und expansionsfähigen Einheit Europa zu einem Übergewicht dieser Selbstbezeichnung geführt.

Zugleich bleibt erhalten, was wir mit Referenz auf das Erstvorkommen von *Europeenses* registriert haben. Europäer sind diejenigen, die füreinander keine Fremde mehr sind und denen dies einen Raum reduzierter sozialer Kontingenz sichert. Dies ist auch dem 18. Jahrhundert selbstverständlich. Edmund Burke spricht von Europa als jenem sozialen Raum, in dem man nie wirklich im Exil sein könne,[15] und praktisch gleichzeitig lehrt in Preußen Carl Gottlieb Suarez in den Kronprinzenvorträgen (1791/92), daß es zwar ein natürliches Völkerrecht gebe, das es den Völkern erlaube, Fremden den Zutritt abzuschlagen. Daß diesem aber ein europäisches Völkerrecht entgegenstehe, welches für Europa normiere, daß keinem Fremden in einem europäischen Land der Zutritt verweigert werden könne.[16]

---

15 Burke 1999 in Brief 1, On the Overtures of Peace (1796), 134: »No citizen of Europe could be altogether an exile in any part of it […]. When a man travelled or resided for health, pleasure, business or necessity, from his own country, he never felt himself quite abroad«.
16 Bien 1974, Spalte 1214, und vgl. Kant 1795, 213 f., zur Universalität eines Besuchsrechts.

Literatur

Bien, Günter, 1974: Hospitalität, in: Henning Ritter und Karlfried Gründer (Hg.), *Historisches Wörterbuch der Philosophie*, Bd. 3, Basel: Schwabe, S. 1212-1216.

Bonacich, Edna, 1973: A Theory of Middleman Minorities, in: *American Sociological Review* 38: 583-594.

Burke, Edmund, 1999: *Letters on a Regicide Peace (1795-1797), Select Works of Edmund Burke*, Bd. 3, Indianapolis: Liberty Fund.

Dopsch, Alfons, 1923: *Wirtschaftliche und soziale Grundlagen der europäischen Kulturentwicklung. Aus der Zeit von Caesar bis auf Karl den Großen*, 2 Bde., 2. Auflage, Wien: L.W. Seidel & Sohn.

Foucault, Michel, 1969: *Wahnsinn und Gesellschaft. Eine Geschichte des Wahns im Zeitalter der Vernunft*, Frankfurt/M.: Suhrkamp.

Gauthier, Philippe, 1972: *Symbola. Les étrangers et la justice dans les cités grecques*, Nancy: Annales de l'Est.

– 1973: Notes sur l'étranger et l'hospitalité en Grèce et à Rome, in: *Ancient Society* 4: 1-21.

Gilissen, John, 1958: Le statut des étrangers, à la lumière de l'histoire comparative, in: *L'Étranger. Recueils de la société Jean Bodin*, Bd. 9 und 10 (hier: Bd. 9), Brüssel: Ed. de la Librairie Encyclopédique, S. 5-57.

Griffoul, Bernard, 2005: La France séduit toujours les agriculteurs européens, in: *Réussir bovins viande. La revue des éleveurs de bovins allaitants*, 113, Februar: 48-51.

Hay, Dennis, 1957: *Europe: The Emergence of an Idea*, Edinburgh: Edinburgh University Press.

Imbert, Jean, 1993: *Le droit hospitalier de l'Ancien Régime*, Paris: P.U.F.

Kant, Immanuel, 1795: Zum ewigen Frieden. Ein philosophischer Entwurf, in: Wilhelm Weischedel (Hg.), *Werke in zehn Bänden*, Bd. 9, Darmstadt: Wissenschaftliche Buchgesellschaft 1975, S. 191-251.

Rinder, Irwin D., 1958: Strangers in the Land: Social Relations in the Status Gap, in: *Social Problems* 6: 253-260.

Simmel, Georg, 1992: *Soziologie. Untersuchungen über die Formen der Vergesellschaftung*, hg. von Otthein Rammstedt, Bd. 11, *Gesamtausgabe*, Frankfurt/M.: Suhrkamp.

Stichweh, Rudolf, 1988: Inklusion in Funktionssysteme der modernen Gesellschaft, in: Rudolf Stichweh (Hg.), *Inklusion und Exklusion: Studien zur Gesellschaftstheorie*, Bielefeld: Transcript 2005, S. 13-44.

– 2005: *Inklusion und Exklusion. Studien zur Gesellschaftstheorie*, Bielefeld: Transcript.

Stichweh, Rudolf, und Paul Windolf (Hg.), 2009: *Inklusion und Exklusion: Analysen zur Sozialstruktur und sozialen Ungleichheit*, Wiesbaden: VS Verlag für Sozialwissenschaften.

7
Universitätsmitglieder als Fremde in spätmittelalterlichen und frühmodernen europäischen Gesellschaften

I

Fremdheit und Gelehrsamkeit, Fremdheit und Wissenschaft sind viel enger miteinander verbunden, als man dies für irgendeine andere Art gesellschaftlichen Handelns und Kommunizierens (in ihrem Verhältnis zur Fremdheit) behaupten könnte. Die Erfahrung der Fremde und die Erfahrung, ein Fremder zu sein, ist zunächst einmal kontingent, Folge eines *Zufalls* oder eines *Unfalls*. Jemand hat sich verlaufen, Schiffbruch erlitten, ist aus Gründen der Nahrungssuche auf Ortswechsel angewiesen, und als eine Folge dieser Umstände sieht er sich einem unbekannten Land und unvertrauten Personen konfrontiert. Eine zweite Bedingung einer möglichen Erfahrung von Fremdheit ist, daß für bestimmte – bereits relativ spezialisierte – Arten gesellschaftlichen Handelns der Umgang mit Fremden und das Sich-Einlassen auf das Risiko der Fremde als eine Wachstumsbedingung fungiert und als solche *bewußt gewählt* (oder abgelehnt) wird. Zu denken wäre etwa an den Händler, der den Absatz seiner Waren über die bisherigen Verkehrskreise auszudehnen sucht, oder an den Politiker, der das ihn bis dahin tragende lokale Milieu zu überschreiten versucht. In beiden Fällen aber ist Fremdheit für den Typus des Handelns nicht konstitutiv, da dem Händler das Nichthaben des anderen genügt und er nicht darauf angewiesen ist, daß dem künftigen Käufer die Ware zusätzlich fremd ist oder gar bleibt. Der Politiker seinerseits erweist sein Talent gerade darin, Fremdheit zum Verschwinden zu bringen, eine Gemeinsamkeit von Interessenlagen und die Plausibilität der Vertretung dieser Gemeinsamkeit durch ihn auf eine Weise glaubhaft werden zu lassen, die seine Fremdheit der Wahrnehmbarkeit oder zumindest Aufmerksamkeit entzieht.

Ganz anders verhält es sich im Fall der Wissenschaft. Wissenschaft ist eine *Ausdifferenzierung der Perspektive des Fremden*. Sie hängt davon ab, daß es gelingt, Selbstverständliches und lange Vertrautes so zu sehen, als sei es völlig unwahrscheinlich und letztlich unverständlich. Die Selbstbeschreibung von Ethnologen, sie seien »professionelle Fremde«,[1] ist in dieser Hinsicht fast noch naiv, da sie lediglich eine in natürlicher Einstellung erfahrene Fremdheit wissenschaftlich auszuwerten sucht. Die eigentliche wissenschaftliche Leistung ist, das als immer schon vertraut Erfahrene in den Modus der Fremdheit zu versetzen. Insofern könnte ein Wissenschaftler nichts Falscheres tun, als sich gegen den Vorwurf zu wehren, er sei »welt-fremd«. Seine »Welt-Fremdheit« ist schließlich seine eigentliche Begabung und ist, wenn sie ihm mitgegeben ist, für ihn ein glücklicher biographischer Zufall, zugleich gewissermaßen eine ›List der Natur‹, Abweichungen zu erzeugen, mit denen sie sich für sich selbst durchschaubar macht.

Fremdheit ist im übrigen etwas anderes als *Marginalität*. Man sollte diese beiden Formen einer *Nichtzugehörigkeit trotz (temporärer) Anwesenheit* begrifflich streng voneinander trennen, um Transfers zwischen diesen beiden Status näher untersuchen zu können und die in diesen Transfers liegenden Chancen und Risiken ins Blickfeld zu rücken. Marginalität wird häufig mittels Formeln wie »schwache Integration (einer Person) in Gruppen« definiert.[2] Das ist eine Vorstellung, die dem Individualismus der Moderne nicht angemessen Rechnung trägt und etwas als problematisch beschreibt (beispielsweise einen Fremdenstatus), was in vielen Einzelfällen auch inhärent unproblematisch sein kann. Im übrigen sollte man auf die fortschreitende Differenzierung von Rollen und Kontexten verweisen, die Pluralisierung von Gruppenzugehörigkeiten und die sich daraus ergebende Konsequenz, daß die Integration in die meisten Gruppen heute die Form von *weak ties* hat. Analytisch überzeugender ist deshalb ein Vorschlag, den Robert K. Merton in Anlehnung an frühere Überlegungen bei Everett V. Stonequist gemacht hat: Danach meint Marginalität eine (entstandene) normative Bindung an eine Bezugsgruppe, von der derjenige, der sich so gebunden hat, faktisch aber ausgeschlossen bleibt.[3] Marginalität ist hier also der

---

1 Siehe Agar 1980.
2 Vgl. etwa Mizruchi 1983, 10.
3 Merton 1968, 320, 344 f.; Stonequist 1937/1961, 144, et passim; vgl. auch Park 1964, Teil 4, der aber eine andere Theorie der Marginalität entwickelt hat, die Marginalität als Motor kulturellen Wandels und als Grund individueller außergewöhnlicher Innovationsfähigkeit sieht. Die Differenz, die diese beiden Theorien trennt, hängt

Konflikt zwischen den von einer Person gebildeten *Identifikationen* (hinsichtlich Werten und Normen) und den von der betreffenden Gruppe zugestandenen *Inklusionen*. Nicht schwache Integration, sondern Ambiguität des Status ist der Kern dieses Arguments.[4] Der Fall, den die amerikanische Forschung vor allem betont hat, ist, daß man einer bisherigen (ethnischen) Gruppe nicht mehr und einer neuen Gruppe noch nicht angehört. Der relative Vorteil des Fremden gegenüber der marginalisierten Person wird vor dem Hintergrund einer solchen Definition sichtbar. Der Fremde vermeidet genau die Identifikationen, die ihn für die Verweigerung von Inklusionen empfindlich machen.[5] Eine jede Gesellschaft kann den anwesenden Fremden, sofern er auf weitere Anwesenheit Wert legt, in vielfältiger Hinsicht disprivilegieren oder sanktionieren: durch die Verweigerung elementarster Rechte; die Auferlegung hoher Tribut- oder Steuerlasten. Aber sie wird auf diese Weise, solange er ein Fremder bleibt, nie einen inneren Konflikt in ihm erzeugen. Zu Sanktionen kann er sich kalkulierend verhalten und den Punkt bestimmen, an dem die Kosten zu hoch werden, ohne daß diese Sanktionen ihn innerlich verletzen werden. Das macht zugleich deutlich, daß es attraktiv sein kann, aus einer marginalisierten Position in das Erleben eines Fremden zu wechseln: die bisherigen Identifikationen aufzugeben und mit zunehmender Distanz auf eine Gesellschaft

davon ab, ob man das ›Am-*Rande*-einer-Gruppe-Sein‹ und damit die *Exklusionseffekte* betont oder alternativ das ›Auf-der-*Grenze*-zweier-Gruppen-Stehen‹ und die damit gegebenen *Innovationschancen* hervorhebt. Parks Theorie der innovativen ›rassischen‹ oder ›kulturellen‹ Hybridisierungen (publiziert zuerst Ende der zwanziger Jahre) ist in Ben-Davids These von Rollenhybriden als Ursachen wissenschaftlicher Innovation wiederaufgenommen worden (Ben-David 1960). Darauf weist auch Lindner 1990, 212, hin.

4 Vgl. Stonequist 1937/1961, insb. 214.

5 Vgl. ebd., 178, über Simmel (siehe Simmel 1908/1968, 509-512): »This conception of the stranger pictures him as one who is not intimately and personally concerned with the social life about him. His relative detachment frees him from the self-consciousness, the concern for status, and the divided loyalties of the marginal man« (»Diese Auffassung des Fremden zeichnet ihn als jemanden, der nicht auf intime und persönliche Weise mit dem Sozialleben um ihn herum befaßt ist. Sein relatives Detachement befreit ihn von der Befangenheit, der Sorge um Status und den geteilten Loyalitäten des Marginalen«; Übersetzung R. S.). Vgl. demgegenüber Alfred Schütz' Essay über den Fremden. Schütz 1944, 91, insofern schon Amerikaner, hat spezifisch den Immigranten, der Aufnahme oder zumindest Akzeptation durch eine soziale Gruppe begehrt, im Blick.

zu blicken, die noch glaubt, man wolle ihr eigentlich zugehören. Vielleicht ist es analytisch interessant, aus einer solchen Perspektive potentielle Statuswechsel bei klassischen marginalisierten Populationen zu untersuchen. Zu denken wäre beispielsweise an Personen, die auf der Straße leben. Diese verwenden in Deutschland für sich die Selbstbeschreibung ›Berber‹ und adaptieren damit (unbewußt) den Term *barbaroi*, d. h. das griechische Wort für den ›äußeren‹ (im Unterschied zum *xenos* als inneren Fremden) und unverständlich sprechenden Fremden.[6]

Um zu unserem Ausgangspunkt zurückzukehren: Die Unterscheidung von Marginalität und Fremdheit als heterogener Formen einer Nichtzugehörigkeit trotz Anwesenheit mag auch für die Beschreibung von Wissenschaft instruktiv sein. Fremdheit (gegenüber Natur und Gesellschaft) ist die Konstitutionsbedingung der Wissenschaft und insofern unaufhebbar. Marginal aber wird Wissenschaft erst, wenn sie die Identifikationen wechselt und auf andernorts in der Gesellschaft geltende Werte blickt: also beispielsweise politisch einflußreich sein will oder wissenschaftliches Handeln nach sich daraus ergebenden wirtschaftlichen Chancen kalkuliert. Dann erfährt sie, wie variabel Inklusion sein kann und wie sie selbst von Konjunkturen einer Nachfrage abhängig wird, auf die man mit wissenschaftlichen Mitteln keinen Einfluß mehr nehmen kann.

II

Das Faktum der Fremdheit als Konstitutionsbedingung für gelehrtes Wissen ist der Selbstbeobachtung der Wissenschaft nicht verborgen geblieben. Seit der Antike schließt eine umfangreiche Semantik der Selbstbeschreibung daran an, die sowohl den ›natürlichen Ort‹ von gelehrtem Personal wie auch die Frage der Ortswahl für gelehrte Institutionen, schließlich auch Sozialisationsbedingungen für Nachwuchs und andere Phänomene in Termini von Fremde, Exil, Verlust des Vaterlandes u. ä. beschrieben hat. Um dies einleitend an einem relativ beliebig gewählten Beispiel zu illustrieren: In einem Buch des italienischen Jesuiten Daniello Bartoli von 1645 findet sich über Seiten eine Hymne auf die Fremde als die Existenzbedingung

---

6 Zur griechischen Tradition Baslez 1984 mit weiterer Literatur.

des Gelehrten und der Gelehrsamkeit. Bemerkenswert ist der Anfang des Arguments: Die natürliche Wahrheit des Himmels sei das Faktum der *Pilgerschaft* der Erde – gemeint ist die Bewegung der Erde. Publiziert wurde dies 1645, drei Jahre nach Galileis Tod. Eine solche natürliche Wahrheit entdecke man aber nur, wenn man sich selbst auf Pilgerschaft begebe.[7] Für den Gelehrten sei das Vaterland nur der Ort seiner Geburt, wo er das erste Licht, die Morgenröte der Gelehrsamkeit in sich aufnehme, seine Grabstätte aber werde er nicht im Vaterland finden.[8] Bartoli zitiert Anaxagoras, der, aus seiner Vaterstadt gewiesen, gesagt habe, er habe nicht ein Vaterland verlassen, sondern ein Gefängnis, einen Winkel der Erde, der zu eng für seinen Geist sei. Jetzt sei der Himmel sein Vaterland, und die Sterne seien seine Mitbürger.[9] Bartoli hält sich im übrigen bewußt, daß er eine Sonderlage beschreibt, daß jeder andere Mensch mit der Heimat fast alle seine Bindungen verliert, während für den Gelehrten die Fremde die für ihn letztlich relevanten Bindungen gerade aktiviert.

Allerdings schließt dann auch Bartoli mit einer gedachten Reintegration des Gelehrten in einen gesellschaftlichen Zusammenhang, die ein wenig illusionär wirkt. Er vergleicht den Gelehrten mit einem anderen Fremden, dem Fernhändler, und folgert, wie der Fernhändler werde auch der Gelehrte in fremden Ländern besonders gern gesehen. Er werde dort empfangen wie die Schiffe, die aus Westindien eintreffen und die, mit Gold und Perlen beladen, die

---

7 Bartoli 1645, 19: »La verità [...] Naturale del Cielo è Pellegrina della terra, nè si trova altrimenti che pellegrinando« (»Die natürliche Wahrheit des Himmels ist, daß die Erde auf Pilgerschaft ist, und diese Wahrheit erfährt man nur dadurch, daß man selbst als Pilger unterwegs ist«; Übersetzung R. S.).

8 »La patria deve servire all'huomo Savio, come l'orizonte alle stelle, per nascita, non per sepolchro; per prender indi la prima luce, e quasi l'aurora della Sapienza [...].« (»Das Vaterland muss dem Gelehrten so dienen, wie es der Horizont für die Sterne tut, als Ort der Geburt, nicht als Ort der Grabstätte; dort nimmt man das erste Licht des Tages und gleichsam die Morgenröte der Gelehrsamkeit in sich auf«; ebd., Übersetzung R. S.).

9 »Egli non più se ne duole, che se uscito fosse non dalla patria, ma dalla prigione; e escluso da un cantone della terra, che alla sua gran mente era sì angusto, addita il Cielo per patria, e mostra per sue cittadine le stele« (»Er empfinde keinen Schmerz, weil er nicht das Vaterland verlassen habe, sondern ein Gefängnis; er sei von einem Bezirk der Erde ausgeschlossen, der zu eng für seinen großen Geist sei; er führe jetzt den Himmel als sein Vaterland an und weise auf die Sterne als seine Mitbürger«; ebd., 21; Übersetzung R. S.).

Häfen, in die sie einlaufen, glücklich machten.[10] Letzteres scheint eine nicht sehr realistische Annahme. Den Gelehrten zeichnet eher aus, *daß ihn auch mit der ihn aufnehmenden Gesellschaft kaum etwas verbindet,* wenn es andererseits auch sein kann und historisch vorkommt, daß diese ihn als eine ornamentale Zier schätzt und in dieser Hinsicht der Vergleich mit Gold und Perlen fast adäquat ist. In den folgenden Überlegungen dieses Aufsatzes soll ein Ausschnitt der *Sozialgeschichte des Gelehrten in der Fremde* – die europäische Universität des Spätmittelalters und der Frühmoderne – etwas näher betrachtet werden.

Schon im Entstehungszeitraum der europäischen Universitäten, dem 12. und 13. Jahrhundert, spielt die Semantik des Aufenthalts in einem fremden Land in der Beschreibung gelehrter Studien eine auffällige Rolle. Zwei Formulierungen scheinen besonders prominent. Einmal das Scholarenprivileg Friedrich Barbarossas, die *Authentica Habita* von ca. 1158, in dem die besondere Schutzbedürftigkeit der Gelehrten damit begründet wird, daß diese um der Liebe zu den Wissenschaften willen (*amore scientiae facti exules*) exiliert worden seien.[11] Die andere einflußreiche Passage ist die normative Forderung Bernhard von Chartres', die man unter anderem bei Johannes von Salisbury und Hugo von St. Viktor wiederfindet, sich für ein Studium in *terra aliena* zu entscheiden. Diese Forderung ist eingeordnet in einen Kontext weiterer Normen. Bei Bernhard von Chartres werden fünf zusätzliche Imperative aufgeführt: ein bescheidener Sinn (*mens humilis*), ein bohrendes Fragen, ein Leben in Stille, ein schweigsamer Gang der Untersuchung und – unmittelbar vor *terra aliena* genannt – *paupertas*.[12]

Gleichzeitig mit der Formulierung dieser Wertungen und Normen vollzieht sich die Entstehung der ersten Universitäten. An diesem Prozeß der Entstehung der Universitäten ist in unserem Zusammenhang ein Moment besonders hervorzuheben. Das ist der *universalistische Anspruch* oder die universalistische Absicht, die sich

10 »[...] dovunque và è ricevuto come le navi dell'Indie, che piene d'oro, e di perle, fanno beati i Porti dov'entrano, e dan fondo« (»wohin er auch geht, wird er empfangen wie die Schiffe aus Indien, die mit Gold und Perlen überladen, die Häfen, in die sie einlaufen und in denen sie Anker werfen, glücklich machen«; ebd., 22; Übersetzung R. S.).

11 Vgl. Stelzer 1978.

12 Zitiert nach Miethke 1985, 51. Vgl. auch Johanek 1986, 40; Ehlers 1986, 98, und ausführlich Lacroix 1958.

mit der Entstehung der Universitäten abzeichnet. Gemeint ist damit der Sachverhalt, daß gelehrte Studien nicht länger lokale oder regionale Schulorganisationen einer im Unterschied zu ihnen auch überlokal und überterritorial organisierten Kirche sind, vielmehr jetzt einzelne Schulorganisationen entstehen, die analog zur Organisationsform der Kirche ebenfalls eine Zuständigkeit und Relevanz für die gesamte christliche Welt beanspruchen können. In der institutionellen Semantik scheint sich dies darin anzudeuten, daß im Unterschied zu *studium* als dem Schulbegriff des 12. Jahrhunderts seit der ersten Hälfte des 13. Jahrhunderts einzelne dieser *studia* – zunächst Paris und Bologna – auch *studium generale* genannt werden. Diese Terminologie taucht gerade in den päpstlichen Privilegien auf, verrät also eine kirchlich beabsichtigte Funktionszuweisung.[13] *Generale* hat zwar einerseits curriculare Implikationen, meint also eine Vollständigkeit in der Berücksichtigung eines Fächerkatalogs, hat daneben aber auch den »oikumenischen« Sinn einer nicht einem einzelnen Bischof oder einer Diözese, vielmehr der Christenheit als Ganzem zuarbeitenden Institution. Am deutlichsten ausgesprochen hat dies vermutlich der in Italien lebende Kölner Stiftsherr Alexander von Roes in den achtziger Jahren des 13. Jahrhunderts mit seiner These der *studii* als dritter Universalmacht neben Reich und Kirche, die im übrigen in Frankreich lokalisiert wird oder zumindest dort ihren Fokus hat.[14] Dieser Universalismus einiger ›Generalstudien‹ zusammen mit der Tatsache, daß es nur wenige davon gibt, wird zur strukturellen Bedingung der Erforderlichkeit von Auslandsstudien.

›Fremd‹ ist dann nicht nur der einzelne Gelehrte oder Scholar am Universitätsort. Ein fremder Körper ist auch die *universitas* als korporativer Zusammenschluß einer Mehrzahl von Doktoren und/oder Scholaren, wie ja auch ihre Fremdheit der Grund des Zusammenschlusses zu einer Korporation ist.[15] In gewisser Hinsicht absorbiert die Korporationszugehörigkeit den individuellen Fremdenstatus, und das Faktum der Mitgliedschaft in der Korpo-

---

13 Siehe Tuilier 1981.
14 Vgl. Alexander von Roes 1949, insb. 48, 84, 98; Grundmann 1952; siehe auch Stichweh 1991, Kap. I.
15 Das kann die Implikation haben, daß die aus der Universitätsstadt selbst stammenden Studenten nicht Teil der Universität sind. Siehe am Beispiel von Perugia Weigle 1942, 131, Fn. 1.

ration wird zur relevanten rechtlichen Qualität.[16] Terminologisch ist die Fremdheit der universitären Korporation u. a. daran abzulesen, daß nicht von der Universität ›von‹ Paris, sondern nur von der Universität ›in‹ Paris die Rede ist,[17] worin die jederzeit gegebene Möglichkeit der Auswanderung der Korporation an einen anderen, seinerseits fremden, Ort angedeutet ist. Zudem liegt allein schon in der Zuweisung des Studiums an Frankreich für eine gelehrte Population, deren Orientierungszentrum weiterhin Rom ist, eine Exterritorialität, die eine Fremdheit gegenüber Paris und anderen Studienorten erzeugt.[18] Schließlich ist auch das *studium generale* als *Schulinstitution* eine fremde Implantation, die durch päpstliche und/oder kaiserliche Privilegierung dem Einfluß des Bischofs und städtischer Autoritäten in vielen Hinsichten entzogen ist. Das gilt auch später noch, wenn städtische Autoritäten bei der Initiierung von Universitäten eine größere Rolle spielen, weil die Universitätsgründer um externe Privilegierung nachsuchen müssen und insofern den auf ihrem Boden entstehenden fremden Korporationen Autonomie konzedieren müssen.

Wenn man eine Klassifikation dreier Formen der Behandlung von Fremden verwendet, die John Gilissen vorgeschlagen hat, nämlich *geduldete Fremde* von *privilegierten Fremden* und drittens *disprivilegierten oder unterworfenen Fremden* unterscheidet,[19] so haben wir es bei Universitätsmitgliedern in Europa seit dem 12. und bis ins 19. Jahrhundert hinein in der Regel mit privilegierten Fremden zu tun. Es ist ansonsten leicht zu sehen, daß die gleiche Bevölkerungsgruppe oder Korporation zu verschiedenen Zeiten und in verschiedenen Ländern in verschiedenen dieser Status angetroffen werden kann. Die Geschichte des europäischen Judentums ist bekanntlich sowohl durch Phasen bzw. Situationen der Duldung wie der Privilegierung wie institutionalisierter Disprivilegierung und Unterwerfung bestimmt. Die europäische Universitätsgeschichte dagegen kennt – bei allen Unterschieden und Abstufungen im einzelnen

---

16 Siehe insb. Waxin 1939.
17 So Ferruolo 1988, 24.
18 Ebd., 23.
19 Gilissen 1958, 8; vgl. Thieme 1958, 205. Gilissen nutzt in den materialen Untersuchungen (vgl. auch ders., 1958a) seine eigene Unterscheidung nur begrenzt, da er den nur geduldeten – also weder privilegierten noch explizit disprivilegierten – Fremden nicht wirklich als eine analytisch selbständige Kategorie behandelt.

– eine konsistente Tradition der Privilegierung von Universitätsmitgliedern als Fremden, die allerdings durch im folgenden noch zu diskutierende konkurrierende Organisationsprinzipien limitiert worden ist und der schließlich im 18. und im 19. Jahrhundert durch die Verstaatlichung des Bildungswesens und die Herausbildung von Nationalstaaten ein Ende gesetzt worden ist.

Zunächst aber scheint es wichtig, sich das semantische Umfeld der Präferenz für Studien in der Fremde noch etwas näher anzusehen. Die Präferenz für Auslandsstudien setzt sich so schnell durch, daß Joachim Ehlers bereits an Bischofsviten, die um die Wende zum 13. Jahrhundert geschrieben wurden, als hagiographischen Topos registriert hat, daß den Porträtierten fiktive Studien an französischen Schulen zugeschrieben wurden, ohne Beachtung der Frage, ob es diese Schulen in der Lebenszeit des jeweiligen Kirchenfürsten überhaupt gab.[20] Wie aber sah man die Risiken dieser Studien auf fremdem Terrain? Unkontrolliertes und undiszipliniertes Vagantentum war sowohl ein Ordnungsproblem für die jeweiligen städtischen, kirchlichen und territorialen Autoritäten, wie es andererseits auch dem einzelnen Studenten passieren konnte, daß er an seinem Studienort keinerlei Halt, Kontakt und Orientierung fand.[21] Es dürfte deutlich geworden sein, daß der oben zitierte Normenkatalog des Bernhard von Chartres auch den Sinn hatte, die Präferenz für Auslandsstudien in eine kontrollierende, gleichsam mönchische Lebensweise einzubinden. Insofern ist die begriffliche Nähe von *paupertas* und *terra aliena* interessant. ›Armut‹ war hier nicht etwa als eine empirische Voraussetzung des Zugangs zu Studien gemeint (und wäre als eine solche unrealistisch gewesen), sondern als bewußte asketische Selbstbeschränkung und normative Forderung nach einer solchen,[22] und das erlaubt es vielleicht, auch den Sinn des Auslandsaufenthalts nicht etwa im modernen Sinn als Anreicherung der Erfahrung,[23] sondern als asketisches Abstreifen ablenkender Kontexte zu verstehen. Die Fremde hätte dann primär

20 Ehlers 1986, 106.
21 Vgl. dazu ebd., 98.
22 Vgl. auch Pattison 1868, 159 f.
23 Vgl. als Beispiel dieser modernen Vorstellung Victor Hehn, *Italienische Ansichten und Streiflichter*, Berlin 1879, 164: Man solle in jenen frühen Jahren nach Italien reisen, wo »ein allmächtiges Verlangen nach *Erfüllung mit fremdem Stoffe* vorherrscht, der dann zum *Aufbau der werdenden Individualität* verwandt wird« (zit. n. Michels 1925, 309; Hervorhebung R. S.).

den Sinn, fremd zu sein und eine durch Isolation ermöglichte Konzentration auf das Wesentliche der Studien zu befördern. Ziel der Studien konnte es unter diesen Prämissen durchaus sein, Fremdheit gegenüber der Welt zu befördern. Hugo von St. Viktor legt Bernhard von Chartres' Imperativ in diesem Sinne aus: Er unterscheidet die Verwöhntheit dessen, dem sein Vaterland Annehmlichkeiten bietet, von der bereits erlangten Stärke desjenigen, dem die ganze Welt zum Vaterland geworden ist, und er findet schließlich die Perfektion, die mit Weisheit einhergeht, erst dann erreicht, wenn die Erde schlechthin zum Ausland geworden ist.[24]

Interessant ist an diesem Argument, wie ein *weltbezogener Universalismus* noch einmal durch eine *extramundane Zielvorgabe* überboten wird. Welche der beiden Seiten dieser Alternative man auch immer präferiert, in jedem Fall benötigt man für die Auslandsstudien ein soziales und institutionelles Gerüst, und die *Privilegierung der Scholaren* und die *korporativen Strukturen,* die um das Studium herum entstehen, scheinen immer in zwei Richtungen zu wirken und teilweise auch bewußt in diesem zweifachen Sinn ausgelegt zu sein. Zum einen geht es darum, einen institutionellen Rahmen und eine soziale Umwelt zu bieten, die das Leben in der Fremde aushaltbar machen, zum anderen fungieren dieselben Institutionen auch als Kontrollstrukturen, die Vagantentum, Verwahrlosung, individuelle Devianz u. ä. aufzufangen erlauben. Ein wichtiger Sachverhalt ist dabei zunächst, daß der studienbedingte Wechsel ins Ausland im Spätmittelalter in der Regel eine einmalige Angelegenheit ist. Es handelt sich also um eine *Exilierung* für eine Reihe von Jahren, die eine einmalige Hin- und Rückreise verlangt, nicht aber um eine *peregrinatio academica* in einem Sinn, der sich erst seit dem 16. Jahrhundert abzuzeichnen beginnt.[25] Noch kürzlich hat Rainer C. Schwinges für das 15. Jahrhundert detailliert gezeigt, wie selten ein Universitätswechsel oder gar mehrfache Universitäts-

---

24 *Didascalicon* III, 19 (zit. n. Lacroix 1959, 132, Fn. 65): »Delicatus ille est adhuc cui patria dulcis est; fortis autem iam, cui omne solum patria est; perfectus vero, cui mundus totus exilium est. iile mundo amorem fixit, iste sparsit, hic exstinxit« (»Delikat ist noch jener, dem das Vaterland süß ist; stark aber bereits jener, dem jede Sonne über einem Vaterland scheint; perfekt aber schließlich der, dem die ganze Welt zum Exil wird. Der erste fixiert seine Liebe zur Welt an einem bestimmten Ort; der zweite verteilt sie; der dritte löscht sie aus«; Übersetzung R. S.).

25 So auch Miethke 1985, 61.

wechsel in dieser Zeit noch sind.[26] Hinzu kommt das seit Luschin von Ebengreuth immer wieder registrierte Phänomen, daß bereits die *Reise zum Universitätsort* kein individuelles Unterfangen ist, sich vielmehr in Kleingruppen aus ca. zwei bis zehn Personen vollzieht, deren Mitglieder durch ihre Herkunftsregion, manchmal durch verwandschaftliche Nähe und natürlich auch durch Dienstverhältnisse miteinander verbunden sind.[27] Schließlich ist auch die *Wahl des Studienortes* nicht einfach Zufall, führt insofern nicht in eine unbestimmte Fremde, folgt vielmehr einem sich historisch ausbildenden regionalen und internationalen Kontaktnetz der jeweiligen Universitätsstadt,[28] und sie ist im übrigen durch innerfamiliär über Generationen weitergegebene Traditionen des Wählers derselben Universität bestimmt.[29]

Am Universitätsort wiederum stehen eine Reihe von Auffangmechanismen zur Verfügung, die spezifisch auf das Fremdsein der Scholaren an diesem Ort reagieren und die Privilegierung von *universitas* und *studium generale* durch zusätzliche Institutionen ergänzen. Es ist sowieso auffällig, wie sehr die sich herausbildende Terminologie der spätmittelalterlichen Universität durch die Thematisierung von Fremdheit bestimmt wird. So scheint der Begriff *scholares* in Bologna primär auf fremde Studenten angewendet worden zu sein,[30] wie überhaupt *schola* schon im 9. Jahrhundert als Begriff für eine Kolonie von Fremden vorkommt, ohne daß damit die Existenz einer Schuleinrichtung impliziert sein mußte.[31] Vier weitere Institutionen des Schutzes und zugleich der kontrollierenden Einbindung von Fremden sollen im folgenden kurz diskutiert werden: (1) *Klerikerstatus*, (2) der Status eines *pauper* sowie Hospitäler und Kollegien als Aufenthaltsorte der *pauperes,* (3) die *Nation* als Korporation und schließlich (4) die Möglichkeit der *Suspension des Fremdenstatus*.

---

26 Schwinges 1986.
27 Luschin von Ebengreuth 1892; Bonjour 1960, 222; Schwinges 1982; Miethke 1985, 65; zu Dienstverhältnissen Pacquet 1982, 21 f.
28 Siehe Schwinges 1986, 490.
29 Vgl. am Beispiel einer kleinen Universität in den Marken (Fermo), die besonders Grazer und Steiermärker anzieht, Weigle 1958.
30 Kibre 1948, 3, Fn. 5.
31 So Tuilier 1981, 22, und Fn. 59.

(1) Begriff und Status des *Klerikers* sind im Spätmittelalter von generalistischer Relevanz. Der Status des Klerikers eröffnet den Zugang zu jeder Art gelehrter Tätigkeit, ähnlich wie später im frühmodernen Spanien der *letrado* sowohl den Juristen wie den Gebildeten schlechthin bezeichnen konnte. Der Klerikerstatus – ohne Weihen oder mit Annahme der niederen Weihen – war daher an spätmittelalterlichen Universitäten eine der Formen, in denen man das Faktum der Fremdheit durch Adoption eines generalistischen Status (d. h. eines mit anderen Grenzziehungen operierenden Status: *clericus* vs. *laicus*) zum Verschwinden bringen konnte.[32] Explizite *Ordenszugehörigkeit* wäre dann ein nächster Schritt, der allerdings im 13. Jahrhundert zunächst aus der Universität hinaus und in die eigenen Studien und/oder Häuser der Mendikantenorden führte.[33]

(2) *Armut* ist ein funktionales Äquivalent oder eine Ergänzung des Klerikerstatus. Die Zuerkennung des Status eines *pauper* ist eine Privilegierung,[34] wie umgekehrt auch gilt, daß »Armut« im Spätmittelalter nicht in einem engeren Sinn ökonomische Bedürftigkeit meinte, sondern – genereller – Machtlosigkeit oder Ungeschütztheit oder eine strukturelle Unfähigkeit, die Bedingungen der eigenen Lebensführung sichern zu können.[35] In dieser Definition von Armut, die heute wieder Konjunktur hat, waren Universitätsmitglieder, allein weil sie in der Fremde weilten, vielfach arm, obwohl sie zu Hause nichts weniger als dies gewesen wären,[36] und das erklärt die semantische Nähe von »Armut« und Termini wie »Exil«/»Fremde«. Zu diesen Motiven tritt die spirituelle Sorge um reisende Scholaren hinzu, und dieser Motivkomplex konnte individuelle Stifter und religiöse Gemeinschaften bewegen, Hospitäler und Kollegien zu dotieren und zu errichten, in denen u. a. »arme« Studenten wohnten.[37] Für die funktionale Diffusität, die diesen In-

---

32 Vgl. Oexle 1985, 76.
33 Miethke 1985, 66.
34 Zenz 1949, 97, zitiert die Wiener Universitätsstatuten, die dies ein »Privileg des guten Willens« nennen.
35 Vgl. Rubin 1987, *Einleitung*; Hilton 1987.
36 Vgl. Oexle 1985, 37; siehe auch Ridder-Symoens 1978, 464f., am Beispiel der deutschen Nation in Orléans 1444-1546.
37 Oberman 1979, 60, weist auf den Zusammenhang zwischen der geistlichen Sorge um Scholaren, Institutionsgründungen und der Entstehung der *devotio moderna* im frühen 15. Jahrhundert hin.

stitutionen eigen ist, war es bezeichnend, daß aus einer Stiftung der Armenfürsorge wie dem St. John's Hospital, Cambridge, am Ende des Mittelalters (1509) ein Universitätscollege werden konnte.[38] In Paris ist ein ähnlicher Vorgang der organisatorischen Umwidmung des Teils eines Hospitals belegt.[39]

(3) Die *Nation* ist die korporative Form der Privilegierung einer bestimmten Gruppe von Fremden. Pearl Kibre hat vermutet, daß das Auftauchen des Begriffs *natio* in Bologna auf den römischen Brauch zurückgeht, Leute, die außerhalb von Rom leben, eine *natio* zu nennen. »Nation« wäre dann ein Synonym für »Fremde«.[40] Diese Deutung ist umstritten,[41] hätte aber den Vorteil, die in einer Reihe von Universitäten gewählte Willkürlichkeit erklären zu können, fremde Scholarenpopulationen in genau vier Nationen einzuteilen – weitgehend uneingedenk ethnischer Unterscheidungen und geographisch-territorialer Grenzen. Eine solche Einteilung in genau vier Nationen scheint eine rein negative Bestimmung der klassifizierten Personen, beispielsweise als Fremde, vorauszusetzen. Die Vierzahl ist im übrigen auch ein Symbol des Anspruchs auf Universalität im Sinne der Repräsentation der vier Weltgegenden.[42] Entsprechend die Einwände der Gegner, die genau auf dieses universalistische Moment zielen: Philippe de Grève, Kanzler von Paris von 1218 bis 1236, sagt, eine Korporation (*universitas*) aus verschiedenen Nationen sei ein Zusammentreffen verschiedener Naturen in einem Körper und insofern ein Monstrum, und die vier Fakultäten seien die vier Köpfe dieses Monstrums.[43]

38 Rubin 1987, Kap. 8.
39 Rückbrod 1977, 40 f.
40 Kibre 1948, 3.
41 Siehe Weijers 1979, 263 f., die »pays d'origine« und »appartenance à un peuple« als Explikation von ›natio‹ vorschlägt.
42 Tuilier 1981, 21, verweist auf Bilddarstellungen in Manuskripten bereits des 10. Jahrhunderts, die den deutschen Kaiser umgeben von vier Nationen präsentieren.
43 »Circumiit scolas et invenit monstruositatem. Monstrum in uno corpore diversarum coniunctio naturarum. Quid est ergo ex diversis nationibus universitatem facere nisi monstrum creare? […] Quattuor capita huius monstri sunt quattuor facultates, logice, phisice, canonici et divini iuris« (»Er wandert von Schule zu Schule, und er erfindet ein Monstrum. Ein Monstrum ist das Aufeinandertreffen verschiedenster Naturen in einem Körper. Was anderes bedeutet es denn, wenn man mittels verschiedener Nationen eine Universität errichtet, als ein

Bemerkenswert ist weiterhin, daß eine *funktionale Spezifikation* der als Nation privilegierten Korporationen als exklusiv gelehrt-universitäre Korporationen historisch nicht ohne weiteres vorauszusetzen ist. So heißt die spätere deutsche Nation in Perugia zunächst *Societas Ultramontanorum* und ist unter diesem Namen 1441 erstmals nachgewiesen. Es handelt sich aber um eine Korporation fremder Handwerker und Kaufleute, zu der erst langsam Studenten deutscher und französischer Nationalität hinzukommen.[44] Der Zweck ist zunächst kultisch-religiös: gemeinsamer Gottesdienst, Teilnahme an Begräbnissen, Gebete für das Seelenheil des anderen. Es dauert dann immerhin bis 1696, bis der Prozeß der Herausdrängung der Handwerker aus dieser in der Folge ausschließlich universitären Korporation (parallel dazu: die Spaltung in eine deutsche und in eine französische Korporation) abgeschlossen ist.[45]

Die Einteilung der Universität in Korporationen von Fremden greift interessanterweise auch in die *Lehrorganisation* durch. Eine Differenzierung der Lehre in nationale Publika gibt es gelegentlich schon vor der korporativen Organisation. Im 12. Jahrhundert nennt man in Paris den Hörsaal des Petrus Abaelardus den »Zulauf der Barbaren«, was auf ein primär deutsches Publikum verweist.[46] Mit der formellen Entstehung der Nationen verfestigen sich diese Bindungen teilweise. In einem Text von 1382 affirmiert die deutsche Nation in Orléans explizit die Selbstverpflichtung gegenüber nur einem Lehrer, den man einmal wähle, um sich dann seinem Schutz anzuvertrauen: »Wir nämlich, die wir *facti sunt exules inter alienigas et ignotos* und die wir in der Fremde keinen Schutz durch Familie und Freunde erwarten können, führen eine bessere Existenz, wenn wir uns alle gemeinsam eine solche Stütze schaffen.«[47] Gerade an diesem Muster der Selbstbindung einer Nation gegenüber einem

---

Monstrum hervorzubringen? ... Die vier Köpfe dieses Monstrums sind die vier Fakultäten: Logik, Physik, die Fakultät vom kanonischen und die vom göttlichen Recht«; zit. n. Haskins 1929, 61, Fn. 2; Übersetzung R. S.).

44 Weigle 1942; Dotzauer 1976, 94.
45 Gleichzeitig scheint sich gerade dort, wo eine studentische Nation an Bedeutung gewinnt, um sie herum eine Kolonie fremder Handwerker zu bilden. Siehe Dotzauer 1969, 110f., Fn. 71, am Beispiel der deutschen Nation in Orléans in ihrer Beziehung zu ihrem gewerblichen Umfeld (Schneider, Schankwirte, Buchhändler).
46 Du Moulin Eckart 1929, 10.
47 Zit. n. Illmer 1986, 429.

Doktor läßt sich im übrigen die Zweiseitigkeit der Institutionalisierung fremder Korporationen gut aufweisen. Dieser Universitätslehrer gewährt einerseits seiner Nation Schutz. Er ist andererseits für kirchliche und politische Autoritäten ein unproblematischer Zurechnungs- und Zugriffspunkt bei Konflikten mit universitären Korporationen.[48] Auch dann, wenn diese festen institutionellen Formen in der Frühmoderne in erheblichem Grade gelockert wurden oder sogar verschwanden, gibt es doch bis an das Ende des 18. Jahrhunderts (nicht selten auch in Göttingen) immer wieder das Phänomen, daß bestimmte Universitätslehrer relativ enge Assoziationen mit bestimmten Kolonien ausländischer Studenten eingehen. Das kann das Wohnen im Haus des Professors einschließen.

(4) Die letzte Möglichkeit einer kontrollierenden Privilegierung des Fremden ist *die Suspension seines Fremdenstatus*. Man findet dies beispielsweise in Frankreich, wo ein königliches Schutzprivileg von 1554 der deutschen Nation in Orléans zusichert, ihre Mitglieder würden temporär wie *regnicolles*, Untertanen des Königs, behandelt.[49] Einerseits liegt darin das bereits alte Moment der Immediatstellung gegenüber dem Fürsten unter Ausschaltung intervenierender Instanzen,[50] so daß der betroffene Fremde im Fall des Konflikts mit lokalen Behörden auf Direktanrufung königlicher Beamter hoffen kann. Andererseits wird hier eine Privilegierung nur noch als Verzicht auf Disprivilegierung und als Gleichstellung mit einheimischen Untertanen formuliert, worin sich ein höherer Kontrollanspruch des frühmodernen Staates und möglicherweise eine geringere Bereitschaft und – angesichts der Ansprüche der eigenen Bürger und der ständischen Vertretung dieser Ansprüche – verminderte Fähigkeit andeutet, einer Korporation von Fremden umstandslos autonome Regelungsbereiche zuzugestehen. Deutlicher zeichnet sich in dieser Entwicklung ab, wie ein rechtlich homogenisierter Untertanenverband zu entstehen beginnt und Privilegierungen von

---

48 Vgl. ebd., 429 f., und ders., 1976, 4: »Die rechtliche Verantwortung des Magisters für seinen einheimischen oder fremden Hörer […] erscheint mir als das fehlende Glied in der Kette zwischen den alten an die Klöster und Stifte gebundenen Schulen und den um das Magisterkollegium gescharten streng korporationsrechtlich organisierten Nationen.«
49 Illmer 1986, 432; weitere Beispiele in Waxin 1939, 92, 105.
50 Vgl. dazu Gilissen 1958, 37; Coser 1972.

Fremden künftig mit den Ansprüchen dieses Untertanenverbandes zu kollidieren drohen.

III

Die Universität als *Fremdenuniversität*, wie wir sie bisher beschrieben haben, ist im Zusammenhang einer Vielzahl von Korporationen zu verstehen, von denen viele Korporationen von Fremden sind. Die Beschreibung ist nicht als vollständige Beschreibung der spätmittelalterlichen Universität gemeint, vielmehr als Analyse eines *Strukturbildungsmusters*, das allerdings lange dominant scheint. Seit dem 16. Jahrhundert wird es ergänzt und schließlich abgelöst durch andere Strukturbildungsmuster, unter denen zwei prominent sind, die *Familienuniversität* der Frühmoderne und die *staatliche Universität* des 19. und 20. Jahrhunderts, die ein funktional spezialisierter Teil des intern differenzierten Bildungswesens eines modernen Staates ist. *Familienuniversität* ist ein Terminus, den Peter Moraw ins Gespräch gebracht hat.[51] Gemeint ist damit eine Hochschule, die sich »im ›Besitz‹ einer verflochtenen Oligarchie von Familien« befand.[52] Eine strukturelle Voraussetzung für die Entstehung dieses Universitätstyps ist die Abnahme des Anteils der Kleriker an der Zahl der Universitätslehrer. Erst unter dieser Prämisse gibt es eine gewisse Wahrscheinlichkeit für die Weitergabe einer universitären Position an einen eigenen Sohn oder einen Verwandten und für die damit einhergehende *dauerhafte lokale Verankerung vieler Universitätsmitglieder*.[53] Diesen Trend zur Familienuniversität wollen wir an dieser Stelle nicht detaillierter analysieren,[54] statt dessen nur einen Gesichtspunkt hervorheben. *Familienuniversität* und *Fremdenuniversität* sind nicht etwa streng inkompatible Muster der Strukturbildung, vielmehr in vielfältigen Hinsichten miteinander kombinierbar. Gruppenbildungen und Nationen in Fremdenuniversitäten sind ja auch Mechanismen der *Erhaltung familialer Bindungen* und der *Bildung quasifamilialer Affinitäten* (Freundschaften) auf

---

51 Siehe Moraw 1982, 14, 39 f.
52 Ebd.
53 Vgl. für eine solche Umstellung Verger und Vulliez 1986, 103 f., am Beispiel Avignons im 15. Jahrhundert.
54 Vgl. auch Stichweh 1991, Kap. XV.

fremdem Terrain. Dabei kommt ein Wirkungsmechanismus zu Hilfe, der oft beschrieben worden ist, den Simmel aber vielleicht am prononciertesten herausgearbeitet hat.[55] Die Gemeinsamkeiten, die uns auch mit Fremden verbinden, werden in ihrer Bindungswirkung dadurch limitiert, daß sie außer uns und dem konkreten anwesenden Fremden auch beliebigen anderen Fremden eigen sind und wir und die anderen dies wissen. Die Gemeinsamkeiten, die uns mit Nahestehenden verbinden, sind dagegen höchst individuell, machen gerade den Unterschied aus zwischen ›uns beiden‹ und allen anderen sozialen Beziehungen, die jeder von uns beiden für sich unterhält. Der spezifische Effekt nationaler Gruppierungen an Fremdenuniversitäten dürfte nun gerade darin liegen, daß in einer fremden Umwelt Gemeinsamkeiten, die eigentlich relativ abstrakt sind und die wir mit unseren ›Landsleuten‹ teilen, also beispielsweise die Gemeinsamkeit der Sprache, im Verhältnis zur Fremdheit der sozialen Umwelt auf einmal als relativ individuell erscheinen und uns dem anderen in einer Weise nahebringen, für die es sonst keinen Grund gegeben hätte.[56] Deshalb bietet es sich an zu vermuten, daß nationale Korporationen an Fremdenuniversitäten Solidarzusammenhänge gestiftet haben könnten, deren Beharrungsfähigkeit nach der Rückreise vom Universitätsort – und als Folge dieser Beharrungsfähigkeit dann auch ihre sozialgeschichtliche Wirksamkeit – als relativ hoch veranschlagt werden sollten.

Wir haben es insofern universitätsgeschichtlich gesehen in der Frühmoderne mit drei verschiedenen Formen universitärer Organisation von Nähe und Ferne, Vertrautheit und Fremdheit zu tun:
1. Die sich herausbildende Familienuniversität des 16. bis 18. Jahrhunderts, die eine Variante eines städtischen Patriziats generiert, das adelsanalog die Universität als einen Zusammenhang der Erhaltung und der Erneuerung familialer Ehre versteht.[57]
2. Das nach wie vor vielfach gewählte Studium in der Fremde als ein temporäres Herausreißen aus der »familialen Verzärtelung«, den »Schmeicheleien der Mutter« und der »väterlichen Nach-

---

55 Simmel 1908/1968, 509-512.
56 Vgl. Stelling-Michaud 1945, insb. 62, der die Bedeutung der mittelalterlichen Universitätsnationen für die Entstehung von »Nationalgefühl« im modernen Sinn dieses Wortes betont.
57 Vgl. dazu instruktiv Marchand 1900, 6 ff., am Beispiel von Avignon im 17. und 18. Jahrhundert.

sicht«, und als Versetzung an einen monofunktionalen Ort, »wo nichts als Gelehrsamkeit betrieben wird«. So Juan Huarte 1575, eine Passage, in der man Indizien für eine Intimisierung familialer Beziehungen entdecken mag.[58]
3. Schließlich die Gruppenbildungen und Korporationen an der fremden Universität, als Mechanismus der Bildung von Freundschaftsbeziehungen und Kontaktnetzen, die ein lokales Patriziat und ein gelehrtes Milieu – soweit letzteres der Kontext der späteren Betätigung ist – bei bestimmten Anlässen auch zu überschreiten erlauben.

Die Funktionsweise einer strukturell typischen, aber im einzelnen auch außergewöhnlichen Familienuniversität des 17. und 18. Jahrhunderts und ihre Kombinierbarkeit mit Erfahrungen der Fremde könnte man am Beispiel Basels gut erläutern.[59] Basels Lehrstühle waren im 17. und 18. Jahrhundert relativ fest in der Hand einiger weniger Gelehrtendynastien – und Kontinuitäten scheint es in dieser Hinsicht bis in die Gegenwart zu geben. Gerade am Beispiel Basels läßt sich aber zeigen, daß die Weitergabe des Lehrstuhls in einer Familie nicht mit Anforderungen an wissenschaftliche Leistung inkompatibel sein muß. Man denke hier nur an die Generationen von Bernoullis, die den Lehrstuhl für Mathematik innehatten. Partikularismus und Universalismus sind offensichtlich nicht unbedingt konkurrierende Prinzipien, die einander ausschließen. Es gibt dafür interessante empirische Evidenz aus gegenwärtigen amerikanischen Hochschulen, die belegt, daß, wenn man sich einen Ehepartner im eigenen ›Department‹ sucht, die impliziten Leistungserwartungen, die bei dieser Wahl mitspielen, die Leistungsanforderungen übersteigen, die man bei der Rekrutierung ›fremder‹ neuer Kollegen für das ›Department‹ geltend macht.[60] Das spricht dafür, daß in diesem Fall eine Wahl, die unter einem partikularistischen Gesichtspunkt (›Liebe‹) getroffen wird, gleichzeitig die Beobachtung des Anderen mittels einer universalistischen Wertskala (›akademische Leistung‹) intensiviert. Entsprechendes könnte man unter anzugebenden Randbedingungen für die Weitergabe von Lehrstühlen in Gelehrtendynastien vermuten. Zwei Momente mögen dafür im Fall Basels wichtig gewesen sein: erstens kam eine Lehrstuhlübernahme

---

58 Huarte 1575/1752, 10 f.
59 Hierzu und zum folgenden Staehelin 1957; Bonjour 1960.
60 Siehe Stinchcombe 1985.

ohne eine vorherige ausgedehnte *peregrinatio academica* des bereits Nominierten kaum vor; zweitens blieb Basel – begünstigt durch seine geographische Lage – immer auch Fremdenuniversität, d. h. Umschaltpunkt und Übergangsstation zwischen den deutschen und den italienischen Universitäten. Zugleich wurde die dauerhafte Abwesenheit von Basel wohl bewußter als anderswo oder bewußter als in früheren Zeiten als erzwungenes Exil erfahren.[61] Ich will hier nur noch aus einem Kondolenzbrief eines Bürgers einer anderen Schweizer Stadtrepublik zitieren. Albrecht von Haller, ehedem Göttinger Professor, der unter Verzicht auf seinen Lehrstuhl zurück in seine Heimatstadt Bern ging, schrieb diesen Brief Jahrzehnte später an einen früheren Göttinger Kollegen beim Tode von dessen Frau: »Noch leidiger ist dieser Verlust auf einer Universität, einer Sammlung von Fremden, die keine natürliche Verbindung mit einander haben, wo Brüder, Schwestern, nahe Vettern unser Leid nicht zu lindern suchen, wo wir in der Freundschaft nicht einen Teil des Verlohrenen wieder zu finden hoffen können«.[62]

IV

Welche Veränderungen erfährt das Studium in der Fremde im frühmodernen Europa des 16. bis 18. Jahrhunderts? Zu betonen ist zunächst einmal, daß es jetzt erstmals eine flächendeckende Organisation von Universitäten gibt, so daß der Weg in die Fremde nicht mehr ein sachlogisches Implikat jeder Studienentscheidung ist, vielmehr eine bewußte Entscheidung für die Fremde vorliegen muß. So heißt es denn auch in dem eben schon zitierten Text von Huarte, ein Student aus Salamanca *müsse* nach Alcalà gehen, während der aus Alcalà in Salamanca studieren solle.[63] Ein anderer wesentlicher Umstand ist die mit der fortschreitenden Herausbildung des frühmodernen Territorialstaates schnell zunehmende Häufigkeit eines expliziten Verbots von Auslandsstudien. Für diese Verbote gibt es konfessionelle, politische und seit dem 17. Jahrhundert vermehrt auch ökonomische Motive.

61 Vgl. ein Beispiel in Staehelin 1957, 71, wo es um die Baseler Hungerlöhne geht, die einen Sohn der Stadt zwingen, im ›Exil‹ zu leben.
62 Brief vom 6.12.1775 an C. G. Heyne, in: Rössler 1855, S. B 374.
63 Huarte 1575/1752, 10 f.

Eine der neuen Implikationen des jetzt bewußt – unter Alternativen – gewählten Auslandsstudiums ist, daß es sich nicht mehr an nur eine Universität bindet. Die Semantik von Exil, Fremde, dauerhafter Entfernung usw. wird damit teilweise überlagert durch eine *Semantik der Bewegung oder Wanderung*. *Peregrinatio academica, iter litterarium, Grand Tour* und *iter italicum* sind neu auftauchende Begriffe. Gleichzeitig entstehen neue oder veränderte Motivlagen für Auslandsstudien. Drei dieser Motivlagen scheinen prominent.

1. Erstens hat die Konfessionalisierung des Hochschulwesens, sosehr sie Bewegungsmöglichkeiten einerseits restringierte, andererseits auch die Implikation, daß konfessionell gebundene internationale Netze von Institutionen entstanden,[64] die eine Wanderung sowohl nahelegten, wie sie auch die Routen auf dieser Wanderung vorzeichneten. Die beiden auffälligsten Beispiele sind das Netz calvinistischer Organisationen, das von der Schweiz über die akademischen Gymnasien Deutschlands zu den niederländischen und schließlich schottischen Universitäten reicht, und die supraterritoriale Organisation der Schulzusammenhänge des Jesuitenordens, die Frankreich, Italien, Deutschland und Spanien erfaßt.[65]

2. Ein zweiter Impuls ist das Auslandsstudium als die charakteristische Studienform sozialer Eliten (also Adel, Stadtpatriziat usw.). Es handelt sich dabei überwiegend um Rechtsstudien. Quantitativ am bedeutsamsten ist wohl das Rechtsstudium deutscher Eliteschichten im 16. und 17. Jahrhundert, das in Bourges und Orléans, Padua, Perugia, Siena und anderen italienischen Universitäten große deutsche Nationen entstehen läßt, an denen die Reichweite ihrer Privilegien – im Unterschied zu denen anderer Nationen – zeitgenössisch vielfach kommentiert worden ist.[66] Das adelsnahe Rechtsstudium in ausländischen Universitäten konterkariert insofern die konfessionellen Netze, als die in das erstere einbezogenen italienischen, französischen und später niederländischen Universitäten eine gewisse Indifferenz gegenüber konfessionellen Unterschieden praktizierten, so daß Auslandsuniversitäten auch eine Gelegenheit für interkonfessionelle Kontakte boten, die beispielsweise

---

64 Vgl. Spitz 1984, 61.
65 Siehe Stichweh 1991, Kap. XII.
66 Vgl. etwa Platter 1599, 334, zur deutschen Nation in Orléans. Er betont u. a. die Erlaubnis zum Waffentragen, die selbst bürgerliche Studenten einschließt (vgl. Dotzauer 1969, 130, 142; Waxin 1939, 98-100).

in Deutschland selbst nicht gegeben war. Konkurrierend zu den Rechtsfakultäten gab es im übrigen im jesuitischen Netzwerk den Versuch, seinerseits Möglichkeiten eines adelsbezogenen Rechtsstudiums für aus größeren Distanzen kommende katholische Studenten anzubieten.[67]

3. Ein drittes Moment, das sich mit dem zweiten teilweise überschneidet, sind die großen kosmopolitischen Universitäten von internationaler Sichtbarkeit. Zu denken ist an Leiden im 17. Jahrhundert, Göttingen im 18. Jahrhundert und wohl auch Padua für das 16. Jahrhundert. Es ist bezeichnend, daß sich mit diesen großen kosmopolitischen Universitäten wieder die Semantik von Freihandel, Zugänglichkeit für jedermann u. ä. verbindet. So beispielsweise der österreichische Gesandte Birkenstock in einem Bericht über Göttingen. Dieses sei mit Livorno zu vergleichen. Was Livorno im Handel sei, dafür stehe Göttingen in der Wissenschaft. Es sei ein Freihafen, wo jeder frei einlaufen, von Gelehrsamkeit und Kenntnis soviel und von wem er wolle einhandeln könne.[68]

Ich will die Darstellung der frühmodernen Universität an diesem Punkt beenden. Sie bedürfte einer viel detaillierteren Analyse, die vermutlich den Eindruck bestätigen würde, daß trotz zurückgehenden quantitativen Umfangs des Fremdenstudiums in der Frühmoderne seine soziohistorische Wirkungsfähigkeit erheblich sein konnte, und dies gerade deshalb der Fall war, weil das Auslandsstudium jetzt vielfach eine Angelegenheit sozialer Eliten – und einzelner Aufsteiger, die über die im Ausland gebildeten Solidaritäten in diese Eliten integriert wurden – war.

V

Mit dem Ende des 18. Jahrhunderts geht die Geschichte, die hier unser Gegenstand war, die des privilegierten Fremden, definitiv zu Ende. Es entstehen jetzt neue Motive für ein Studium in der Fremde, die die Differenz zwischen der frühmodernen und der modernen Situation auf instruktive Weise offenlegen. Das sei abschließend nur noch belegt mit einem Zitat aus Fichtes Universitätsschrift von

---

67 Vgl. Brizzi 1976 zu oberitalienischen Adelsakademien mit besonderer Anziehung für österreichische Studenten.
68 Zit. n. Wahlberg 1855, 328.

1807 »Deduzierter Plan einer zu Berlin zu errichtenden höhern Lehranstalt«. Die Frage, um die es an der zitierten Stelle geht, ist, ob *Provinzialuniversitäten* oder *Großstadtuniversitäten* vorzuziehen seien. Fichte weist zunächst den Einwand zurück, in der Großstadt sei der Student in besonderer Weise dem Laster ausgesetzt, und zwar bringt Fichte das soziologisch bemerkenswerte Argument vor, das Laster dränge sich in der kleinen Stadt gewissermaßen in die Stube des Studenten, während es in der Großstadt, in der es selbst einen ziemlichen Umfang besitze, einen eigenen Lebenskreis bilde und es deswegen vom Studenten aktiv aufgesucht werden müsse, so daß er eigentlich hier ungefährdeter sei. Fichte legt dann sein Argument für ein Studium in der fremden (großen) Stadt dar. Der Student solle »[...] einmal herausgehoben werden aus alle den Gängelbändern, mit denen die Familien- und Nachbar- und Landmannsverhältnisse ihn immerfort tragen und heben«, und er solle,

in einem Kreis von Fremden, denen er durchaus nichts mehr gilt, als was er persönlich wert ist, ein neues und eignes Leben beginnen, und dieses Recht, das Leben einmal selbständig von vorn anzufangen, soll keinem geschmälert werden [...] *wird dadurch sogar die organische Verwachsung aller zu einem und demselben Bürgertume gehindert* [...]. Sollen und müssen einmal diejenigen Bürger des gemeinsamen Staats, die nicht bestimmt sind, aus der unbeweglichen Scholle den Nahrungsstoff zu ziehen, *durcheinander gerüttelt werden zu allseitiger Belebung,* so ist dazu die Universität der einzig schickliche Ort [...].[69]

Der Punkt, um den es hier geht, dürfte verständlich geworden sein. Das Universitätsstudium hat jetzt den Sinn, eine *Diskontinuität* zwischen die soziale Herkunft und den künftigen Lebensstatus zu legen. An der Universität gilt der Student nur noch, was er persönlich für sich betrachtet wert ist. Also darf man ihn nicht mehr privilegieren, denn die Privilegierung des Fremden ist eine Weise, ihn in seinem Status als Fremden und in seiner ständischen Position zu konservieren. Jetzt aber geht es um die Integration in ein *Bürgertum*, das als eine *homogenisierte Population von füreinander Fremden* vorgestellt wird. Der Grund für die historische Verabschiedung des privilegierten Fremden ist also die Auflösung der ständischen Ordnung des alten Europa.

69 Fichte 1807, 188 f., Hervorhebung R. S.

Nur noch angedeutet sei die Vermutung, daß der Fremde in diesem Prozeß der Auflösung der ständischen Ordnung seinerseits eine kausal relevante Rolle gespielt hat. Die Funktion des Fremden im spätmittelalterlichen und frühmodernen Europa war wesentlich auch bestimmt durch sein ständisches Uneingebundensein in der jeweiligen Gesellschaft, für die er ein Fremder war. Das heißt, er unterlag den Fixierungen und den Verboten der Überschreitung der ständischen Ordnung, die sich als handlungshemmend erwiesen, vielfach nicht. Das machte ihn für Initiativen verfügbar, die gewissermaßen an der ständischen Ordnung vorbeigeführt wurden, und das erklärt auch die häufige Immediatstellung des Fremden gegenüber dem Fürsten. Man könnte dies an einer Reihe von Fremden – Universitätsmitgliedern, Armen, Juden – demonstrieren. Insofern führte der Fremde eine nicht mehr ständisch gegliederte Gesellschaft mit herbei, die für ihn als ehedem privilegierten Fremden dann keinen Platz mehr hatte. Moderne Nationen, die über politische Teilnahmerechte aller Bürger bestimmt sind, können den privilegierten Fremden nicht zulassen.[70] Die neuen Nationen, die staatliche Gemeinschaften von Bürgern mit gleichen politischen und sozialen Rechten sind, machen die alten Universitätsnationen endgültig obsolet.[71] Die Privilegierung des Fremden verletzt jetzt die Grundlagen der demokratisch-rechtsstaatlichen Ordnung, und im übrigen wird die historisch immer schon beobachtbare Unpopularität des Fremden in einer demokratischen Ordnung politisierbar, als Fremdenfeindschaft kommunizierbar und für Vorgänge demokratisch-politischer Wahl bedeutsam.

---

70 Vgl. Stichweh 1988, insb. Abschn. V.

71 Waxin 1939, 151, zitiert ein königliches Edikt von 1618, das in Frankreich zwei Typen von Universitätsnationen schaffen will: »[…] de réunir tous les étudiants sous la seule dénomination de Nation française, ne conservant les anciennes Nations que pour les étudiants véritablement étrangers au royaume« (»[…] alle Studenten unter dem einzigen Namen der französischen Nation zu vereinigen und nur für jene Studenten die alten Nationen zu erhalten, die tatsächlich dem König gegenüber Fremde sind«; Übersetzung R. S.). Zu diesem Zeitpunkt sei das Edikt wirkungslos geblieben und habe nur Unwillen hervorgerufen.

Literatur

Agar, Michael H., 1980: *The Professional Stranger. An Informal Introduction to Ethnography*, New York.

Alexander von Roes, 1949: *Die Schriften des Alexander von Roes*, hg. von Herbert Grundmann und Hermann Heimpel, Weimar.

Bartoli, Daniello, 1645: *Dell'Huomo di Lettere Difeso, et Emendato*, Florenz.

Baslez, Marie-Françoise, 1984: *L'Etranger dans la Grèce Antique*, Paris.

Ben-David, Joseph, 1960: Roles and Innovations in Medicine, in: *American Journal of Sociology* 65, 557-568.

Bonjour, Edgar, 1960: *Die Universität Basel von den Anfängen bis zur Gegenwart 1460-1960*, Basel.

Brizzi, Gian Paolo, 1976: *La formazione della classe dirigente nel Sei-Settecento. I seminaria nobilium nell'Italia centro-settentrionale*, Bologna.

Coser, Lewis A., 1972: The Alien as a Servant of Power: Court Jews and Christian Renegades, in: *American Sociological Review* 37, 574-581.

Dotzauer, Winfried, 1969: Deutsche in westeuropäischen Hochschul- und Handelsstädten, vornehmlich in Frankreich, bis zum Ende des Alten Reiches. Nation, Bruderschaft, Landsmannschaft, in: *Festschrift Ludwig Petry*, Teil 2, Wiesbaden, S. 89-159.

– 1976: Deutsches Studium in Italien unter besonderer Berücksichtigung der Universität Bologna, in: *Geschichtliche Landeskunde* 14, 84-130.

Du Moulin Eckart, Richard Graf, 1929: *Geschichte der deutschen Universitäten*, Stuttgart, Neudruck Hildesheim, New York 1976.

Ehlers, Joachim, 1986: Deutsche Scholaren in Frankreich während des 12. Jahrhunderts, in: Fried (Hg.)1986, S. 97-120.

L'Etranger. Recueils de la société Jean Bodin, 1958: Bd. 9 und 10, Brüssel.

Ferruolo, Stephen C., 1988: Parisius – Paradisus: The City, Its Schools, and the Origins of the University of Paris, in: Thomas Bender (Hg.), The University and the City. From Medieval Origins to the Present, New York, Oxford, S. 22-43.

Fichte, Johann Gottlieb, 1807: Deduzierter Plan einer zu Berlin zu errichtenden höhern Lehranstalt, die in gehöriger Verbindung mit einer Akademie der Wissenschaften stehe, in: Ernst Anrich (Hg.), *Die Idee der deutschen Universität*, Darmstadt 1956, S. 125-217.

Fried, Johannes (Hg.), 1986: *Schulen und Studium im sozialen Wandel des hohen und späten Mittelalters*, Sigmaringen.

Gilissen, John, 1958: Le statut des étrangers, à la lumière de l'histoire comparative, in: *L'Etranger*, 1958, T. 1, S. 5-57.

– 1958a: Le statut des étrangers en Belgique du XIIIe au XXe siècle, in: *L'Etranger*, 1958, T. 2, S. 231-331.

Grundmann, Herbert, 1952: Sacerdotium – Regnum – Studium. Zur Wertung der Wissenschaft im 13. Jahrhundert, in: ders., *Ausgewählte Aufsätze*, Teil 3, *Bildung und Sprache*, Stuttgart 1978, S. 275-291.

Haskins, Charles Homer, 1929: The University of Paris in the Sermons of the Thirteenth Century, in: ders., *Studies in Mediaeval Culture*, New York, S. 36-71.

Hilton, R. H., 1987: The Purchase of Paradise, in: *Times Literary Supplement*, 21. August, 905.

Huarte, Juan, 1575/1752: *Prüfung der Köpfe zu den Wissenschaften* (übers. von G. E. Lessing), Nachdruck der Ausgabe Zerbst 1752, München 1968.

Illmer, Detlef, 1976: *Die deutsche Nation an der alten Universität Orléans und ihre Mitglieder im 14., 15. und 16. Jahrhundert*, Ms. 1976.

– 1986: Die Rechtsschule von Orléans und ihre deutschen Studenten im späten Mittelalter, in: Fried 1986, S. 407-438.

Johanek, Peter, 1986: Klosterstudien im 12. Jahrhundert, in: Fried 1986, S. 35-68.

Kibre, Pearl, 1948: *The Nations in the Mediaeval Universities*, Cambridge/Mass.

Lacroix, Benoit, 1959: Hugues de Saint-Victor et les conditions du savoir au moyen âge, in: Charles J. O'Neil (Hg.), *An Etienne Gilson Tribute*, Milwaukee, S. 118-134.

Lindner, Rolf, 1990: *Die Entdeckung der Stadtkultur. Soziologie aus der Erfahrung der Reportage*, Frankfurt/M.

Luschin von Ebengreuth, Arnold, 1892: *Vorläufige Mittheilungen über die Geschichte deutscher Rechtshörer in Italien*, Akademie Wien, Sitzungsberichte der philologisch-historischen Classe, Bd. 127, 2. Abh.

Marchand, Joseph, 1900: *L'université d'Avignon aux XVIIe et XVIIIe siècles*, Paris.

Merton, Robert King, 1968: *Social Theory and Social Structure*, New York.

Michels, Robert, 1925: Materialien zu einer Sociologie des Fremden, in: *Jahrbuch für Sociologie* 1, 296-317.

Miethke, Jürgen, 1985: Die Studenten, in: Peter Moraw (Hg.), *Unterwegssein im Spätmittelalter*, Berlin, S. 49-70.

Mizruchi, Ephraim H., 1983: *Regulating Society. Marginality and Social Control in Historical Perspective*, New York.

Moraw, Peter, 1982: Aspekte und Dimensionen älterer deutscher Universitätsgeschichte, in: Peter Moraw und Volker Press (Hg.), *Academia Gissensis. Beiträge zur älteren Gießener Universitätsgeschichte*, Marburg, S. 1-43.

Oberman, Heiko A., 1979: *Werden und Wertung der Reformation. Vom Wegestreit zum Glaubenskampf*, Tübingen.

Oexle, Otto Gerhard, 1985: Alteuropäische Voraussetzungen des Bildungsbürgertums – Universitäten, Gelehrte und Studierte, in: Werner Conze und Jürgen Kocka (Hg.), *Bildungsbürgertum im 19. Jahrhundert*, Stuttgart, S. 29-78.

Pacquet, Jacques, 1982: Coût des études, pauvreté et labeur: fonctions et métiers d'étudiants au moyen âge, in: *History of Universities* 2, 15-52.

Park, Robert Ezra, 1964: *Race and Culture*, New York.

Pattison, Mark, 1868: *Suggestions on Academical Organisation. With Especial Reference to Oxford*, Edinburgh.

Platter, Thomas, 1599: *Description de Paris* [par Thomas Platter de Bâle], Paris 1896.

Ridder-Symoens, Hilde de, 1978: Les origines géographique et sociale des étudiants de la nation germanique de l'ancienne université d'Orléans (1444-1546), in: Jozef Ijsewijn and Jacques Pacquet (Hg.), *The Universities in the Late Middle Ages*, Leuven, S. 456-474.

Rössler, Emil F. (Hg.), 1855: *Die Gründung der Universität Göttingen. Entwürfe, Berichte und Briefe der Zeitgenossen*, Göttingen.

Rubin, Miri, 1987: *Charity and Community in Medieval Cambridge*, Cambridge.

Rückbrod, Konrad, 1977: *Universität und Kollegium. Baugeschichte und Bautyp*, Darmstadt.

Schütz, Alfred, 1944: The Stranger: An Essay in Social Psychology, in: ders., *Collected Papers II – Studies in Social Theory*, Den Haag 1964, S. 91-105.

Schwinges, Rainer Christoph, 1982: Studentische Kleingruppen im späten Mittelalter. Ein Beitrag zur Sozialgeschichte deutscher Universitäten, in: Herbert Ludat und Rainer Christoph Schwinges (Hg.), *Politik, Gesellschaft, Geschichtsschreibung. Gießener Festgabe für Frantisek Graus zum 60. Geburtstag*, Köln, Wien, S. 319-361.

– 1986: *Deutsche Universitätsbesucher im 14. und 15. Jahrhundert. Studien zur Sozialgeschichte des alten Reiches*, Stuttgart.

Simmel, Georg, 1908/⁵1968⁵: *Soziologie*, Berlin.

Spitz, Lewis W., 1984: The Importance of the Reformation for the Universities: Culture and Confessions in the Critical Years, in: James M. Kittelson und Pamela J. Transue (Hg.), *Rebirth, Reform and Resilience. Universities in Transition 1300-1700*, Columbus, Ohio, S. 42-67.

Staehelin, Andreas, 1957: *Geschichte der Universität Basel 1632-1818*, Basel.

Stelling-Michaud, Sven, 1945: Les influences universitaires sur l'éclosion du sentiment national allemand aux 15e et 16e siècles, in: Etudes suisses d'histoire générale 3, 62-73.

Stelzer, Winfried, 1978: Zum Scholarenprivileg Friedrich Barbarossas (Authentica »Habita«), in: *Deutsches Archiv für Erforschung des Mittelalters* 34, 123-165.

Stichweh, Rudolf, 1988: Inklusion in Funktionssysteme der modernen

Gesellschaft, in: Renate Mayntz u.a., *Differenzierung und Verselbständigung: Zur Entwicklung gesellschaftlicher Teilsysteme*, Frankfurt/M., S. 261-293.

– 1991: *Der frühmoderne Staat und die europäische Universität. Zur Interaktion von Politik und Erziehungssystem im Prozeß ihrer Ausdifferenzierung (16.-18. Jahrhundert)*, Frankfurt/M.

Stinchcombe, Arthur L., 1985: Productive Scholarly Networks, in: *Contemporary Sociology* 14, 436-439.

Stonequist, Everett V., 1937/1961: *The Marginal Man. A Study in Personality and Role Conflict*, New York.

Thieme, Hans, 1958: Die Rechtsstellung des Fremden in Deutschland vom 11. bis zum 18. Jahrhundert, in: *L'Etranger*, 1958, T. 1, S. 201-216.

Tuilier, André, 1981: La notion Romano-Byzantine de »Studium Generale« et les origines des nations dans les universités médiévales, in: *Bulletin philologique et historique*, 7-27.

Verger, Jacques, und Charles Vulliez, 1986: Le Moyen Age, in: Jacques Verger (Hg.), *Histoire des universités en France*, Toulouse, S. 11-137.

Wahlberg, Wilhelm Emil, 1855: Wien und Göttingen. Beitrag zur Schilderung deutscher Universitätszustände im 18. Jahrhundert, in: ders., *Gesammelte kleinere Schriften*, Bd. 3, Wien 1882, S. 324-340.

Waxin, Marie, 1939: *Statut de l'étudiant étranger dans son développement historique*, Thèse pour le doctorat, Université de Paris, Faculté de droit, Amiens.

Weigle, Fritz, 1942: Deutsche Studenten in Italien, Teil I: Die deutsche Nation in Perugia, in: *Quellen und Forschungen aus italienischen Archiven und Bibliotheken* 32, 110-188.

– 1958: Deutsche Studenten in Fermo (1593-1774). Deutsche Studenten in Italien, Teil III, in: *Quellen und Forschungen aus italienischen Archiven und Bibliotheken* 38, 243-265.

Weijers, Olga, 1979: Terminologie des universités naissantes. Etude sur le vocabulaire utilisé par l'institution nouvelle, in: Albert Zimmermann (Hg.), *Soziale Ordnungen im Selbstverständnis des Mittelalters*, 1. Halbband, Berlin, New York, S. 258-280.

Zenz, Emil, 1949: *Die Trierer Universität 1473-1798. Ein Beitrag zur abendländischen Universitätsgeschichte*, Trier.

8
Fremde im Europa der frühen Neuzeit

I

Mit Blick auf die frühe Neuzeit kann man *Fremde*, *Vagabunden* und *Periphere* voneinander unterscheiden. Wenn der Fremde in Simmels Worten »der Wanderer« ist, »der heute kommt und morgen bleibt«,[1] dann liegt die Beunruhigungsqualität des Fremden in der Gleichzeitigkeit von Distanz und Anwesenheit, Zugehörigkeit und Unzugehörigkeit. Der Vagabund dagegen wäre, um Simmels Formulierung fortzusetzen, der Wanderer, ›der heute kommt und morgen geht‹, und die Irritation, die von ihm ausgeht, richtet sich auf die Frage, ob es gelingen wird zu kontrollieren, was während der kurzen Dauer seiner Anwesenheit geschieht. Der Periphere schließlich, ein Begriffsvorschlag, den ich in der Literatur nur in einem posthum und unter den Bedingungen des Exils gleichsam versteckt erschienenen Buch von Ernst Grünfeld von 1939 finde,[2] ist weder ein Fremder noch ein Wanderer. Seine Migration vollzieht sich als Statusabstieg, ohne daß dafür eine Ortsbewegung erforderlich wäre, obwohl dieser Statusabstieg vielfach von kleinen Ortsbewegungen – der Wechsel der Quartiere der Stadt, der Weg auf die Straßen oder vor die Mauern der Stadt – begleitet wird. Der Anblick des Peripheren irritiert, weil er die Kontingenz von Lebensläufen qua Person zur Anschauung bringt, und es hat deswegen in Europa wiederholt ein religiös motiviertes Interesse gegeben, ihn in karitativ-kirchlichen Institutionen ins Zentrum der Stadt und vor die Augen aller zu bringen.[3] Juden als Fremde, Zigeuner als Vagabunden und Bettler als Periphere, dies wären prototypische Operationalisierungen der gerade genannten Leitbegriffe, die auf soziale Rollen und Gruppen verweisen, die auch für das Bewußtsein der europäischen frühen Neuzeit zentral waren.[4] Wichtiger aber als die Operatio-

---

1 Simmel 1908, 764.
2 Grünfeld 1939, insb. 3.
3 Siehe am Beispiel von Byzanz Lanata 1993, 46.
4 Ausgespart bleiben in diesem Text außereuropäische Fremde, also »Wilde« oder »Barbaren« (vgl. dazu Stichweh 1994, hier: Kap. 2); außerdem bedarf es einer

nalisierung der Unterscheidungen ist zunächst etwas anderes. Die Unterscheidungen, die ich gerade vorgeschlagen habe, sind selbst ein Produkt der frühen Neuzeit und in dieser Epoche historisch erstmals möglich. Das wird im folgenden deutlicher werden, und ich will es im Moment nur am Bedeutungsverlust einer sozialen Figur erläutern, die vielleicht wie keine zweite die Einheit dieser drei Rollen verkörperte. Dies war der *Pilger*. Der Pilger, lat. *peregrinus*, was auch sprachlich »der Fremde« heißt, war erstens überall dort, wo er hinkam, ein Fremder, und er war dies insbesondere auch deshalb, weil das Motiv der Pilgerschaft sich gerade darauf richtete zu symbolisieren, daß die Menschen auf der Erde letztlich Fremde bleiben. Zweitens bewegte der Pilger sich von Ort zu Ort, in dieser Ruhelosigkeit dem Vagabunden gleichend. Und drittens war er demonstrativ, absichtsvoll und, je weiter er sich von der Heimat entfernte, auch real arm, und sei dies nur, weil er seinen Sozialstatus und die ihm zukommenden Berechtigungen nicht unbeschadet mit auf die Reise nehmen konnte.[5] In dem Augenblick, in dem die frühe Neuzeit die Pilgerreise, also beispielsweise die Reise nach Santiago de Compostela, als ein wohlgeplantes Unterfangen ähnlich der »Grand Tour« zu veranstalten imstande war, hatte sich die Pragmatisierung des Pilgerstatus längst vollzogen und damit auch die Auflösung jener Einheit heterogener Sinnmomente, die im Begriff des Pilgers gedacht werden konnte. Insofern reflektiert die von mir eingangs vorgeschlagene dreistellige Unterscheidung einen Prozeß sozialer Differenzierung. Was für ein Typus von sozialen Rollen ist es aber, der hier einem Prozeß interner Differenzierung unterliegt? In einer ersten Annäherung möchte ich vermuten, daß es sich um verschiedene *Modelle für Inklusions/Exklusions-Beziehungen* handelt. Bei jedem dieser drei Begriffe geht es darum, die Hinsichten näher zu bestimmen und voneinander zu unterscheiden, in denen ein Anderer als zugehörig oder als unzugehörig gedacht werden kann.

Die *Unterscheidung Fremder/Einheimischer* zeichnet sich in vie-

---

Klärung des Stellenwerts des in der soziologischen Tradition wichtigen Begriffs der »Marginalität« (vgl. Stichweh 1991, hier: Kap. 7; vgl. auch Stichweh 1992); schließlich liegt in systematischer Hinsicht auf der Hand, daß der Begriff der »Peripheren« ungefähr denselben Sachverhalt meint wie die heute vielfach verwendete Semantik der »Exklusion« (siehe dazu Luhmann 1995; Stichweh 2005; Stichweh und Windolf 2009).

5 Piergiovanni 1993, 85 f.; Heal 1990, 17 f.

len Gesellschaften dadurch aus, daß sie auf mehreren Ebenen der Systembildung wiederholt werden kann und dann relativ zu der jeweils betrachteten Ebene der Systembildung Inklusions- und Exklusionsverhältnisse formuliert.[6] So ist in bezug auf die *Familie* des Mannes die in seinen Haushalt eintretende Ehefrau eine Fremde und ein Gast, und ein englischer Autor (William Heale) begründet 1609 mit dieser Zurechnungsentscheidung, daß der Mann seine Frau nicht schlagen dürfe, da er ja zur Gastfreundschaft ihr gegenüber verpflichtet sei.[7] Die Abwesenheit von Gewalt gegenüber dem Ehepartner wird also nicht aus der Nähe der ehelichen Beziehung, vielmehr gerade aus der Distanz zwischen den Ehepartnern hergeleitet. Die nächste Ebene der Systembildung ist das *Haus*. Leslie Page Moch hat auf den Sachverhalt hingewiesen, daß die europäischen Sprachen erst seit dem 17. oder 18. Jahrhundert über ein Wort für Familie verfügen, das die engeren Verwandten gegenüber dem Hauspersonal und den im Haus lebenden Lehrlingen abgrenzt.[8] Im Verhältnis zum Haus, das im Hochadel durchaus Hunderte von Personen einschließen konnte, ist jeder, der ihm nicht zugehört, ein Fremder. Eine analoge Relation stellt sich erneut ein, wenn man einen eigenen Begriff für *Nachbarn* bildet. Dann sind alle, die nicht zum Haus zählen und die auch nicht in der Nachbarschaft wohnen, Fremde.[9] Dieselbe Logik der Einschließung und der Ausschließung läßt sich noch mehrmals wiederholen, bis man schließlich beim *Königreich* angekommen ist und dann beispielsweise *régnicoles* und *étrangers* unterscheidet – und feststellt, daß diese Unterscheidung an verschiedenen Orten verschieden gehandhabt wird, also beispielsweise die portugiesischen Juden in Bordeaux im 18. Jahrhundert als *régnicoles* zählen, derselbe Personenkreis sich aber in Paris eine Behandlung als *étrangers* gefallen lassen muß.[10]

Bemerkenswert ist nun, daß sich mit Bezug auf jede dieser Ebenen der Systembildung Institutionen der Integration des Fremden

---

6 Vgl. Du Boulay 1991.
7 William Heale, *An Apologie for Women, or an Opposition to Mr. Dr. Gager His Assertion. That it was Lawfull for Husbands to Beate theire Wives*, Oxford 1609, 23, zit. bei Heal 1990, 5.
8 Moch 1992, 32.
9 Vgl. zu Nachbarschaft Shaler 1904; Abrams 1986.
10 Siehe Poussou und Malino 1988, 269.

feststellen lassen, die zugleich Institutionen der Verarbeitung der sich mit dem Fremden verbindenden Ungewißheit waren. Nur drei Beispiele will ich anführen: Gastfreundschaft als die dem Haus eigene Form des Umgangs mit Fremden; die Korporation als die Form ihrer Zulassung in der Stadt; die Immediatstellung zum Fürsten oder König als eine Art eines strukturellen Kurzschlusses, der dem Machtinhaber außer einer praktisch klugen Liberalität auch ein schnelles Reagieren auf Stimmungsumschwünge der »öffentlichen Meinung« erlaubte. Eines ist allen diesen Institutionen gemeinsam: Es ging jeweils auch um Techniken der Neutralisierung der ständischen Ordnung, die den Fremden von Hemmnissen ablösten, die sich aus der ständischen oder aus anderen Aspekten der öffentlichen Ordnung ergaben. Diese Auflösung von strukturellen Hemmnissen hatte gleichzeitig auch den Sinn, daß sie den Fremden für die ihn aufnehmende Gesellschaft nützlich werden ließ, weil sie ihm Tätigkeiten erlaubte, die für Einheimische unzulässig waren.

Gerade die Gastfreundschaft des adligen Haushalts läßt sich unter dem Gesichtspunkt beschreiben, daß sie eine standesübergreifende Interaktion herbeiführte, die sowohl als Symbol für Sozialintegration wie auch als aktualer Vollzug derselben diente.[11] Dabei konnte man die Fremden unbesorgt disproportional ehren, da sie mit keinem lokalen Interesse konkurrierten und der Gastgeber sich in der Großzügigkeit ihnen gegenüber selbst Ehre erwies,[12] ohne in lokale Verteilungskonflikte hinsichtlich Ehre (und anderer Ressourcen) zu intervenieren. Weiterhin schloß die Gastfreundschaft Naturalgaben an die Armen der Gemeinde ein, so daß von der *als Gastfreundschaft interpretierten Einheit des Hauses* her soziale Spaltungen von Armen, Fremden, lokalen Eliten und vergleichsweise standesniedrigen Personen des Ortes temporär überspielt werden konnten.[13] Der Fremde bot dann einmal mehr eine günstige Gelegenheit für die demonstrative Ausübung von Großzügigkeit, die zugleich demonstrierte Gleichgültigkeit gegenüber der Frage seines Status war und die im übrigen als Großzügigkeit

11 Hierzu und zum folgenden exzellent Heal 1990.
12 Vgl. zur Fortdauer eines solchen semantisch-strukturellen Komplexes im gegenwärtigen Griechenland Du Boulay 1991.
13 Vgl. Guazzo 1599, 177, zur Magnifizenz des Adels: »ihr Hauß nit weniger gegen den Außländischen/als den Bürgern und sonderlich den armen und tugendreichen/offen stehet.«

für den Fall vorsorgte, daß er sich überraschend als von hohem Rang erweisen sollte. Felicity Heal hat eine solche Struktur für das England des 16. und frühen 17. Jahrhunderts detailliert belegt, und sie weist nach, daß der König in den ersten Jahrzehnten des 17. Jahrhunderts – und dies typischerweise in Jahren mit schlechten Ernten – seinen Adel wiederholt zwang, London zu verlassen und sich auf die Landsitze zu begeben. Die Sorge, die unter den Königen jener Jahrzehnte James am schärfsten formuliert hat, war die, daß die ›natürlichen Herrscher Englands‹ (wie er *nobility* und *gentry* nennt) »doe rather fall to a more private and delicate course of life, after the manner of forreine Countreys«. Würden sie aber zu einer solchen von Privatheit geprägten Lebensführung übergehen, dann vernachlässigten sie »that mutuall comfort between the Nobles and Gentlemen, and the inferiour sort of Commons«.[14] In allen Beschreibungen tritt immer wieder hervor, daß Fremde und Arme wesentlich auch die Funktion haben, dem Gastgeber zu erlauben, seinen Beitrag zu einer kollektiven Handlungseinheit zu artikulieren, und daß sie in diesem Sinn für ihn eine Legitimationschance sind.[15] Andererseits ist unübersehbar, daß sich seit dem 16. Jahrhundert die Kontexte des *Almosengebens* und der *Bewirtung* von Fremden deutlicher voneinander differenzieren und daß dies auch durch den Übergang von *Naturalgaben* zu *Geldgaben an Arme* pointierter hervortritt, da an Geldgaben das Moment der Trennung im Akt der Übergabe auffällt und nicht mehr die durch den Verzehr von Nahrung im Umkreis des Hausherrn hergestellte Gemeinsamkeit.[16] Ein weiteres Moment, das in dieselbe Richtung wirkte, war eine klarere Unterscheidung von einheimischen und fremden Bettlern, die den einheimischen Bettlern die Statusvorteile des Fremden nahm und sie insofern auf die Figur des Peripheren hindrängte[17] und die gleichzeitig die fremden Bettler zu Vagabunden werden ließ und sie insofern in die Illegitimität abdrängte.

Zwei weitere Formen der Integration des Fremden will ich hier nur kurz diskutieren: die Korporation von Fremden und die Immediatstellung von Fremden im Verhältnis zum Fürsten oder König.

14 Heal 1990, 118f.
15 Vgl. ebd., 22.
16 Vgl. ebd., 15f.
17 Vgl. für Deutschland Härter 1993, 103ff.

Auch im Fall *korporativer Integration von Fremden*[18] fällt die anfängliche Diffusität in der Auffassung von Fremden und die Prominenz religiöser Motive auf. So entstehen in der Mitte des 15. Jahrhunderts in vielen italienischen Städten Korporationen von Fremden, die sich zunächst als religiös-humanitäre Bruderschaften konstituieren.[19] Um ein Beispiel zu zitieren: die von Fritz Weigle untersuchte »Societas Ultramontanorum« in Perugia, die seit 1441 nachweisbar ist und bei der es sich anfangs um eine religiöse Bruderschaft deutscher und französischer Handwerker und Kaufleute handelte. Studenten beider Nationalitäten kamen in der Folge hinzu, und im 16. und 17. Jahrhundert vollzog sich ein Differenzierungsprozeß in der Form nationaler und beruflicher Spezifikation der Korporation: Französische Mitglieder wurden hinausgedrängt, Handwerker und Kaufleute wurden zu Mitgliedern minderer Dignität, die nicht an allen Berechtigungen der Korporation partizipierten, und mit dem 1697 schließlich gefaßten Beschluß, daß künftig keine Handwerker und Kaufleute mehr aufgenommen werden sollen, war der Prozeß der Bildung einer nationalen Korporation deutscher Studenten in Perugia zum Abschluß gekommen.[20] Insofern ließ sich hier ähnlich wie im Fall der Gastfreundschaft ein Sortierungsprozeß beobachten, der Mitgliedschaftsbedingungen spezifizierte und in die Klasse der Fremden Unterscheidungen einführte und der zudem die funktionale Spezialisierung und die nationale Zugehörigkeit gegenüber dem schlichten Faktum der Fremdheit hervortreten ließ.

Natürlich gilt auch für die Institution der *Immediatstellung der Fremden* im Verhältnis zum Fürsten oder zum König,[21] mittels deren die Fremden, wie es in Frankreich immer wieder heißt, explizit zu *régnicoles* erklärt werden, daß sie als die oberste Ebene der Inklusion / Exklusion von Fremden auf eine Nationalisierung in der Auffassung des Fremden hindrängt. Vor allem aber fungiert der Monarch als eine handlungsfähige Spitze oberhalb der ständischen Ordnung, der für Fremde Positionen definieren kann, die es erlauben, wahrgenommene Lücken in der Sozialstruktur auszufüllen.[22]

---

18 Vgl. dazu auch am Beispiel spätmittelalterlicher und frühneuzeitlicher Universitätsmitglieder Stichweh 1991 (hier: Kap. 7).
19 Weigle 1942, 152 f.
20 Weigle 1942, 146 ff.; Dotzauer 1976, 94.
21 Coser 1972; Gilissen 1958, insb. 37.
22 Zur Theorie der Statuslücke Rinder 1958.

Ein schönes Beispiel sind die hugenottischen Bankiers in Frankreich, die nach der Revokation des Toleranzedikts von Nantes das Land verlassen mußten und die, wie Herbert Lüthy gezeigt hat, in der Gestalt des schweizerischen, insbesondere Genfer Bankiers nach Frankreich zurückkehrten, und dies in einer Reihe von Fällen unter Wahrung der Kontinuität der Familie.[23] Jean-Pierre Poussou hat – die französische frühneuzeitliche Situation zusammenfassend – betont, daß an der Spitze des Staates konsistent jede Xenophobie abwesend war. Gruppen von Fremden konnten sich in Frankreich am ehesten noch auf die Stützung durch den Monarchen verlassen, aber zugleich war auch auffällig, daß der Monarch und seine Berater immer auf ein vorsichtiges Einberechnen von möglichen Stimmungswechseln in der Volksmeinung bedacht waren.[24]

II

Auf die Beziehung des Fremden zum frühneuzeitlichen Staat komme ich zurück, möchte aber zunächst einen sozialstrukturell fundamentalen Sachverhalt betonen. Meine These ist, daß *zum ersten Mal in der europäischen frühen Neuzeit die Anwesenheit von Fremden in einer Unzahl von Situationen sozialen Kontakts, in allen Sozialsystemen und in allen Positionen der sozialen Hierarchie eine unhintergehbare Erfahrung war und daß dies die Wahrnehmung des Fremden fundamental umstrukturiert hat.*[25] Zunächst einmal ist der König selbst oder der Fürst in vielen Fällen ein Fremder. Beispielsweise waren die Hohenzollern in Brandenburg zweifellos Fremde, und sie selbst haben dieses Moment dadurch verstärkt, daß sie fremde, insbesondere auch fränkische, Beamte rekrutierten, schließlich sogar noch zu einer fremden Konfession wechselten und in der Folge, wie es Friedrich Wilhelms politisches Testament seinem Nachfolger explizit nahelegte, reformierte Beamte aus fremden Territorien

23 Lüthy 1959/1961.
24 Poussou in Poussou und Malino 1988, 235; mit gleichem Ergebnis in der Sache Dubost und Sahlins 1999.
25 Gerade unter Soziologen findet sich häufig noch die Vorstellung, die Gesellschaft des frühneuzeitlichen Europa sei angemessen beschrieben, wenn man sie aus lokalen Gemeinschaften einander lange vertrauter Personen, die kaum je Fremden begegneten, bestehen läßt. Siehe etwa Giesen und Junge 1991, 262.

den einheimischen lutherischen Beamten vorzogen.[26] Selbst wenn der Monarch einheimisch war, war es um so wahrscheinlicher, daß die Frau des Königs, wegen des Imperativs einer standesgemäßen Heirat und um der Interessenverflechtung der europäischen Fürstenhäuser willen, eine Fremde war. Entsprechendes galt für die Verbindungen der Prinzessinnen des Herrscherhauses mit ausländischen Fürstenhäusern.[27] In allen diesen Fällen einer ehelichen Verbindung mit fremden Fürstenhäusern wurden nicht nur einzelne fremde Personen importiert, sondern es vollzog sich dadurch ausgelöst eine Migration von Beratern, Künstlern und kulturellen Präferenzen, die den kulturellen Stil eines Hofes und damit auch eine landesweite kulturelle Präferenzhierarchie prägen konnten.

Die Tendenz zur Rekrutierung fremder Beamter hatte ich eben schon registriert. Diese reichte wiederum bis zu den höchsten Stellungen im Staat, wie das Beispiel des Italieners oder Sizilianers Mazarin, gerade auch wegen der Ambivalenz und Feindseligkeit, die ihm in Frankreich lange begegnete und ihn zeitweise sogar zum Verlassen des Landes zwang, gut belegt. Für die Rekrutierung fremder Beamter konnte es vielfältige Motive geben: ein Mangel an eigenem berufbaren Adel; der Wunsch der Zurückdrängung des eigenen Adels wegen dessen ständischen Mitwirkungsansprüchen; eine Tendenz des eigenen Adels, Beamtenstellungen in fremden Territorien vorzuziehen, weil der Adel die Erhaltung der ständischen Position einerseits und die eingegangene persönliche Dienstabhängigkeit andererseits voneinander trennen wollte; der Wunsch des Monarchen, Beamte in von ihm abhängigen Stellungen zu schaffen; eine Präferenz für Kompetenz, z. B. die Kompetenz gelehrter Beamter; die bereits angeführten konfessionellen Motive und viele andere Gründe mehr.

Die Besetzung militärischer Positionen mit Fremden ist eine nächste Klasse von Schlüsselstellungen. Dies galt sowohl für die Besetzung von Offiziersstellen wie für die breit angelegte Rekrutierung ausländischer Truppen. Die Abwesenheit eines nationalen Vorbehalts ist auffällig. Noch kurz vor der Französischen Revolution empfiehlt ein Mémoire von 1780 die Rekrutierung fremder Truppen als ein geeignetes Instrument der internationalen Verflechtung des französischen Staats:

26 Siehe ausführlich dazu Opgenoorth 1967.
27 Vgl. Poussou in Poussou und Malino 1988, 219-221.

L'entretien des troupes étrangères multiplie les relations politiques d'un État avec les nations qui les lui fournissent, établit son influence sur elles, étend son commerce en raison de leurs besoins ou de leur industrie, leur inspire enfin pour ce même État un attachement qui augmente sa prépondérance dans le système général.[28]

Statt diese Diagnose einer sich abzeichnenden Omnipräsenz des Fremden durch eine vollständige Hierarchie sozialer Rollen durchzudeklinieren, möchte ich einen allgemeineren Sachverhalt betonen: die *extreme Häufigkeit von Migration im frühneuzeitlichen Europa*, die in ländlichen und in städtischen Regionen den Kontakt mit Fremden, sei es als Folge eigener Migrationsentscheidungen, sei es, weil man mit eingewanderten Fremden zu tun hatte, zu einer Selbstverständlichkeit werden ließ. Für diese These kann man die Forschungen über Protoindustrialisierung, über saisonale Arbeitsmigration aus ländlichen in andere ländliche Gebiete und in städtische Regionen Europas – und zwar teilweise über die sich herausbildenden staatlichen Grenzen hinweg – heranziehen. Die saisonale oder, wie es in der Migrationsforschung auch heißt, zirkuläre Migration im Bereich von Landwirtschaft, Textilverarbeitung und Metallverarbeitung sowie die lokale Migration beispielsweise des Hauspersonals sind die typischen und massenhaft genutzten Migrationsmuster des 17. und 18. Jahrhunderts. Leslie Page Moch hat die Forschungen dazu in einem Buch von 1992 auf instruktive Weise zusammengefaßt.[29]

Bemerkenswert sind weiterhin die Befunde zur Bevölkerungszusammensetzung in Städten. Wenn man sich die Bürgerbücher deutscher Städte in der frühen Neuzeit ansieht, beträgt der Anteil von Einwanderern unter den in die Bürgerbücher eingetragenen Personen in der Regel mehr als 50 Prozent.[30] Nun machten diejenigen Bewohner der Stadt, die ein Bürgerrecht erlangt hatten, nur ungefähr 40-60 Prozent der Bevölkerung der Stadt aus.

---

28 »Der Unterhalt fremder Truppen vervielfältigt die politischen Beziehungen eines Staats zu den Nationen, die ihm diese zur Verfügung stellen, etabliert seinen Einfluß auf diese, dehnt durch ihre Bedürfnisse und ihre Gewerbe veranlaßt seinen Handel aus, und inspiriert schließlich in ihnen im Verhältnis zu diesem Staat eine Verbundenheit, die seine vorherrschende Stellung im allgemeinen System stärkt«; zit. bei Poussou, in: Poussou und Malino 1988, 206 f., Übersetzung R. S.).

29 Moch 1992.

30 Hierzu und zum folgenden Hochstadt 1983.

In den anderen Statusgruppen in der Stadt – Beisassen, Einlieger, Einwohner, schließlich Lehrlinge, Handwerker, Hauspersonal – lag der Anteil der Einwanderer meist deutlich über 50 Prozent und erreichte bei Lehrlingen und Hauspersonal teilweise Werte um 90 Prozent. In diesen Daten, die Steve Hochstadt aus der für Fragen dieses Typs reichen lokalgeschichtlichen Forschung zusammengestellt hat, wird der Umfang der Migration im übrigen aus zwei Gründen unterschätzt. Es handelt sich immer um Momentaufnahmen, die zwei Typen von Ortsbewegungen nicht erfassen: unberücksichtigt bleibt die Migration einheimischer Bürger, die ihre Geburtsstadt zeitweise verlassen hatten, die zum Erhebungszeitpunkt aber zurückgekehrt waren; und es fehlen die in früheren Jahren eingewanderten Fremden, die aus der betreffenden Stadt zum Zeitpunkt der Zählung bereits wieder ausgewandert waren. Vereinzelte Befunde deuten auf eine erstaunliche langfristige Instabilität. So waren in einer nordbayerischen Reichsstadt (Weißenburg), die 1720 ca. 1000 Einwohner aufwies, nur zwanzig Familien festzustellen, die bereits 1550 in der Stadt gelebt hatten. Steve Hochstadt hat aus verschiedenen Quellen Migrationsraten für deutsche Städte vor 1800 zu errechnen versucht. Bei Einbeziehung aller Wanderungen, wie sie in modernen Melderegistern auftauchen würden, kommt er auf Raten von bis zu einem Zehntel der Bevölkerung pro Jahr.[31] Das wäre eine höhere Migrationsrate, als sie im größten Teil des 19. und 20. Jahrhunderts zu beobachten war (in den siebziger Jahren des 20. Jahrhunderts ca. 6 Prozent pro Jahr). Nur im Zeitraum von 1890 bis 1914 lassen sich deutlich höhere Migrationsraten feststellen, die unmittelbar vor Beginn des Ersten Weltkriegs ein Fünftel der Bevölkerung pro Jahr erreichen konnten. Verknüpfen sollte man diese Daten mit der Beobachtung, daß das Bürgerrecht in Städten an Bedeutung verlor. Rödel notiert für Mainz, dort sei spätestens seit 1770 »das Bürgerrecht mehr und mehr als eine Ehrenpflicht angesehen worden […], die sich letztlich nicht mehr einzugehen lohnte, da man als Beisasse oder Tolerierter ähnliche Rechte in Anspruch nehmen konnte«.[32] Ähnlich eine Studie zu Göttingen,[33] die belegt, wie nach 1690 das Bürgerrecht nacheinander von oben und von unten ausge-

---

31 Ebd., 208f.
32 Rödel 1985, 77.
33 Brückner u. a. 1988.

höhlt wurde. Die Stadt drohte im späten 17. Jahrhundert wegen der hohen Kosten bei der Erlangung des Bürgerrechts nur noch aus Fremden zu bestehen. Also senkte man 1690 die Kosten; damit aber wurde das Bürgerrecht tendenziell für alle Gruppen erreichbar und verlor den Status eines Privilegs. Nach 1718 kam es zu einer gewohnheitsmäßigen Schenkung des Bürgerrechts an jedermann. Gleichzeitig wurde durch eine Landesverordnung von 1718 für eine neue Gruppe kapitalkräftiger Zuwanderer erklärt, daß sie auf das Bürgerrecht der Stadt Göttingen explizit verzichten könnten, daß sie weiterhin unter keiner städtischen Obrigkeit (außer in Strafsachen) stünden und daß sie dessenungeachtet Mitglieder des Magistrats werden oder zu städtischen Bedienungen herangezogen werden könnten.

Es ist offensichtlich, wie hier die Unterscheidung von Einheimischen und Fremden für die Regelung von Inklusions/Exklusions-Beziehungen zunehmend an Instruktivität verliert. Es bilden sich gerade in der Stadt moderne Interaktionsmuster heraus, die nicht mehr mittels einer *Unterscheidung von Einheimischen und Fremden* überzeugend reguliert werden können, für die vielmehr gilt, daß sie in der Regel mit einer Unterscheidung auskommen, die Personen nach dem Kriterium *bekannt/unbekannt* klassifiziert. Je nach situativem und handlungsmäßigem Wissensbedarf kann man dann die relative Unbekanntheit einer Person explorieren oder sich auch für einen begrenzten Kontakt damit begnügen, daß die andere Person im wesentlichen unbekannt bleibt. Gleichzeitig treten weitere Unterscheidungen und damit dritte Positionen jenseits von fremd/einheimisch ihren Siegeszug an. Eine davon ist die Unterscheidung *persönlich/unpersönlich*. Unpersönliche Beziehungen kann man sowohl mit Fremden wie mit Einheimischen unterhalten, so daß im Maße der Expansion unpersönlicher Beziehungen die Unterscheidung fremd/einheimisch an Informationswert verliert. Hinzu tritt die moderne Leitfigur der *Indifferenz*. In der Stadt ist man Tausenden von flüchtigen Kontakten und Begegnungen gegenüber indifferent, und man kann in dieser Einstellung der Indifferenz verbleiben, ohne einen binären Sortiermechanismus (vom Typus fremd vs. eigen) zu benutzen.

Parallel dazu treten die Begriffe, mit deren Hilfe man innerstaatliche Fremde identifizierte, zurück. Es gab im frühneuzeitlichen Europa eine klassische begriffliche Unterscheidung von *Einwohnern* und *Bürgern*. Bürger waren nicht unmittelbar Bürger des Staates, sondern sie waren als Bürger Mitglieder einer lokal begrenzten Korporation, und ihre Rechte im Staat ergaben sich aus dieser Mitgliedschaft. Einwohner waren demgegenüber innerstaatliche Fremde, deren Berechtigungen nicht die gleiche Qualität hatten wie die der Bürger.[34] Das reflektierte sich unter anderem in der Unterscheidung von *Recht* und *Polizei*, die sich mit derjenigen von Bürgern und Einwohnern parallelisieren ließ. So noch Rudhart (1812) in einer Enzyklopädie der Rechtswissenschaft: »Die Justiz ergreift den Menschen blos als Bürger die Polizey als Bewohner.«[35] Parallel zu der Kontinuierung dieser bereits dem Mittelalter vertrauten Semantik von Bürgern und Einwohnern wird sie in der frühen Neuzeit auch durch eine neu hinzutretende Unterscheidung von *Untertanen* und *Bürgern* überlagert.[36] Im Begriff des Untertanen werden die verschiedenen Mitglieder des Staates im Verhältnis zur Souveränität des Monarchen homogenisiert, demgegenüber ist der Status des Bürgers jetzt eine eher residuale lokale Berechtigung.[37]

Diese frühneuzeitliche semantisch-politische Welt wird im Übergang zum 19. Jahrhundert durch einen entscheidenden Schritt in der Konstitution des modernen Staates aufgelöst. Dieser Schwellenübergang setzt wiederum zwei Innovationen voraus, die in vielen Fällen eng miteinander gekoppelt sind:

1. Die Entstehung einer Staatlichkeit, die auf einem *staatsbezogenen Bürgerrecht* ruht, das Mitwirkungsrechte und Mitwirkungs-

---

34 Vgl. als Definition des Begriffs der Einwohner Bielefeld 1764, I, 101f.: »Durch Einwohner endlich versteht man Leute, die sich in einem Lande niedergelassen und gesetzet haben; und die gemeiniglich gewisser Vorrechte genießen, die durch Verträge mit den Oberherrn bestimmet worden; und die man ihnen halten muß; die aber übrigens sogleich den Gesetzen des Staates unterwürfig werden, wie andere Bürger.«

35 Rudhart 1812, 43f., unterscheidet weiterhin »Rechtsinstitute«, die sich auf den Bürger, von »Anstalten«, die sich auf die Einwohner beziehen. Offensichtlich sind hier Bürger und Einwohner schon nicht mehr als zwei distinkte Klassen von Personen gemeint: Alle Bürger, die es gibt, sind in anderer Hinsicht auch Einwohner, andererseits gibt es aber Einwohner, die keine Bürger sind.

36 Vgl. dazu auch Luhmann 1989, 86.

37 Vgl. Zedler 1733, Spalte 1876: »Kan also diverso respectu einer ein Bürger und ein Unterthan seyn, ein Bürger nach der bürgerlichen Societaet, ein Unterthan aber ratione reipublicae.«

pflichten für Bürger und weiterhin Rechte der Partizipation an den Leistungen des Staates impliziert.[38]

2. Eine *Nationenbildung*, die die Nation als ein kulturell konstituiertes System versteht, das in seiner Extension idealiter mit jener Population zusammenfällt, die zugleich auch die Bürger des Staates umfaßt.[39]

Spätestens als eine Folge dieser Umstellungen verliert der innerstaatliche Fremde, der in die Hierarchie einer Pluralität abgestufter Mitgliedschaftsstatus gut einpaßbar war, seinen Platz im politischen System des Staates. Wenn er noch vorkommt, kann sein Status prekär werden. Eine der Folgen ist, daß diese Innovationen deutlicher als je zuvor das Judentum als eine Gruppe hervortreten lassen, für die sich die zweifache Frage stellte, wie ihr Verhältnis zur Souveränität des Staates aussah:[40] Ob die Mitglieder der jüdischen Gemeinschaft der Nation als einer »Gefühlsgemeinschaft« zugehören wollten und ob sie ihren Dispositionen nach dazu überhaupt imstande waren.

Was bedeuten diese strukturellen Umbrüche für die drei eingangs vorgestellten Leitfiguren des Fremden, des Peripheren und des Vagabunden? Der Vagabund verliert in der Moderne zweifellos an Bedeutung. Die Beunruhigungsqualität, die beispielsweise von Zigeunern im 19. und 20. Jahrhundert ausgeht, erreicht bei weitem nicht das Ausmaß, das im frühneuzeitlichen Europa beobachtbar war. Das mag damit zu tun haben, daß in der frühen Neuzeit bis ins 19. Jahrhundert hinein die Kontrolle innerstaatlicher Grenzen und Migrationsvorgänge vielfach rigider war als die Kontrolle der die staatlichen Grenzen überschreitenden Migration.[41] Also verliert mit dem Bedeutungsverlust innerstaatlicher Grenzen auch das Phänomen grenzüberschreitender Migration an Auffälligkeit. Für den Fremden gilt, wie gerade schon registriert, daß er in der Moderne

---

38 Vgl. dazu in Termini einer Theorie des »Inklusion« Stichweh 1988; vgl. ders. 2000, Kap. 3-5; ders. 2005, 67-81.
39 Vgl. zum Zusammenhang dieser beiden Innovationen Krejcí und Velímsky 1981; zum Zusammenhang von Staatsbildung, Nation und funktionaler Differenzierung Hahn 2000.
40 Gerade am Ende des 18. Jahrhunderts taucht immer wieder die – polemisch gestellte – Frage auf, inwiefern die Juden einen Staat innerhalb des Staates bilden. Vgl. Poussou und Malino 1988, 268 f. (zu C. G. de Malesherbes); La Vopa 1993, 680 f. (zu J. G. Fichte).
41 Vgl. dazu auch Noiriel 1991.

primär in der Rolle des außerstaatlichen Fremden auftritt, und d. h. weiterhin, daß die Wahrnehmung von Fremdheit sich vor allem auf das Verhältnis zur Nation konzentriert.[42] Der Periphere schließlich ist einerseits Bürger des Staates. Insofern kommt ihm im Prinzip das Recht zu, an den Segnungen des Wohlfahrtsstaates zu partizipieren. Andererseits verzeichnet er einen Statusverlust. Durch die Auflösung der diffusen Einheit unserer drei Leitfiguren, wie sie in Termini der Gastfreundschaft und der Pilgerschaft formuliert worden war, verliert der Periphere das kulturelle Privileg der gleichsam religiösen Scheu, mit der ihm vielfach begegnet wurde, und er ist in der Folge ohne eine solche ihn privilegierende Wahrnehmung für das soziale System, dem er angehört, oft nur noch eine Last.[43] *Exklusion*, d. h. die Nichtzugehörigkeit des Peripheren zu den kommunikativ konstituierten Funktionssystemen der modernen Welt, ist eine gegenwärtig viel diskutierte Diagnose, die darauf reagiert.

---

42 Vgl. am Beispiel der Analysen Carl Schmitts Balke 1992.
43 Auch in der Gegenwart finden sich Formeln der Fortsetzung einer moralisch-selbstreflexiv gemeinten Auszeichnung des Peripheren. So jener Düsseldorfer Superintendent, der die Schaffung eines in der Königsallee tätigen privaten Wachdienstes, als dessen Aufgabe auch eine Verdrängung der immer zahlreicheren Bettler gedacht war, mit den Worten kommentierte: »In unserer Wohlstandsgesellschaft erlauben wir uns Armut, also *müssen wir sie auch sichtbar erhalten.*« (Zit. n. *Frankfurter Allgemeine Zeitung*, Magazin 22.7.94, S. 4; Hervorhebung R. S.)

Literatur

Abrams, Philip, 1986: *Neighbours. The Work of Philip Abrams*, hg. von Martin Bulmer, Cambridge.

Balke, Friedrich, 1992: Die Figur des Fremden bei Carl Schmitt und Georg Simmel, in: *Sociologia Internationalis* 30, S. 35-59.

Bielefeld, Jacob Friedrich, 1764: *Des Freyherrn von Bielefeld Lehrbegriff der Staatskunst*, 2 Bde., 2. Aufl., Breslau, Leipzig.

Brückner, Carola, u. a., 1988: Vom Fremden zum Bürger: Zuwanderer in Göttingen 1700-1755, in: Hermann Wellenreuther (Hg.), *Göttingen 1690-1755. Studien zur Sozialgeschichte einer Stadt*, Göttingen, S. 88-174.

Coser, Lewis, 1972: The Alien as a Servant of Power: Court Jews and Christian Renegades, in: *American Sociological Review* 37, 574-581.

Dotzauer, Winfried, 1976: Deutsches Studium in Italien unter besonderer Berücksichtigung der Universität Bologna, in: *Geschichtliche Landeskunde* 14, 84-130.

Dubost, Jean-Francois, und Peter Sahlins, 1999: *Et si on faisait payer les étrangers*, Paris.

Du Boulay, Juliet, 1991: Strangers and Gifts: Hostility and Hospitality in Rural Greece, in: *Journal of Mediterranean Studies* 1, 37-53.

Giesen, Bernhard, und Kay Junge, 1991: Vom Patriotismus zum Nationalismus. Zur Evolution der »Deutschen Kulturnation«, in: Bernhard Giesen (Hg.), *Nationale und kulturelle Identität. Studien zur Entwicklung des kollektiven Bewußtseins in der Neuzeit*, Frankfurt/M., S. 255-303.

Gilissen, John, 1958: Le statut des étrangers, à la lumière de l'histoire comparative, in: *L'Étranger. Recueils de la société Jean Bodin*, Bd. 9 und 10 (hier: Bd. 9), Brüssel, S. 5-57.

Grünfeld, Ernst, 1939: *Die Peripheren. Ein Kapitel Soziologie*, Amsterdam.

Guazzo, Stephan, 1599: *De Civili Conversatione, Das ist, Von dem Bürgerlichen Wandel und zierlichen Sitten*, Frankfurt/M.

Härter, Karl, 1993: Entwicklung und Funktion der Policeygesetzgebung des Heiligen Römischen Reiches Deutscher Nation im 16. Jahrhundert, in: *Ius Commune* 20, 61-141.

Hahn, Alois, 2000: Staatsbürgerschaft, Identität und Nation in Europa, in: Klaus Holz (Hg.), *Staatsbürgerschaft. Soziale Differenzierung und politische Inklusion*, Opladen, S. 53-72.

Heal, Felicity, 1990: *Hospitality in Early Modern England*, Oxford.

Hochstadt, Steve, 1983: Migration in Preindustrial Germany, in: *Central European History* 16, 195-224.

Krejcí, Jaroslav, und Vítezslav Velímsky, 1981: *Ethnic and Political Nations in Europe*, London.

Lanata, Giuliana, 1993: Figure dell'altro nella legislazione giustinianea, in:

Laurent Mayali und Maria M. Mart (Hg.), *Of Strangers and Foreigners (Late Antiquity – Middle Ages)*, Berkeley, S. 19-46.

La Vopa, Anthony J., 1993: Jews and Germans: Old Quarrels, New Departures, in: *Journal of the History of Ideas* 54, 675-695.

Lüthy, Herbert, 1959/1961: *La Banque Protestante en France de la Révocation de l'Édit de Nantes à la Révolution*, 2 Bde., Paris.

Luhmann, Niklas, 1989: Staat und Staatsräson im Übergang von traditionaler Herrschaft zu moderner Politik, in: ders., *Gesellschaftsstruktur und Semantik. Studien zur Wissenssoziologie der modernen Gesellschaft*, Bd. 3, Frankfurt/M., S. 65-148.

– 1995: Inklusion und Exklusion, in: ders., *Soziologische Aufklärung 6. Die Soziologie und der Mensch*, Opladen, S. 237-264.

Moch, Leslie Page, 1992: *Moving Europeans. Migration in Western Europe since 1650*, Bloomington und Indianapolis.

Noiriel, Gérard, 1991: *La tyrannie du national. Le droit d'asile en Europe (1793-1993)*, Paris.

Opgenoorth, Ernst, 1967: *»Ausländer« in Brandenburg-Preußen. Als leitende Beamte und Offiziere 1604-1871*, Würzburg.

Piergiovanni, Vito, 1993: The Itinerant Merchant and the Fugitive Merchant in the Middle Ages, in: Laurent Mayali und Maria M. Mart (Hg.), *Of Strangers and Foreigners (Late Antiquity – Middle Ages)*, Berkeley, S. 81-96.

Poussou, Jean-Pierre, und Frances Malino, 1988: Teil 3, in: Yves Lequin, *La mosaïque France. Histoire des étrangers et de l'intégration*, Paris, S. 203-312.

Rinder, Irwin D., 1958: Strangers in the Land: Social Relations in the Status Gap, in: *Social Problems* 6, 253-260.

Rödel, Walter G., 1985: *Mainz und seine Bevölkerung im 17. und 18. Jahrhundert. Demographische Entwicklung, Lebensverhältnisse und soziale Strukturen in einer geistlichen Residenzstadt*, Stuttgart.

Rudhart, Ignaz, 1812: *Encyclopaedie und Methodologie der Rechtswissenschaft*, Würzburg.

Shaler, Nathaniel S., 1904: *The Neighbor. The Natural History of Human Contacts*, Boston und New York.

Simmel, Georg, 1908: *Soziologie. Untersuchungen über die Formen der Vergesellschaftung* (= *Gesamtausgabe*, Bd. 11), Frankfurt/M.

Stichweh, Rudolf, 1988: Inklusion in Funktionssysteme der modernen Gesellschaft, in: ders., *Inklusion und Exklusion. Studien zur Gesellschaftstheorie*, Bielefeld 2005, S. 13-44.

– 1991: Universitätsmitglieder als Fremde in spätmittelalterlichen und frühmodernen europäischen Gesellschaften, in: Marie Theres Fögen (Hg.), *Fremde der Gesellschaft. Historische und sozialwissenschaftliche Un-

tersuchungen zur Differenzierung von Normalität und Fremdheit, Frankfurt/M., S. 169-191 (hier: Kap. 7).
- 1992: Der Fremde – Zur Evolution der Weltgesellschaft, in: *Rechtshistorisches Journal* 11, S. 295-316.
- 1994: Fremde, Barbaren und Menschen. Vorüberlegungen zu einer Soziologie der »Menschheit«, in: Peter Fuchs (Hg.), *Der Mensch – das Medium der Gesellschaft?*, Frankfurt/M., S. 72-91 (hier: Kap. 2).
- 2000: *Die Weltgesellschaft. Soziologische Analysen*, Frankfurt/M.
- 2005: *Inklusion und Exklusion. Studien zur Gesellschaftstheorie*, Bielefeld.

Stichweh, Rudolf, und Paul Windolf (Hg.), 2009: *Inklusion und Exklusion: Analysen zur Sozialstruktur und sozialen Ungleichheit*, Wiesbaden.

Weigle, Fritz, 1942: Deutsche Studenten aus Italien, Teil I: Die deutsche Nation in Perugia, in: *Quellen und Forschungen aus italienischen Archiven und Bibliotheken* 32, 110-188.

Zedler, Johann Heinrich, 1733: Bürger, in: *Grosses vollständiges Universal Lexikon Aller Wissenschafften und Künste*, Bd. 4, Halle, Leipzig, Sp. 1875-1878.

9
Ambivalenz, Indifferenz und die Soziologie des Fremden

I

Die folgenden Überlegungen werden dem Thema der Ambivalenz am Beispiel der Soziologie des Fremden nachgehen. Das scheint ein naheliegender Zusammenhang, weil sich Ambivalenz in einer ersten Annäherung mit der Überraschungsqualität des Fremden verbindet. Der Fremde tritt unerwartet auf, ist vielleicht ein Schiffbrüchiger unbekannter Herkunft und mit unbekanntem Namen. Vor allem ist er in seiner ontischen Qualität unbestimmt. Ist er ein Gott, ein Engel, der eine Botschaft überbringt, vielleicht der Geist eines Ahnen? Ist er, wie im Fall des Odysseus, der lange totgeglaubte Ehemann, oder schließlich, wie dies für Ödipus galt, der Mörder seines Vaters, der die eigene Mutter geehelicht hat? Es könnte an dieser Liste auffallen, daß der Fremde eigentlich gar kein Fremder ist, daß er eigene Möglichkeiten der Gesellschaft verkörpert, die inhibiert wurden oder die zeitweise nicht hinreichend beachtet worden sind. Ambivalenz gegenüber dem Fremden wäre dann immer selbstbezogene Ambivalenz von Gesellschaften, die sogar als Stammesgesellschaften nichts anderes sein können als Weltgesellschaften, weil sie nichts zu denken imstande sind, das außerhalb der korrelativ zu ihnen entstehenden Welt läge. Der Fremde verkörperte eigene abgewiesene oder illegitime Möglichkeiten, die über ihn unhintergehbar in die Gesellschaft zurückkehren und den Versuch der Ausschaltung der Ambivalenz zunächst einmal zum Scheitern verurteilen. Der Fremde vertritt dann z. B. die Möglichkeit der Hierarchie, der überlegenen Herrschaft eines Häuptlings oder Monarchen, was erklären würde, warum man in afrikanischen Stammesgesellschaften in der frühen Neuzeit und im 19. Jahrhundert häufiger europäische Schiffbrüchige als Häuptlinge oder Monarchen findet. Oder er verkörpert die aus ökonomischen Gründen unhintergehbare Möglichkeit des Geldverleihs gegen Zins, die mit anderen eigenen Wertorientierungen konfligiert und die deshalb in der Figur des Fremden externalisiert wird. An Beispielen dieses Typs wird deutlich, daß die Gesellschaft in der Figur des Fremden *Störungen* für sich selbst erfindet, die sie für ihre weitere Evolution benötigt und durch die sie nicht wirklich überrascht wird. Das heißt natürlich nicht, daß es den Fremden gar nicht gibt, die Gesellschaft ihn gewissermaßen nur herbeidenkt. Aber es heißt, daß die Gesellschaft den Fremden so selegiert oder formt, wie sie ihn braucht, um Innovationen über Externalisierung einzuführen. Die Überraschung durch den Fremden ist insofern nur eine scheinbare Überraschung, aber sie ist eine nützliche Fiktion, weil sie Kernbereiche der gesellschaftlichen Wert- und Normenordnung gegen selbstbezogene Ambivalenz schützt und weil dieselbe Ambivalenz in der Figur des Fremden an die Grenze der Gesellschaft verschoben wird und dort auf Dauer gestellt werden kann. Möglichkeiten innovativen Handelns werden damit einerseits institutionalisiert, aber die Negativwertung ihnen gegenüber bleibt gleichzeitig – vielleicht in der Form der Latenz – auch erhalten. Diese Negativwertung ist jederzeit reaktivierbar, sei es, weil das über die Störung durch den Fremden eingeführte Experiment sich als erfolglos erweist oder weil andere akut auftretende gesellschaftliche Konflikte eine erneute – wenn auch vielleicht nur temporäre – Rejektion der über den Fremden eingeführten Möglichkeiten nahelegen.

Die Ambivalenz gegenüber dem Fremden kennt andere bemerkenswerte Äußerungsformen. Ich möchte auf einige sprachliche Besonderheiten hinweisen, die zugleich sozialstrukturelle Aufschlüsse erlauben. In der Sprachwissenschaft ist bekannt, daß eine Form der sprachlichen Artikulation von Ambivalenz diejenige ist, die man *gegenbegriffliche Homonymie* nennen könnte. Dabei geht es um den Sachverhalt, daß ein und dieselbe lautliche Form nicht nur zwei verschiedene Bedeutungen ausdrückt – wie dies etwa bei »das Steuer« und »die Steuer« ist –, vielmehr sind diese beiden verschiedenen Bedeutungen polare Gegenbegriffe. Man nennt dann beispielsweise einen Blinden einen Seher – eine, Teiresias ist dafür ein Beispiel, auch in der griechischen Antike bekannte Möglichkeit –, zusätzlich aber benutzt man für diese entgegensetzten Bedeutungen ein und dasselbe Wort. Letzteres ist im Arabischen belegt, wo es Hunderte von sprachlichen Strukturen dieses Typs zu geben scheint.[1] Auf-

---

1 Siehe Berque und Charnay 1967.

fällig ist nun, daß die historische Semantik des Fremden in vielen Sprachen Phänomene dieses Typs verzeichnet.

Eine erste sprachliche Form ist die, die eine zunächst asymmetrisch erscheinende Beziehung als reziprok sichtbar werden läßt. Die Beziehung von Gastgeber und Gast ist offensichtlich eine asymmetrische Beziehung. Es fällt aber auf – *hospes*, *hôte* und *xenos* sind Beispiele dafür –, daß in vielen Sprachen dasselbe Wort sowohl den »Gast« wie den »Gastgeber« bezeichnen kann.[2] Das deutet darauf hin, daß die Reziprozität eines Beherbergungsverhältnisses betont werden soll, und dies in dem Sinne, daß der Rechtsschutz, den der Gastgeber jetzt einem Gast gewährt, seinen Ausgleich in einem korrespondierenden Anspruch findet, der gegenwärtig entsteht und auch noch nach vielen Jahren dem jetzigen Gastgeber ein Recht auf Beherbergung und Rechtsschutz durch seinen gegenwärtigen Gast sichert.[3] Man könnte auch sagen, die sprachliche Form betont mehr die Relation zwischen Gastgeber und Gast als eine der beiden Seiten der Beziehung, und in dieser Relation kommen eben immer beide Seiten vor.[4] An dieser Stelle liegt die Frage nahe, was denn diese sprachliche Struktur mit Ambivalenz zu tun habe. Die Antwort wird meiner Überzeugung nach sein, daß in die Ambiguität des sprachlichen Ausdrucks die oszillatorische Bewegung zwischen zwei Seiten einer sozialen Rolle eingeschrieben ist, die ein essentieller Bestandteil einer jeden sozialen Wirklichkeit von Ambivalenz ist.[5]

Eine andere sprachliche Form entspricht unmittelbarer noch dem Typus gegenbegriffliche Homonymie. Im spätrepublikanischen Rom wird aus *hostis*, das heißt demjenigen, der im Verhältnis zu einer Stadt (also nicht im Verhältnis zu einem Privathaushalt) Fremder und Gast ist, der Feind.[6] Dieselbe Ambiguität, dasselbe Schwanken zwischen Gast und Feind, war dem gotischen *gasts* oder dem mittelhochdeutschen *gast* eigen.[7] Ähnliches läßt sich für die Semantik von »Sklave« beobachten. Schon mesopotamische Ideogramme des dritten Jahrtausends vor unserer Zeitrechnung

---

2 Gauthier 1973, 3 ff.
3 Vgl. Jhering 1891, 232 f.
4 Vgl. Cohen 1967, 38.
5 Siehe dazu insb. Merton und Barber 1963, insb. 6, 8.
6 Vgl. Gauthier 1973.
7 Bertholet 1896, 9.

lassen alternativ eine Deutung als »Fremder« oder als »Feind« oder als »Sklave« zu,[8] was einer zeitlichen Instabilität des Gaststatus in vielen Gesellschaften entspricht, weil dieser nach einer manchmal präzise fixierten Zeit verfällt, womit mindestens Dienstverpflichtungen entstehen, aber in manchen Fällen auch die Versklavung droht.[9] Immer ist in diesen Beispielen die Oszillation zwischen polaren Statuskategorien die Struktur, die sprachlich simuliert wird.

Eine dritte sprachlich-soziale Struktur betrifft die Flexibilität oder eben auch *Uneindeutigkeit*, mit der jemand als Fremder identifiziert wird, aber dies in anderen Hinsichten auch wieder nicht ist. Beispielsweise kann die Ehefrau, die in die Familie einheiratet, als eine Fremde oder ein Gast aufgefaßt werden, was angebbare Folgen nach sich zieht. So begründet ein englischer Autor (William Heale) 1609 mit der Gastfreundschaft (*hospitality*), die der Ehemann seiner Frau zu erweisen habe, daß er diese nicht schlagen dürfe.[10] Nicht intime Nähe, sondern die relative Distanz, die im Verhältnis zu einem Gast besteht, ist also der Grund für dieses Verbot. In anderen Hinsichten können Verwandte Fremde sein, sofern sie nicht im Haushalt wohnen und sich darin z. B. von Dienstpersonal unterscheiden. Weiterhin ist zu denken an die anderen Einwohner des Dorfes, die aber nicht verwandt sind und denen aus diesem Grund der Status des Fremden zugewiesen wird. Schließlich gibt es die von anderswo kommenden, völlig unbekannten Fremden. Korrelativ zu dieser Einbeziehung zunehmend entfernter Fremder verlieren andere relativ Nahestehende (Ehefrauen, Verwandte usw.) den Status des Fremden wieder. Der Begriff des Fremden regelt also in vielen Gesellschaften *Inklusions- und Exklusionsverhältnisse* auf vielen Ebenen gleichzeitig, und es kann von minimalen Situations- und Kontextverschiebungen abhängen, ob jemand einer Wir-Gruppe oder dem Fremdenstatus zugerechnet wird, und diese Zurechnungen sind variabel. Dies verbindet sich nun mit der eben bereits mit Bezug auf die Doppeldeutigkeit der Worte diskutierten Ambiguität hinsichtlich der Frage, ob der Fremde Gast oder Feind ist. Auch hier gilt wiederum: Minimale Kontextverschiebungen bestimmen

---

8 Gilissen 1958, 32.

9 Bertholet 1896, 27, zit. ein altes angelsächsisches Sprichwort: »Twa night gest, thrid night agen« (»Zwei Nächte ein Gast, nach der dritten Nacht eigen«); vgl. Pitt-Rivers 1968, 29.

10 Zit. bei Heal 1990, 5.

die Option für die eine oder die andere Seite, und die jeweils gewählte Option ist zeitlich nicht stabil. Unmittelbar nachdem man den Gast über die Schwelle des Hauses geleitet hat, kann es vorkommen, daß man ihn als einen Fremden zu töten versucht.

Der Hintergrund des hier beschriebenen Musters ist vermutlich eine *normativ-strukturelle Ambivalenz*, ein Konflikt zwischen den in einer Gesellschaft institutionalisierten normativen Erwartungen und den strukturellen Möglichkeiten ihrer Realisierung.[11] Auf der einen Seite steht die unausweichliche Ressourcenknappheit fast aller menschlichen Gesellschaften, die zu einem strategisch kalkulierenden, feindselig eingefärbten Umgang mit allen Personen zwingt, die nicht dem engsten Familienkreis zugehören. Der Begriff, den Edward Banfield für diesen Sachverhalt geprägt hat, *amoralischer Familismus*,[12] ist insofern eine gute Beschreibung, als er die zugrundeliegende Ambivalenz aufdeckt: rigide moralische Bindungen an einen engsten Familienzirkel und eine daraus resultierende potentielle Amoralität gegenüber weiteren sozialen Kreisen. Diesen Zwängen der Ressourcenknappheit stehen aber in allen Gesellschaften gesellschaftsweit institutionalisierte soziale Reziprozitätsmotive gegenüber, die Hilfe und Gastfreundschaft im Verhältnis zu Armen und Fremden normieren, wobei im übrigen erneut die semantische Nähe von Armut und Fremdheit auffällt. Diese institutionalisierten Reziprozitätsmotive werden typischerweise in religiösen Deutungen abgesichert. Deren rationales Fundament in der Ungewißheit eigener Lebenslagen ist leicht erkennbar. Das Schwanken im Begriff des Fremden zwischen Gast und Feind hat offensichtlich mit dem Konflikt dieser beiden strukturellen bzw. normativen Imperative – Ressourcenknappheit und Reziprozitätsverpflichtung – zu tun, und das erklärt auch die in nicht wenigen Gesellschaften zu beobachtende überschwengliche Gastfreundschaft gegenüber völlig fremden Personen. Nur im Umgang mit einer Person, die keine lokalen Interessen hat, von der man sicher sein kann, daß sie nicht in eine dauerhafte Konkurrenz um knappe lokale Ressourcen eintreten wird, kann man dem überall hoch bewerteten Imperativ eines selbstlosen Gebens ambivalenzfrei genügen.[13]

Eine letzte Form der Ambivalenz gegenüber dem Fremden möch-

---

11 Siehe dazu Merton und Barber 1963; Merton 1949.
12 Banfield 1958; Du Boulay und Williams 1987.
13 Dazu als eine bemerkenswerte Fallstudie über Griechenland Du Boulay 1991.

te ich notieren.¹⁴ Im Alten Testament werden die Hebräer unablässig ermahnt, Fremde als Gast und also freundlich zu behandeln. Dies ist eine normierte soziale Reziprozität, die mit einer Reversibilität der Lebenslagen begründet wird. »Erinnert euch, daß ihr Fremde im Land Ägypten waret«, »Erinnert euch, daß wir Sklaven waren«, so lauten die unablässig wiederholten Formeln.¹⁵ Andererseits werden die sich ebenfalls wiederholenden Strafdrohungen gegen das auserwählte Volk typischerweise so formuliert, daß Gott beschreibt, was er Fremden erlauben wird, dem Volk Israel anzutun. Fremde sind im alten Testament also auch ein gefürchtetes Instrument der Bestrafung. Gott ist insofern in der Figur des Fremden nicht nur in der Form impliziert, daß Ambivalenz entsteht, weil der Fremde immer auch ein Gott sein könnte. Der Gott des alten Israel scheint seinerseits die Ambivalenz gegenüber dem Fremden zu teilen, oder, wie man diese Deutung reformulieren könnte, wenn man mit Durkheim »Gott« in den Terminus »Gesellschaft« übersetzt: Die Gesellschaft selbst selegiert die Störungen, die sie mit Hilfe des Fremden in sich einführt, und sie benötigt dafür, wenn dies ein flexibles Instrument sein soll, vielfältige Figuren der Ambivalenz.

II

Nicht zufällig bezogen sich die Beispiele, die in den bisherigen Überlegungen verwendet wurden, ausschließlich auf Stammesgesellschaften oder auf die geschichteten Gesellschaften der Alten Welt. Dem entsprechen im übrigen Typen der strukturellen Integration von Fremden, die diesen Gesellschaftsformationen zu eigen sind. Das sei an dieser Stelle nur in äußerster Kürze skizziert. In Stammesgesellschaften konzentrieren sich alle Mechanismen darauf, das Faktum der erfahrenen Fremdheit möglichst schnell zum Verschwinden zu bringen. Man tötet Fremde, man übergibt sie dem Stammeshäuptling, der sie ihrer eventuell vorhandenen mystischen Kraft beraubt. Danach kann man sie versklaven und/oder an einen vorhandenen Verwandtschaftszusammenhang adoptieren, was ihre Fremdheit unsichtbar macht. Der Fremde im Simmelschen Sinne, der »heute kommt und morgen bleibt«, war in Stammesgesellschaf-

14 Das folgende Argument lehnt sich an Lofland 1973, 181, Fn. 3, an.
15 Siehe Greifer 1945.

ten nicht vorgesehen. Ganz anders die Situation des Fremden in den geschichteten Gesellschaften der Alten Welt. Gerade die einsetzende Differenzierung der Sozialordnung eröffnet Positionen auch für Fremde. Alle traditionalen Hochkulturen kennen außer äußeren Fremden auch Termini für innere, einheimische Fremde. Eine Theorie, die Irwin D. Rinder zuerst vorgetragen hat,[16] besagt, daß Fremde in traditionalen Gesellschaften in *Statuslücken* einwandern. Das heißt, sie besetzen nicht etwa Positionen, die auch von Einheimischen besetzt werden und die dann eine Konkurrenz mit Einheimischen zur Folge haben, sondern sie kommen typischerweise dort vor, wo Lücken in einer Sozialordnung erkennbar sind. Dabei kann es sich um Unterbrechungen und Interaktionsverbote in einer Schichtungsordnung handeln oder um aus rituellen Gründen untersagte Typen beruflicher Tätigkeit, um Vermittlungstätigkeiten, die aufgrund von Spannungen in der Sozialordnung schwer zu besetzen sind, und vieles andere mehr. Rollen für Fremde implizieren dann immer ein Moment von Innovation, und sie werden gleichzeitig in der Statuslücke auch gegenüber ihrer gesellschaftlichen Umwelt isoliert, was den Veränderungsdruck mindert, der von ihnen ausgehen könnte. Diese Befunde stimmen mit Überlegungen zu den Funktionen von Korporationen in geschichteten oder ständischen Gesellschaften überein.[17] Auch Korporationen werden zugelassen, um Innovationen möglich zu machen und zugleich die traditionelle Sozialstruktur mittels der Form Korporation und den ihr auferlegten Beschränkungen gegen weiter reichende Effekte zu schützen. Es ist kein Zufall, daß viele der wichtigen Korporationen des spätmittelalterlichen und des frühneuzeitlichen Europa – z. B. Handwerkerkorporationen oder Korporationen von Magistern und Scholaren – ihrem wesentlichen Existenzsinn nach eben Korporationen von Fremden waren.[18] Dieselben Funktionen, die die Einpassung von Fremden in Statuslücken hat, sind am Anfang dieses Textes bereits einmal unter dem Gesichtspunkt der Stabilisierung und der Erhaltung von Ambivalenz analysiert worden.

---

16 Rinder 1958.
17 Vgl. Stichweh 1991a, 35-37.
18 Vgl. dazu Stichweh 1991b.

III

Die entscheidende Frage für die folgenden Überlegungen wird sein, wie das Verhältnis von Ambivalenz und Fremdheit in der modernen Gesellschaft aussieht. Bleibt der Fremde ein primärer Bezugspunkt der gesellschaftlichen Institutionalisierung von Ambivalenz? Zu notieren ist zunächst einmal, daß die gerade skizzierten Muster der strukturellen Integration von Fremden in geschichteten Gesellschaften in der Moderne in vielen Hinsichten fortgesetzt werden. Auch moderne Fremde wandern in Lücken der gesellschaftlichen Ordnung ein, auch wenn es sich dabei jetzt eher um Funktionslücken als in einem hergebrachten Sinn um Statuslücken handelt. Die Theorien der ethnischen Enklaven, der »middleman minorities« und andere verwandte Theoreme belegen Phänomene dieses Typs.[19] Aber dies sind nur Kontinuitäten eines einmal etablierten Musters in einer neuen Gesellschaftsordnung. Sie sagen möglicherweise nichts über das spezifisch Neue der modernen Situation aus.

Die These dieses Textes wird im folgenden sein, daß die strukturellen Muster der Einbettung von Ambivalenz und die soziale Behandlung des Fremden in der modernen Gesellschaft ihre enge Kopplung verlieren. Insofern haben wir es mit zwei prinzipiell neuen Entwicklungen zu tun, die im weiteren skizziert werden.

Spätestens seit Robert King Merton kann man wissen, daß Ambivalenz ein selbstverständlicher Bestandteil der Institutionalisierung von Rollen, insbesondere auch beruflichen Rollen, in der modernen Gesellschaft ist.[20] Merton geht davon aus, daß Berufsrollen ein Geflecht von Normen und Gegennormen institutionalisieren, in das vielleicht eine Präferenz für jeweils eine Seite eingebaut ist, daß diese Präferenz aber in keiner Weise eine Zurückdrängung oder Irrelevanz der Seite der Gegennormen impliziert. Eines seiner besten Beispiele ist die im Rahmen seiner Studien über die Sozialisation von Medizinstudenten formulierte Hypothese, die Orientierung des Arztes in der modernen Gesellschaft sei durch »detached concern« bestimmt, also durch eine Art empathischer Mitbetroffenheit, die mit Detachement durchsetzt sei.[21] Es liegt auf der Hand, daß man nicht beiden Seiten dieser normativen Erwartungsstruk-

---

19 Vgl. Portes und Manning 1985; Bonacich 1973.
20 Zum folgenden insb. Merton und Barber 1963.
21 Merton, Reader und Kendall 1957.

tur gleichzeitig genügen kann und daß insofern nach Mertons Auffassung eine oszillatorische Bewegung entsteht, die unablässig in vielleicht schnellem Wechsel, in einem zeitlichen Nacheinander, erst dem einen und dann dem anderen Imperativ Rechnung zu tragen versucht. Diese bei Merton vorgenommene Definition von Ambivalenz über die Institutionalisierung von kontradiktorischen Normen und über Oszillation als Lösungsmuster verrät im übrigen die *Verwandtschaft zum Begriff der Paradoxie, der gleichfalls häufig so gedeutet wird, daß er eine der Struktur der Paradoxie nach nicht beendbare Oszillation meint.*[22] Der Unterschied von Paradoxie und Ambivalenz liegt genau in diesem »Nicht-Beendbar«: Die Paradoxie ist insofern die strengere Form, als sie zwangsläufig – aus ihrer inneren Logik heraus – zum jeweils anderen Pol hinführt. Eine Erklärung für die Allgegenwart von Ambivalenz findet man bei Merton nicht; zu vermuten ist aber, daß er auf die zunehmende Differenzierung der Gesellschaft und eine ihr entsprechende Pluralisierung der Rollenbeziehungen verweisen würde, der in der einzelnen Rolle nur noch durch kontradiktorische *Sets* von Normen Rechnung getragen werden kann.

Auch bei Talcott Parsons sind unschwer parallele Überlegungen zu entdecken, wenngleich man das Wort »Ambivalenz« nicht in zentraler Stellung im konzeptuellen Apparat findet. Gerade am Beispiel der »pattern variables« ist evident, daß es bei diesen Orientierungsalternativen wie »Universalismus vs. Partikularismus« oder »Askription vs. Leistungsorientierung« nicht um Wahlentscheidungen geht, die evolutionär einsinnig codiert wären, so daß irgendwann nur noch Universalismus und nie mehr Partikularismus vorkommt. Viel fruchtbarer ist es, diese Alternativen als Dimensionen zu denken, die im Verhältnis zueinander differenziert werden, was bedeuten würde, daß Kontexte entstehen, in denen jeweils einzelne dieser »pattern variables« die Beobachtung in besonderer Weise steuern – und zwar als Unterscheidungen. Ein Kontext, der über Askription identifiziert wird, würde dann in intensivierter Weise die ihm zugehörigen Mitglieder in Hinsicht auf Leistungen beobachten. Das kann man gut an der Geschichte des europäischen Adels studieren.[23] Das aber heißt, daß eine jede einzelne Dimension oder jede »pattern variable« eine Oszillation zwischen ihren beiden

---

22 Siehe Wormell 1958.
23 Siehe Stichweh 1991a, 263-266.

Polen veranlaßt. Ein gutes Beispiel findet sich bei Parsons erneut in einer professionssoziologischen These, und zwar in Parsons' Paradigma therapeutischen Handelns, bei dem insbesondere an Psychotherapie und Erziehung gedacht ist. Eine Dimension dieses Paradigmas ist die Unterscheidung von »denial of reciprocity« und »permissiveness«.[24] Gemeint ist damit, daß man sich einerseits gegenüber dem Verursacher einer Abweichung permissiv verhält, also sich jeder Stellungnahme enthält, die ein moralisierendes Urteil transportiert, das in der Folge nur den kommunikativen Kontakt erschweren würde. Auf der anderen Seite steht der Imperativ »denial of reciprocity«, d. h., Permissivität darf in keiner Weise die Form einer Kollusion haben, die den Täter in seiner Abweichung bestärken könnte. Statt dessen muß unmißverständlich deutlich sein, daß die therapierende oder erziehende Person sich in keiner Weise dem problematischen Handeln anzuschließen gedenkt. Auch hier liegt auf der Hand, daß auf diese Weise separate Prozeßphasen in einem therapeutischen Arrangement entstehen.

Ein drittes Beispiel für die tiefenstrukturelle Verankerung von Ambivalenz in der modernen Gesellschaft bietet die These über die paradoxe Konstitution von Sozialsystemen mittels binärer Codierungen, die als Wertungsduale den Prozeß der Ausdifferenzierung von Funktionssystemen steuern. Diese These ist bei Niklas Luhmann entwickelt worden. Auch die funktionssystemgenerierenden binären Codes sind bekanntlich Präferenzcodes im Sinne der Auszeichnung einer der beiden Seiten. Aber die Codes fungieren als systeminterne Selektionsmechanismen, was heißt, daß sich kein System auf die positive Seite des Codes konzentrieren kann, um auf diese Weise die eigene Identität fraglos zu etablieren. Eine solche Position konnte man noch im Spätmittelalter finden, wenn beispielsweise die Wissenschaft als eine Art Sekte konzipiert wurde, deren vereinheitlichender Gesichtspunkt darin liegt, daß sie wie eine Glaubensgemeinschaft der Wahrheit anhängt. Moderne Wissenschaft ist im Vergleich dazu prinzipiell skeptisch im Verhältnis zu den Möglichkeiten der Wahrheit, die für sie zu erreichen sind. Vor allem aber sieht moderne Wissenschaft ihre Bewegungschancen oft eher auf der Seite der Unwahrheit, im Falsifizieren, in der Bildung riskanter Hypothesen, die bewußt damit spielen, daß sie unwahr

---

24 Siehe näher Parsons und Platt 1974, 176 ff.

sein könnten, schließlich in der wissenschaftlichen Kritik, die bisher für wahr Gehaltenes in den Status der Unwahrheit versetzt. Aber auch von der Seite der Unwahrheit her gibt es Möglichkeiten der Rückkehr auf die Seite der Wahrheit. Eine entsprechende Ambivalenz gegenüber dem eigenen Zentralwert läßt sich am System der modernen Kunst im Verhältnis zum positiven Codewert Schönheit beobachten. Nahezu jede künstlerische Innovation optiert zunächst für die Seite der Störung der Sehgewohnheiten, so daß das von ihr hervorgebrachte Objekt anfangs als häßlich empfunden wird, bis ein Lernprozeß ein neues Schönheitsverständnis entstehen läßt, das erneut die Opposition der Künstler animiert. Selbst die Politik schaltet heute diejenigen, die die Macht verloren haben, nicht mehr als wahrscheinliche künftige Rebellen physisch aus. Sie bietet dem politischen Verlierer vielmehr die Rolle einer für erneute spätere Machtübernahme bereitstehenden Opposition, was historisch ein radikaler Umbruch war, der im frühneuzeitlichen England mit der paradoxen Formel einer *loyalen Opposition* eingeleitet wurde. Wenn dies aber so ist, daß Ambivalenz, Paradoxie und Oszillation zwischen gegenbegrifflichen Alternativen auf konstitutive Weise in alle modernen Rollen und Sozialsysteme eingebettet sind, wie verändert sich damit die soziale Position des Fremden als desjenigen, der die Form der sozialen Uneindeutigkeit verkörperte, die für ältere Gesellschaftsordnungen vorteilhaft und charakteristisch war?

IV

Ich möchte im folgenden die These vertreten, daß es im System der modernen Gesellschaft prinzipielle Veränderungen in der Erfahrung des Fremden und in den Schematismen sozialer Interaktion gibt, die dazu führen, daß nicht mehr Ambivalenz der primäre Modus der Erfahrung des Fremden ist, und die sogar grundsätzlicher noch die Kategorie des Fremden als eine Schlüsselkategorie für die Erfassung der modernen Sozialwelt in Frage stellen.

Eine für diese Frage relevante Beobachtung, die sich in der soziologischen Literatur häufig findet, ist, daß Fremde für Personen, die sich in urbanisierten, funktional differenzierten Settings bewegen, heute entweder *unsichtbar* oder, wie es eine andere Deutungsvariante besagt, *allgegenwärtig* werden. Möglicherweise verliert die Kategorie des Fremden in beiden Fällen den Sinn der Ausgrenzung einer distinkten sozialen Figur. Die erste Variante, die der Unsichtbarkeit des Fremden, möchte ich mit einem Zitat aus einer amerikanischen stadtsoziologischen Untersuchung illustrieren. Ein Interviewpartner, der vor einiger Zeit aus einer ländlich geprägten Gegend nach New York City gezogen ist, gibt in diesem Interview auf die Frage nach der Veränderung seiner sozialen Kontakte in der Metropole folgende Antwort:

We get along very well and I really see no difference between those relationships and the ones […] (we) […] had with friends in Illinois. The difference is ›out there‹ in the city not ›in here‹ with the people that live in the city. It's peculiar but I haven't met anyone yet who admits to living ›out there‹ – all say they live ›in here‹ with us humans. Where are the bastards from?[25]

Das Bemerkenswerte an dieser Äußerung ist, daß sie eine klare Artikulation von Ambivalenz enthält. Diese bezieht sich aber auf die Sozialstrukturen der City, obwohl der Befragte und seine Familie in New York City leben. Alle Personen, die sie faktisch kennen, werden aber von der Affizierung durch diese Sozialstruktur ausgenommen, sie sind vielmehr genuin human. Es gibt lediglich hypothetische Bastarde, von denen man aber keinen wirklich kennt. Die Alternative zu einer solchen Position, die zwar noch Fremde hypothetisch denkt, aber Schwierigkeiten hat, reale Erfahrungen mit diesen präsumtiven Fremden anzuführen, ist die Universalisierung des Fremden, also die These, daß nahezu alle Interaktion in modernen städtischen Kontexten Interaktion mit Fremden ist. Dies ist beispielsweise die Auffassung von Lyn H. Lofland in ihrem in vielen Passagen suggestiven Buch von 1973 *A World of Strangers*. Die These selbst ist unbestreitbar. Sie löst aber die Distinktheit der Figur des Fremden, ihren Sinn als eine in Kommunikationszusammenhängen operative Kategorie, die vor folgenreiche Alternativen stellt, auf. Deshalb werde ich einen analytisch etwas anders ausge-

---

25 »Wir kommen sehr gut zurecht, und ich sehe wirklich keinen Unterschied zwischen diesen Beziehungen und jenen, die wir mit Freunden in Illinois hatten. Der Unterschied ist ›dort draußen‹ in der Stadt und nicht ›hier drinnen‹ unter den Leuten, mit denen wir in der Stadt leben. Es ist eigentümlich, aber ich habe noch niemanden getroffen, der angibt, er lebe ›dort draußen‹ – alle sagen, sie leben ›hier drinnen‹, zusammen mit uns Menschen. Woher kommen die Bastarde?« (Franck 1980, 52 f.; Übersetzung R. S.)

legten Weg wählen. Das folgende Argument wird einige Mechanismen der Verabschiedung des Fremden skizzieren. Der Sinn des Unterfangens ist der, Nachfolgemechanismen zu studieren, die an die Stelle der Ambivalenz gegenüber dem Fremden treten.

Der vermutlich fundamentalste Sachverhalt ist die funktionale Spezifikation der meisten Interaktionen in der modernen Gesellschaft und die damit einhergehende funktionale Spezifikation von Intentionen. Das führt zu einer Dekomposition des Anderen, die seine kompakte Fremdheit nicht mehr erlebbar und handlungsrelevant werden läßt, sie vielmehr in funktionale Ausschnitte zerlegt, die weit besser zu bewältigen sind. Ein Aspekt, der häufig betont worden ist, ist der *zeitliche*. Es gibt zunehmend mehr Interaktionen von kurzer Dauer, die Interaktionspartner bleiben deshalb einander fremd, die Kompaktheit einer Person in all ihren beunruhigenden Aspekten tritt hinter das Interaktionsgeschehen zurück, und in genau diesem Sinne haben wir es mit einer fortschreitenden Differenzierung persönlicher und unpersönlicher Beziehungen zu tun. Gerade der Fremde ist im übrigen der Protagonist dieser Differenzierung von persönlichen und unpersönlichen Beziehungen. Solange er in einer Gastgesellschaft nur in einer kleinen Minorität lebt, gilt für ihn im Unterschied zu allen Einheimischen, daß sein Leben weit mehr durch Außenkontakte mit für ihn Fremden als durch Binnenkontakte in der eigenen Gruppe bestimmt wird. Das prägt einen Verhaltensstil an ihm aus, der auf eine deutliche Trennung von persönlichen und unpersönlichen Beziehungen eingestellt ist. Dieser Verhaltensstil wirkt zunächst in der umgebenden Gesellschaft irritierend, steigert die Wahrnehmung von Fremdheit, wenngleich er der Gesellschaft, ohne daß sie dies weiß, die eigene Zukunft vorspiegelt. In einem amerikanischen Buch von 1904 (Nathaniel Shaler, *The Neighbor*),[26] das u. a. in seiner Ambivalenz gegenüber Juden für analytische Belange instruktiv ist, wird die Überlegenheit von jüdischen Mitbürgern, aber auch die Feindseligkeit ihnen gegenüber mit der *Schnelligkeit der Reaktionsmuster*, die für Juden spezifisch sei, erklärt. Shaler zitiert einen Gesprächspartner mit den Worten: »When one speaks to a Jew kindly, the fellow climbs all over you.«[27] *Schnelligkeit* wird in diesem Argument zum Indiz eines spezifisch modernen Verhaltensstils, und die angemesse-

26 Shaler 1904.
27 Ebd., 114.

ne Übersetzung für *Schnelligkeit* ist: der Verzicht auf die als Verzögerung – und damit als zeitlicher Aufschub – erfahrene Einbettung des sachlichen Prozedere in die Etablierung einer persönlichen Beziehung unter den beiden interaktionell beteiligten Personen. Dies zu signalisieren ist offensichtlich auch die Funktion des Wörtchens »kindly« in der zitierten Äußerung.

Eine analoge Unterscheidung von *persönlichen und unpersönlichen Beziehungen* läßt sich anhand eines Vergleichs von städtischen vs. nicht in urbanen Agglomerationen stattfindenden Interaktionen ausmachen. Während es außerhalb der Stadt relativ wahrscheinlich ist, daß der Fremde, mit dem man interagiert, sich schnell als der Freund eines Freundes erweist, findet ein vergleichbares Überlappen sozialer Beziehungen in der Stadt nicht mehr statt.[28] In der Stadt kann eher von einer Segregation sozialer Beziehungen die Rede sein. Also bleibt der Fremde einem fremd, wird damit auch seine Fremdheit zu einer erwartbaren Normalität, die das beunruhigende Moment verliert und damit auch den Bedarf für Bearbeitung der Fremdheit nicht mehr aufkommen läßt.

Einen weiteren Aspekt des Bedeutungsverlusts des Fremden bekommt man in den Blick, wenn man sich den Stellenwert von Typisierungen und Kategorisierungen vergegenwärtigt. Robert Michels benutzt gern die Unterscheidung von *sympathetischen* vs. *typisierenden* Beziehungen in sozialer Interaktion.[29] Während die Beziehungen zu vertrauten Personen sympathetische Beziehungen sind, die die Individualität beider Seiten involvieren, ist der Fremde nur mittels Typisierung, nur in der Form der Zuordnung zu einer sozialen Kategorie zu erfassen. Diese These setzt offensichtlich die bereits gelungene Überwindung einer primären Ungewißheit voraus. Der Fremde, von dem hier die Rede ist, ist nicht mehr vor allem ein Anlaß von Ungewißheit, er ist bereits mittels kategorialer Zuordnungen näher zu bestimmen.[30] Für die sich anschließende soziokulturelle Evolution scheint mir vor allem ein Sachverhalt wichtig zu sein: Die Schärfe der Entgegensetzung von »sympathetisch« vs. »kategorisierend« nimmt ab. Mit voranschreitender

---

28 Vgl. Franck 1980, 68 f. Diese ein Prinzip angebende These muß durch Einbau der Implikationen der »*Small-world*-Hypothese« differenziert werden – siehe Kochen 1989.
29 Siehe Michels 1929, 124; vgl. Shaler 1904, 192-203.
30 Siehe etwa auch Merry 1981, 160.

funktionaler Differenzierung expandiert auch das klassifikatorische Geflecht für Kategorisierungen. Individualisierung und Kategorisierung des Anderen werden wechselseitig voneinander abhängig. Man muß der Individualität des Anderen Rechnung tragen, um feinere Kategorisierungen sinnvoll vornehmen zu können – und umgekehrt ist die Berücksichtigung von Individualität nur auf der Basis einer sensiblen Handhabung verfügbarer kategorialer Zuordnungen denkbar. Das gilt selbst in Liebesbeziehungen und kann sich in ihnen als eine kognitive Schranke auf das in ihnen Realisierbare erweisen. Auch dies also ist eine Dimension, in der sich die kompakte Unterschiedenheit, die kategoriale Unpersönlichkeit des Fremden verflüchtigt und für flexiblere Schemata der Unterscheidung Platz macht.

Eine entscheidende Veränderung betrifft nun die Rigidität und Fluidität von Unterscheidungen. Die Geschichte des Fremden in älteren Gesellschaften war dadurch gekennzeichnet, daß er sich vielfach auf der einen Seite von Unterscheidungen vorfand, an denen der prinzipielle Ausschluß dritter Möglichkeiten auffiel. Also blieb nur eine rigide Zuordnung zu einer der beiden Seiten oder eine für keinen der Beteiligten im voraus berechenbare Oszillation zwischen den beiden Seiten. Eine dieser Unterscheidungen ist: *verwandt/fremd*. Noch in frühmodernen englischen Adelshaushalten finden wir Besucherlisten, die nur genau zwei Einträge vorsehen: »domestics« (also dem Haus durch Verwandtschaft oder auch Dienstbarkeit verbunden) vs. »others«.[31] Eine andere Unterscheidung ist *Freund/Feind*, mit der Implikation, daß es in Stammesgesellschaften keinen dritten Status zwischen tribalem Bruder und Feind gibt.[32] Die ungeheure Bedeutung des *Gaststatus* in älteren Gesellschaften läßt sich in dieser Perspektive so analysieren, daß der Gaststatus unter sozialstrukturellen Bedingungen dieses binär codierten Typs die einzige Möglichkeit eines dritten Status bot. Derselbe Grund erklärt auch die enorme symbolische Überhöhung der Schwelle des Hauses[33] – oder anderer privilegierter Orte (Tempel usw.). Die Schwelle des Hauses definiert die extrem schmale Zone des Übergangs; sie ist der einzige Ort, an dem sich ein Wechseln der Seiten vollziehen kann. Dabei wird die Feindschaft gegenüber dem

---

31 Heal 1990, 9.
32 Vgl. Wood 1934, 76.
33 Vgl. auch Heal 1990, 8.

Gast nur suspendiert. Eine Wiederaufnahme der Feindseligkeiten ist, wie oben schon erwähnt wurde, nach Verlassen des Hauses jederzeit denkbar.

Das Auffällige der Entwicklung zur modernen Gesellschaft ist nun, daß *der bis dahin nur als Ausnahme vorgesehene dritte Status fast alle Gesellschaftsmitglieder absorbiert.* Der bereits erwähnte Nathaniel Shaler spricht von »commonplace folk«,[34] und diese Kategorie des »commonplace folk« läßt sich genau dadurch beschreiben, daß die ihr zugeordneten Personen weder Freund noch Feind, weder verwandt noch fremd sind. Unsere vorherrschende Einstellung ihnen gegenüber ist die der *Indifferenz*, und d.h. unter anderem, daß wir jederzeit mit einer großen Zahl von Personen in diesem dritten Status zusammensein können, ohne daß unser Bewußtsein sie einzeln registrieren würde. Vielmehr leistet das Bewußtsein ein unablässiges Herausfiltern vieler anderer anwesender Personen. An die Stelle der Gastfreundschaft als eines symbolisch und religiös überhöhten Status, der nur in dieser sorgfältig bearbeiteten kulturellen Überhöhung überhaupt als ein dritter Status legitimierbar ist, tritt also die Figur der Indifferenz als Beschreibung unserer Normaleinstellung gegenüber fast allen anderen Menschen. Dafür lassen sich in der Literatur auch andere Formulierungen finden, die komplementäre Aspekte hervorheben. Goffman spricht von »civil inattention«, womit erneut die bewußtseinsmäßige Abschattierung der Präsenz der meisten Menschen gemeint ist oder, in Goffmans Worten, ein »mutual dimming of the lights«.[35] Allan Silver prägt in vergleichbarem Zusammenhang den Begriff der »routine benevolence«,[36] worin die Verzichtbarkeit einer elementaren Feindseligkeit als Normaleinstellung sichtbar wird,[37] was zugleich aber auch heißt, daß die ausbleibende Alltagsfeindseligkeit nicht mehr durch in außeralltäglichen Situationen geltende Institutionen der Gabe

---

34 Shaler 1904, 295.
35 Goffman 1963.
36 Silver 1985, 64.
37 Vgl. Goffman 1983, 4: »We could not disattend strangers in our presence unless their appearance and manner implied a benign intent, a course of action that was identifiable and unthreatening [...].« (»Wir wären nicht in der Lage, unsere Aufmerksamkeit von Fremden in unserer Nähe abzuziehen, wenn ihr Erscheinen und ihre Verhaltensweise nicht eine wohlwollende Absicht verrieten, einen voraussichtlichen Handlungsverlauf, der identifizierbar und ohne Bedrohung ist [...].« Übersetzung R. S.)

und der Gastfreundschaft kompensiert werden muß. Unter diesen Umständen läßt sich nicht länger sagen, daß die Bewältigung und Abarbeitung von Fremdheit ein Primärproblem moderner Gesellschaften wäre. Der Schematismus *Freund/Feind* fungiert nur noch in Extremsituationen als ein Schematismus der Politik. Statt eines solchen extrem verpflichtenden Mechanismus geht es künftig eher um Mechanismen, die uns und einzelne andere motivieren, aus der Normaleinstellung der Indifferenz in Prozesse sozialer Interaktion einzutreten.

Die These dieses Textes ist also, daß *Ambivalenz, Paradoxie und oszillatorische Bewegung die Normalerfahrung im Umgang mit modernen Sozialstrukturen ist*, während unsere primäre Erfahrung mit Fremden nicht mehr die der Ambivalenz ist, vielmehr *der heute universell gewordene Fremde in der Regel durch einen dritten Status absorbiert wird, dem wir in der Normaleinstellung der Indifferenz gegenüberstehen*. Zwei Bemerkungen möchte ich abschließend machen. Erstens ist die Figur des Fremden durch das Leitthema der Indifferenz nicht ausgeschöpft; vielmehr gibt es Kontinuitäten und Formen der Wiederkehr klassischer Perzeptionen des Fremden. Um nur zwei Beispiele zu nennen, ohne sie ausführlich analysieren zu können: Die in weiten Bereichen der modernen Gesellschaft vorhandene Angst vor Kriminalität reaktiviert den sozialen Raum als einen von Fremdheit und Ambivalenz aller sozialen Kontakte geprägten Raum.[38] Analog verhält es sich für unsere Erfahrung mit dem, was die Sozialforschung und die Politik seit wenigen Jahren die Exklusionsbereiche der modernen Gesellschaft nennen.[39] Auch hier ist der Andere in einem klassischen Sinne ein Fremder, was Niklas Luhmann in der treffenden Beobachtung registriert, daß wir den Anderen in Exklusionsbereichen primär als einen Körper, von dem Gefahren ausgehen können, wahrnehmen.[40] Zweitens darf das Argument dieses Textes nicht so verstanden werden, als sei Indifferenz unproblematisch. Sie ist unhintergehbar, weil anderes als Indifferenz die kognitiven Kapazitäten des psychischen Apparats von Menschen nicht zulassen. Andererseits scheint mir plausibel, daß die Möglichkeiten der Barbarei in der Moderne ihren Grund vielleicht weniger in Haß und in anderen Formen extremer Nega-

---

38 Vgl. dazu interessant Merry 1981.
39 Vgl. dazu näher Stichweh 1997.
40 Luhmann 1995, 262-3.

tivstereotypisierung haben als vielmehr in Strukturen gut etablierter Indifferenz.

Literatur

Banfield, Edward C., 1958: *The Moral Basis of a Backward Society*, New York: The Free Press.

Berque, Jacques, und Jean Paul Charnay, 1967: *L'ambivalence dans la culture arabe*, Paris: Éditions Anthropos.

Bertholet, Alfred, 1896: *Die Stellung der Israeliten und der Juden zu den Fremden*, Freiburg i. Br., Leipzig: J. C. B. Mohr.

Bonacich, Edna, 1973: A Theory of Middleman Minorities, in: *American Sociological Review* 38: 583-594.

Cohen, David, 1967: Ad'dâd et ambiguité linguistique en arabe, in: Jacques Berque und Jean Paul Charnay (Hg.), *L'ambivalence dans la culture arabe*, Paris: Éditions Anthropos, S. 25-50.

Du Boulay, Juliet, 1991: Strangers and Gifts: Hostility and Hospitality in Rural Greece, in: *Journal of Mediterranean Studies* 1, 1: 37-53.

Du Boulay, Juliet, und Rory Williams, 1987: Amoral Familism and the Image of Limited Good: A Critique from a European Perspective, in: *Anthropological Quarterly* 60: 12-24.

Franck, Karen A., 1980: Friends and Strangers: The Social Experience of Living in Urban and Non-urban Settings, in: *Journal of Social Issues* 36, 3: 52-71.

Gauthier, Philippe, 1973: Notes sur l'étranger et l'hospitalité en Grèce et à Rome, in: *Ancient Society* 4: 1-21.

Gilissen, John, 1958: Le statut des étrangers, à la lumière de l'histoire comparative, *L'Étranger. Recueils de la société Jean Bodin*, Bd. 9 und 10 (hier: Bd. 9), Brüssel: Ed. de la Librairie Encyclopédique, S. 5-57.

Goffman, Erving, 1963: *Behavior in Public Places*, Glencoe/Ill.: The Free Press.

— 1983: The Interaction Order, in: *American Sociological Review* 48, 1: 1-17.

Greifer, Julian, 1945: Attitudes to the Stranger. A Study of the Attitudes of Primitive Society and Early Hebrew Culture, in: *American Sociological Review* 10: 739-745.

Heal, Felicity, 1990: *Hospitality in Early Modern England*, Oxford: Oxford University Press.

Jhering, Rudolf von, 1891: *Geist des römischen Rechts auf den verschiedenen Stufen seiner Entwicklung*, 5. Auflage, Leipzig: Breitkopf und Härtel.

Kochen, Manfred (Hg.), 1989: *The Small World*, Norwood N. J.: Ablex Publishing Cooperation.

Lofland, Lyn H., 1973: *A World of Strangers. Order and Action in Urban Public Space*, New York: Basic Books.

Luhmann, Niklas, 1995: Inklusion und Exklusion, in: ders. (Hg.), *Soziologische Aufklärung*, Bd. 6, Opladen: Westdeutscher Verlag, S. 237-264.

Merry, Sally Engle, 1981: *Urban Danger. Life in a Neighborhood of Strangers*, Philadelphia: Temple University Press.

Merton, Robert King, 1949: Social Structure and Anomie, in: ders. (Hg.), *Social Theory and Social Structure*, New York: The Free Press 1968, S. 185-214.

Merton, Robert King, und Elinor Barber, 1963: Sociological Ambivalence, in: Robert King Merton (Hg.), *Sociological Ambivalence and Other Essays*, New York: The Free Press 1976, S. 3-31.

Merton, Robert King, George G. Reader und Patricia L. Kendall, 1957: *The Student Physician: Introductory Studies in the Sociology of Medical Education*, Cambridge/Mass.: Harvard University Press.

Michels, Robert, 1929: *Der Patriotismus. Prolegomena zu seiner soziologischen Analyse*, München: Duncker & Humblot.

Parsons, Talcott, und Gerald M. Platt, 1974: *The American University*, Cambridge/Mass.: Harvard University Press.

Pitt-Rivers, Julian, 1968: The Stranger, the Guest, and the Hostile Host. Introduction to the Study of the Laws of Hospitality, in: J. G. Peristiany (Hg.), *Contributions to Mediterranean Sociology, Mediterranean Rural Communities and Social Change,* Den Haag, S. 13-30.

Portes, Alejandro, und Robert D. Manning, 1985: L'enclave ethnique, in: *Revue internationale d'action communautaire* 14: 45-60.

Rinder, Irwin D., 1958: Strangers in the Land: Social Relations in the Status Gap, in: *Social Problems* 6: 253-260.

Shaler, Nathaniel S., 1904: *The Neighbor. The Natural History of Human Contacts*, Boston: Houghton, Mifflin & Co.

Silver, Allan, 1985: »Trust« in social and political theory, in: Gerald D. Suttles und Mayer N. Zald (Hg.), *The Challenge of Social Control. Citizenship and Institution Building in Modern Society. Essays in Honor of Morris Janowitz*, Norwood N.J.: Ablex Publishing Corporation, S. 52-67.

Stichweh, Rudolf, 1991a: *Der frühmoderne Staat und die europäische Universität. Zur Interaktion von Politik und Erziehungssystem im Prozeß ihrer Ausdifferenzierung (16.-18. Jahrhundert)*, Frankfurt/M.: Suhrkamp.

– 1991b: Universitätsmitglieder als Fremde in spätmittelalterlichen und frühmodernen europäischen Gesellschaften, in: Marie Theres Fögen (Hg.), *Fremde der Gesellschaft. Historische und sozialwissenschaftliche Untersuchungen zur Differenzierung von Normalität und Fremdheit*, Frankfurt/M.: Klostermann (hier: Kap. 7), S. 169-191.

- 1997: Inklusion/Exklusion, funktionale Differenzierung und die Theorie der Weltgesellschaft, in: *Soziale Systeme* 3: 123-136.
Wood, Margaret Mary, 1934: *The Stranger: A Study in Social Relationships*, New York: Columbia University Press.
Wormell, C. P., 1958: On the Paradoxes of Self-Reference, in: *Mind* 67: 267-271.

10
Fremde, Inklusionen und Identitäten

I

Dieser Text konzentriert sich auf zwei analytische Strategien und zwei soziale Semantiken, die von zentraler Bedeutung für die Formulierung des Zusammenhangs von Mitgliedschaft in sozialen Systemen mit Prozessen der Identitätsbildung sind. Einerseits geht es um die *Soziologie der Inklusion und Exklusion*, die in den letzten 25 Jahren in der sozialwissenschaftlichen Theoriebildung wichtig geworden ist, andererseits um eine viel ältere analytische Tradition, *die Soziologie des Fremden*, die die nahezu universelle Tendenz von Gesellschaften dokumentiert, einige soziale Einheiten als *Fremde* zu behandeln und auf der Basis der Klassifikation von Fremden Rollenstrukturen entstehen zu lassen, die die Stellung des Fremden zum Gesellschaftssystem detailliert regeln. Für beide dieser Analytiken gilt, daß ihre Bedeutung auch daher rührt, daß sie nicht nur wissenschaftliche Theorien sind, sondern auch relevante Semantiken der Selbstbeschreibung von Gesellschaft. Das heißt, sie gehören nicht nur dem konzeptuellen Vokabular der Sozialwissenschaften zu, ihnen gelingt vielmehr als einflußreiche gesellschaftliche Selbstbeschreibungen ein »Wiedereintritt« in jene sozialen Systeme, für deren Analyse sie ursprünglich erfunden wurden. Dies versteht sich im Fall der Semantik des Fremden von selbst, die wir Tausende von Jahren zurückverfolgen können und aus der erst vor hundert Jahren, in der Periode der Bildung der klassischen Soziologie, eine Tradition sozialwissenschaftlichen Denkens hervorgegangen ist. Im Fall der Unterscheidung von Inklusion und Exklusion verhält es sich umgekehrt; sie war zunächst eine akademische Erfindung. Gegenwärtig registrieren wir signifikante Wiedereintritte dieses analytischen Vokabulars in die Selbstbeschreibung der Gesellschaft: Die in Frankreich beobachtbare Tendenz des politischen und des Mediendiskurses, *soziale Exklusion* als einen Realitätsbereich *sui generis* zu behandeln, ist ein gut beobachtbarer Sachverhalt dieses Typs.

Ich beginne mit der Analytik von Inklusion und Exklusion. Wie sieht ihr Profil aus? Die Unterscheidung von Inklusion und Exklusion als eine Unterscheidung im sozialpolitischen Diskurs verdankt sich vielleicht René Lenoir, einem hohen Beamten in der Regierung des seinerzeitigen Premierministers (späteren Staatspräsidenten) Jacques Chirac. 1974 publizierte Lenoir ein Buch mit dem Titel *Les exclus. Un Français sur dix*.[1] Lenoir bezog sich auf extrem heterogene Teilgruppen der Bevölkerung – Personen mit physischen oder mentalen Behinderungen; Selbstmörder; aus Altersgründen invalidisierte Personen; mißhandelte Kinder; Drogenkonsumenten; Straftäter; Alleinerzieher; Haushalte mit multiplen Problemlagen; asoziale Individuen usw. – und alle diese Gruppen subsumierte er unter den Terminus »les exclus«. Im gleichen Zeitraum findet man den Begriff »Exklusion« gelegentlich bei Michel Foucault, und erneut sind es heterogene Gruppen von Nichtmitgliedern, die so bezeichnet werden.[2] Für die Entstehung einer Semantik der Exklusion sind diese französischen Texte der 70er Jahre bedeutsam, wenn es auch wissenschaftliche Verwendungen gibt, die früher erfolgten und die für den hier vorgeschlagenen Zugang prägender sind.[3] Warum bildet sich diese Semantik heraus, und was erklärt ihre schnelle Karriere? Vom Gesichtspunkt einer systemtheoretischen Soziologie möchte ich die Aufmerksamkeit auf zwei Gründe lenken.

1. Die Unterscheidung von Inklusion und Exklusion ist insofern eine adäquate Reflexion moderner sozialer Strukturen, als sie indirekt darauf hinweist, daß moderne Sozialstrukturen auf Kommunikation und auf Strukturen der Kommunikation beruhen. Exklusion meint dann den Ausschluß von Möglichkeiten des Zugangs zu Kommunikation. Ich möchte dies mit einem Zitat aus einem Text von Helen Epstein illustrieren, in dem es um die Differenz zwischen traditioneller Armut und gegenwärtigen Vorgängen der Exklusion geht:

In the past poverty meant leaky roofs, exposed sewage, poor nutrition, and risky workplaces, and the diseases of poverty included tuberculosis, cholera, and scarlet fever. Today poverty means not being able to entertain friends, buy children new clothes, eat out, or have holidays [...] being poor today means feeling powerless and excluded from society.[4]

1 Lenoir 1974.
2 Foucault 1974; Ewald 1995.
3 Siehe insb. Parsons 1965.
4 Epstein 1998, 28.

Dies illustriert gut, daß Exklusion heute primär den Ausschluß von sozialen Ereignissen bezeichnet – nicht den Ausschluß vom Zugang zu materiellen Ressourcen –, die als soziale Ereignisse Gelegenheiten für Kommunikation bieten.

Von diesem Gesichtspunkt aus bedeutet die Prominenz von Theorien der Information und der Kommunikation nach dem Zweiten Weltkrieg[5] nicht primär eine autonome theoretische Innovation der Sozialwissenschaften als vielmehr eine Widerspiegelung fortschreitenden sozialen Wandels: die zunehmende Bedeutung von Kommunikation für die Strukturbildung in der modernen Gesellschaft. Die Kontrolle über materielle Ressourcen (die das klassische Maß für Armut oder deren Abwesenheit definierte) verliert im Verhältnis zur Position in Kommunikationsnetzwerken an Bedeutung. Wenn man nach Gründen für diese zunehmende Bedeutung von Kommunikation sucht, sind die wahrscheinlichen Kandidaten die Herausbildung der Weltgesellschaft und die Distanzeffekte, die damit einhergehen. Beziehungen zwischen sozialen Einheiten werden in gewissem Umfang unabhängig von der räumlichen Distanz, die die Einheiten voneinander trennt, und dieser Sachverhalt lockert die Kopplung sozialer Strukturen an lokale und immobile Ressourcen und erhöht die Bedeutung von Kommunikation, weil Kommunikation enorme Distanzen leicht zu überbrücken imstande ist.

2. Während die Relevanz von Kommunikation für moderne Sozialstrukturen der erste Auslöser für den Aufstieg der Unterscheidung Inklusion / Exklusion ist, ist eine zweite verursachende Bedingung zu nennen, die mit der Differenzierung einer Vielzahl von Kommunikationssystemen zu tun hat. Die soziale Partizipation nimmt in der modernen Gesellschaft immer die Form einer Pluralisierung der Partizipationen an mehreren oder an vielen Sozialsystemen an. Keine dieser Partizipationen definiert fraglos für jedes einzelne Leben den wichtigsten Mitgliedschaftskontext. Weder die Ökonomie noch das System religiöser Kommunikation noch das System der Intimbeziehungen oder irgendein anderes Sozialsystem kann heute eine privilegierte Position bei der Realisierung gesellschaftlicher Inklusion reklamieren. Das heißt, soweit man über Inklusion und Exklusion spricht, ist es immer angemessen, den Plural zu gebrauchen. Es gibt plurale Exklusionen und plurale Inklusionen, die ent-

5 Shannon und Weaver 1949; Ruesch und Bateson 1951; Bateson 1973; Luhmann 1984, Kap. 4; Stichweh 2000.

weder unabhängig voneinander oder miteinander kausal vernetzt sind. Theoriebildung zu Inklusion und Exklusion konzentriert sich primär auf diese beiden Alternativen und die Bedingungen ihrer jeweiligen Realisierung.

Nachdem die hauptsächlichen Gründe für den Aufstieg der Unterscheidung Inklusion/Exklusion genannt worden sind, scheint es sinnvoll, noch präziser anzugeben, was die Termini Inklusion und Exklusion bedeuten. Erneut stütze ich mich hauptsächlich auf die Fassung, die der soziologischen Systemtheorie eigen ist, ohne damit den Sachverhalt zu negieren, daß in der gegenwärtigen Situation der Sozialtheorie eine Reihe anderer Verständnisse präsent sind.[6] Vom Standpunkt der soziologischen Systemtheorie aus meint Inklusion/Exklusion immer die Relation sozialer und psychischer Systeme, wobei die letzteren einen Systemtypus eigenen Rechts bilden und der Umwelt sozialer Systeme zugehören. Die Begriffe Inklusion und Exklusion bezeichnen dann die Art und Weise, in der psychische Systeme als Personen adressiert oder in den Kommunikationsprozessen sozialer Systeme in Betracht gezogen werden. Unter diesen Voraussetzungen lassen sich zwei Mechanismen der Inklusion unterscheiden. Erstens existiert in jeder Situation immer die Möglichkeit der Bezeichnung oder der Adressierung von Personen, die man in der Umwelt sozialer Systeme perzipiert. Diese Bezeichnungsakte vollziehen sich von Moment zu Moment, und es kann sich bei ihnen um ein einmaliges, nicht wiederkehrendes Ereignis handeln. Die zweite Form der Inklusion geht über einzelne Bezeichnungsakte hinaus und impliziert die Bildung von Erwartungen, die an einzelne Personen oder Kategorien von Personen gerichtet werden und die als kontinuitätsbildende Erwartungen in die Strukturbildung sozialer Systeme eingehen.

Wenn man sich die Exklusionsseite ansieht, kann man den Modus operandi symmetrisch formulieren. Exklusionen vollziehen sich entweder in der Form, daß bestimmte psychische Systeme in dem jeweils betrachteten sozialen System nicht oder nicht mehr bezeichnet und adressiert werden. Oder sie geschehen als Auflösung von Erwartungsstrukturen, die bisher gegolten hatten und die für jemanden oder eine soziale Gruppe ihre Zugehörigkeit zum System verbürgten. Wenn heute von sozialer Exklusion als einem relevanten

6 Siehe etwa Silver 1995; Stäheli und Stichweh (Hg.) 2002; Farzin, Opitz und Stäheli (Hg.) 2008.

sozialen Problem gesprochen wird, sind nicht einzelne Exklusionsereignisse gemeint, die vielfach für die Beteiligten unproblematisch sind. Soweit die Pluralisierung von Partizipationen und Mitgliedschaften charakteristisch für die moderne Gesellschaft ist, ist jedes Individuum in einer Reihe von Hinsichten exkludiert, so wie es in einer signifikanten Zahl von Hinsichten inkludiert ist. Vielleicht interessiert man sich nicht für Musik, oder es hält jemand Religion für eine überholte Deutungsvariante, oder eine dritte Person findet Sport unkommunikativ und vermeidet ihn deshalb usw. Exklusion wird aber zum Problem, wenn sie sich wiederholt ereignet, wenn sie sich auf plurale soziale Systeme bezieht und sich diese Exklusionen auch noch sequentiell miteinander verketten.

II

In diesem Teil der Überlegungen wende ich mich nun dem zweiten analytischen und semantischen Komplex, der Soziologie des Fremden, zu. Wenn man diese mit der Analytik von Inklusion und Exklusion vergleicht, fällt ein Unterschied unmittelbar auf. Die Analytik von Inklusion und Exklusion eignet sich offensichtlich als ein wichtiges Teilstück einer sehr allgemeinen Sozialtheorie, beispielsweise einer soziologischen Differenzierungstheorie, in der sie ökologische Beziehungen psychischer und sozialer Systeme formuliert. Im Unterschied dazu scheint die Soziologie des Fremden einen relativ speziellen Fall zu beschreiben, der in historischen Termini zweifellos von großer Bedeutung ist, aber dennoch einen Spezialfall verkörpert, der nicht direkt theoriefähig ist.

Man kann dies so deuten, daß die *historische Semantik des Fremden* sich als eine spezielle Semantik der Inklusion und Exklusion erweist, die sich auf die *Bedingungen der Mitgliedschaft und die Kriterien der Zugehörigkeit in vergleichsweise geschlossenen sozialen Systemen konzentriert*. Die Semantik des Fremden beschreibt diese Bedingungen und Kriterien nicht nur; sie verleiht ihnen darüber hinaus normative Gültigkeit. Eine so verfaßte Semantik des Fremden ist für nahezu jede menschliche Gesellschaft dokumentiert, von der wir überhaupt wissen und deren Semantik uns bekannt ist. In dieser gerade skizzierten Definition einer Semantik des Fremden werden zwei näher zu erörternde Termini gebraucht, die signifikante Differenzen zur Soziologie der Inklusion und Exklusion (als einer Theorie der Moderne) markieren und denen wir deshalb nachgehen sollten.

1. Der Begriff der Mitgliedschaft. Mitgliedschaft ist dort ein nützlicher Begriff, wo es um formale Organisationen geht, und er ist es außerdem im Blick auf das politische System der modernen Gesellschaft, das die Semantik und die rechtliche Struktur von ›Staatsbürgerschaft‹ als eine genuin politische Mitgliedschaftsterminologie hervorgebracht hat. Aus dieser Eingrenzung von Mitgliedschaft folgt auch, daß wir für die meisten sozialen Systeme, auch wenn sie als Kommunikationssysteme laufend Inklusionen und Exklusionen prozessieren, auf keinen Fall von ›Mitgliedschaft‹ sprechen dürfen, wenn wir die Art von Affiliation beschreiben wollen, die durch Inklusion hervorgebracht wird und im Fall der Exklusion verlorengeht. Es gibt kein sinnvolles Verständnis, das uns erlauben würde, davon zu sprechen, daß jemand ein Mitglied der Wirtschaft oder des Rechtssystems oder des Wissenschaftssystems wäre – und zwangsläufig folgt daraus, niemand ist ein Mitglied der Gesellschaft. Natürlich gibt es die Möglichkeit der Mitgliedschaft in Kirchen, Gerichtshöfen oder in Universitäten, also in Organisationen. Die Semantik des Fremden scheint aber Systeme zu unterstellen, die auf Mitgliedschaft beruhen, und der Fremde ist dann jeweils derjenige, der bisher nicht als Mitglied in Frage kam. Eine solche Charakterisierung eignet sich nicht als Beschreibung moderner sozialer Systeme (außer im Fall des Nationalstaats), und die Analytik von Inklusion und Exklusion hat ihre Stärke darin, daß sie diesem Sachverhalt Rechnung trägt, weil sie ohne Mitgliedschaftsvorstellungen auskommt.

2. Die Schließung sozialer Systeme. Soziale Systeme müssen einen erheblichen Grad sozialer Schließung aufweisen, damit jemand als ein Fremder aufgefaßt werden kann. Dieser Grad von sozialer Schließung wird in den Statusgruppen stratifizierter Gesellschaften offensichtlich erreicht. Moderne Sozialsysteme, insbesondere die Funktionssysteme der modernen Gesellschaft, sind als Sinnsysteme operational geschlossen. Das heißt, sie konzentrieren sich auf bestimmte Typen sinnhafter Kommunikation (z. B. ökonomische oder rechtliche oder religiöse Kommunikation). Indem sie den jeweiligen Typus von Kommunikation monopolisieren, schließen sie sich auf dieser Basis operational gegenüber ihrer gesellschaftlichen Umwelt. Es gibt keine Möglichkeit des Imports einer ökonomischen oder juristischen oder religiösen Kommunikation in das jeweilige Funktionssystem.[7] Aber diese operationale und als solche sachthematische Schließung moderner Sozialsysteme geht mit deren *sozialer Öffnung* einher. Für die Funktionssysteme der modernen Gesellschaft gibt es kein Prinzip der Exklusion anderer sozialer Adressen, die als Fremde aufgefasst werden und in dieser Eigenschaft als Fremde vom Kommunikationssystem ausgeschlossen sind. Unter Bedingungen funktionaler Differenzierung wird deutlich, daß die Semantik des Fremden allenfalls noch in politischen Termini einen Sinn ergibt, aber die Wirklichkeit der anderen Funktionssysteme nicht mehr trifft. Darin liegt der Grund für die Hypothese der potentiellen weltweiten Inklusion aller denkbaren sozialen Adressen, also aller derjenigen, die mit psychischer Individualität ausgestattet sind, in alle Funktionssysteme der modernen Gesellschaft – eine Hypothese, die wir in Varianten bei Niklas Luhmann und bei Talcott Parsons finden.[8] Aber wir müssen auch im Blick behalten, daß die Unterscheidung von Inklusion und Exklusion tatsächlich als eine Unterscheidung gehandhabt werden muß. Das bedeutet, daß in den Inklusionsprozessen, die die operative Realität moderner Sozialsysteme ausmachen, zwangsläufig die Möglichkeit von Exklusionen involviert ist. Ein Akt der Adressierung oder Bezeichnung kann immer auch mißlingen, er kann die Adresse verfehlen oder gar nicht kennen, mit Gewalt unterbunden oder mangels Aufmerksamkeit einfach vergessen werden.[9] Aber diese Exklusionen identifizieren diejenigen, die von ihnen betroffen

---

7 Ein interessanter Testfall ist *Ghostwriting*: Es wird beispielsweise einer Adresse, die eindeutig einem bestimmten Funktionssystem zugehört (z. B. der Wissenschaft), eine Kommunikation untergeschoben, die ihrem latenten Sinn nach in die Funktionszusammenhänge eines anderen Funktionssystems gehört. Wenn Pharmakonzerne bei auf ›Schreiben‹ spezialisierten Büros *Reviews* über Medikamentenklassen in Auftrag geben, die dann einem einschlägig ausgewiesenen Wissenschaftler (mit seiner Mitwirkung) als von ihm einzureichende Publikation zugespielt werden, wird eine Grenze überschritten, was die Autopoiesis des Funktionssystems Wissenschaft zumindest lokal außer Kraft setzen kann. Siehe Singer 2009a; 2009b.

8 Bei Luhmann entwickelt aus einer Analyse der Abwesenheit von Selbstbegrenzungen in den Funktionssystemen der modernen Gesellschaft (z. B. Luhmann 1981); bei Parsons in der These der vier Revolutionen, die die Entwicklungsdynamik der modernen Gesellschaft prägen: der demokratischen, der politischen, der Erziehungsrevolution und der expressiven Revolution (Parsons und Platt 1974).

9 Dies ist leicht zu vergegenwärtigen am Beispiel einer politischen Wahl.

sind, nicht als Fremde, und sie könnten einer solchen Zuschreibung, über die sie nicht mehr verfügen, auch keine Legitimität verdanken; all diese Exklusionen besitzen eine viel fluidere soziale Basis und eine allenfalls prekäre Legitimität.

Es sollte ein dritter Gesichtspunkt hinzugefügt werden, der in gewisser Hinsicht die vorstehenden Bemerkungen zusammenfaßt. Eine zentrale Implikation einer jeden Semantik und historischen Soziologie des Fremden scheint zu sein, daß der Fremde immer als ein *kompaktes soziales Objekt* aufgefaßt wird. Der Begriff des kompakten sozialen Objekts bedeutet, daß erst auf der Basis einer Synthese, die vielfältige Sinnkonstruktionen einbezieht, zu denen der Fremde Anlaß gibt und die mannigfaltige Wahrnehmungseindrücke übergreift, die sich auf ihn beziehen, die Konstitution des Fremden als eines kompakten Objekts vollzogen wird, die dann zu Verhandlungen Anlaß gibt, die seinen oder ihren Mitgliedschaftsstatus in jener Gesellschaft betreffen. Diese Verhandlungen setzen die Irritation durch den Fremden in Aushandlungen seines Status um. Sind diese Verhandlungen erfolglos, kommt es zum charakteristischen Akt der Rejektion oder Exklusion des Fremden.

Ein großer Teil der extrem diversen historischen Semantik des Fremden bearbeitet genau die an dieser Stelle sichtbar werdende Aufgabe: die Beschreibung und die Abgrenzung der verschiedenen Mitgliedschaftsstatus, die Fremden zugänglich und für sie verfügbar sind. Auch sofern auf der Basis dieser Statuskategorien gesellschaftsinterne Rollen für Fremde verfügbar sind, bleibt dennoch die Fremdheit des Fremden immer erhalten. Zugleich ist es immer entscheidend, daß der Fremde, dem ein partieller Mitgliedschaftsstatus zugestanden wird, seine spezifische Nützlichkeit für die betreffende Gesellschaft erweist. Im Unterschied zu der askriptiven Mitgliedschaft des Bürgers wird anderenfalls seine Rolle nicht kontinuiert.

Erneut ist die Differenz zu einer Analytik der Inklusion und der Exklusion offensichtlich. Moderne Prozesse der Inklusion und der Exklusion haben es nicht länger mit kompakten sozialen Objekten zu tun. Statt dessen fungiert die Soziologie der Inklusion und Exklusion als eine Beobachtung zweiter Ordnung, die der modernen Gesellschaft dabei zusieht, wie diese *partielle soziale Objekte* (ausschnitthaft erfaßte psychische Individualitäten), die nahezu an keinem gesellschaftlichen Ort mehr als komplexe Ganzheiten gesehen werden, entweder adressiert oder nicht adressiert.

III

Es gilt nun den dritten Fokus dieses Textes zu vergegenwärtigen: Identitäten. Bis zu diesem Punkt unserer Argumentation ist bereits gut zu sehen, daß die Semantik des Fremden und die Analytik von Inklusion und Exklusion in keiner Weise als kongruente Modelle für dieselben Sachverhalte fungieren. Viel besser versteht man sie als einander ablösende historische Modelle für die Behandlung von Nichtmitgliedschaft und Alterität in sozialen Systemen. Meine Vermutung ist, daß es einen genuinen soziologischen Erkenntnisgewinn verspricht, wenn man diese beiden Korpora des Denkens und des Theoretisierens voneinander trennt und nicht eine konzeptuelle Fusion versucht, wie diese heute oft und fast naiv unternommen wird.

Was bedeutet diese Differenz zwischen zwei alternativen und historisch aufeinander folgenden Theorien für die Bildung von Identitäten. Aus der bisherigen Analyse scheinen einige Konklusionen fast selbstverständlich zu folgen. Die Semantik und die Soziologie des Fremden beschreiben offensichtlich eine Welt, die aus sozialen Systemen besteht, die man *inkorporierte soziale Systeme* nennen könnte, also Systeme mit klaren Mitgliedschaftskriterien und daraus resultierender sozialer Schließung. Indem sie Fremde inkludieren und exkludieren, definieren diese Sozialsysteme gleichzeitig das, was man legitimerweise als ihre *kollektive Identität* bezeichnen kann. Jene Welt, in der die Semantik des Fremden deskriptiv adäquat war, ist zugleich die Welt, in der der Begriff der kollektiven Identität entstand und zugleich am ehesten eine existierende Realität beschrieb.

In der modernen Welt der Inklusionen und Exklusionen verhält es sich völlig anders. Es gibt keinen Grund für die Annahme, daß der Begriff der Identität an Bedeutung verliert oder gar verschwindet. Aber dieser Begriff verliert seine Unizität, die Selbstverständlichkeit seiner Interpretation durch genau einen privilegierten Kontext des Gebrauchs. Er wandert statt dessen in multiple Kontexte der Anwendung und der Auslegung.

Eine erste Eigentümlichkeit ist, daß Identität elementarisiert und als Folge davon prozessualisiert wird. Sobald ein soziales Objekt ein zweites Mal in einem Kommunikationsprozeß adressiert oder inkludiert wird, wird diesem Objekt eine Identität unterstellt; es muß sich um dasselbe soziale Objekt handeln, das schon zuvor adressiert wurde. In diesem Sinn ist der Begriff der Identität für die Soziologie fundamental, da Soziologie als die Wissenschaft jener sozialen Objekte verstanden werden kann, die einander mehr als einmal adressieren.[10] Solange kommunikativer Austausch auf Einmalereignisse zurückgeführt werden kann, ist die Wissenschaft dieser Ereignisse vermutlich die Ökonomie und nicht die Soziologie. Harrison White hebt eine ähnliche These hinsichtlich der konstitutiven Bedeutung von Identität hervor, wenn er den Begriff der Identität für den des Akteurs substituiert. Für White ist eine Identität eine jede Quelle von Handlungen, die nicht aus biophysischen Regelmäßigkeiten abgeleitet werden können, und unter diesen Umständen ist das, was die soziologische Theorie einen Akteur genannt hat, nur ein Spezialfall der Erfüllung der Bedingungen, die durch die gerade genannte Definition der Identität gefordert werden.[11]

Ein zweiter Gesichtspunkt betont, daß eine moderne Identität sich von Erwartungen der Authentizität ablöst. Richard Sennett trägt das Argument vor, daß der Nationalismus des 19. Jahrhunderts dasjenige etabliert habe, was er die »moderne Grundregel des Verfügens über eine Identität« nennt: »You have the strongest identity when you aren't aware you ›have‹ it; you just are it. That is, you are most yourself when you are least aware of yourself.«[12] Ein vergleichbares Argument kann man bereits bei Autoren des 18. und 19. Jahrhunderts dokumentieren, z. B. in Preußen bei Carl Abraham Freiherr von Zedlitz,[13] der die These vertritt, Patriotismus oder Nationalismus solle nicht in der Schule gelehrt werden und er brauche dort auch nicht gelehrt zu werden, weil er sich auf natürliche Weise von selbst bilde, so wie es in einem deutschen Sprichwort heiße, man nehme den Patriotismus mit der Muttermilch in sich auf. Identitäten dieses Typs könnte man authentische Identitäten nennen, weil es in diesen Fällen keine Distanz zwischen einer Person und ihrer Identität gibt. Letzteres kann heute nicht

---

10 Repetitiver Tausch, der die Tauschpartner mehr als einmal aneinanderbindet, ist wiederholt als der konzeptuelle Kern soziologischer Austauschtheorien – im Unterschied zu ökonomischen Tauschmodellen – verstanden worden. So beispielsweise Emerson 1981, 35 ff.
11 White 1992, insb. 6 und 22.
12 Sennett 1996.
13 Siehe interessant Zedlitz 1777.

mehr der Fall sein. Identitäten sind in der Gegenwart nicht ohne Reflexivität, Wissen um die Identität und Artifizialität der Identität denkbar. Und sie bilden sich in der Form einer Reflexion auf die Inklusionsprozesse, denen sie sich verdanken.

Dies führt auf den dritten Gesichtspunkt hin, der hier zu betonen ist. Identitäten sind offensichtlich Inklusionsidentitäten; sie referieren auf die multiplen Inklusionsprozesse, die für die moderne Gesellschaft charakteristisch sind. Es handelt sich notwendigerweise um multiple Identitäten, die einander überschneiden und sich wechselseitig relativieren. Selbst wenn man in einigen der Überzeugungen, die man vertritt, und hinsichtlich der politischen Meinungen ein Nationalist ist, kann dies durch den Lebensstil, den man wählt, oder durch die musikalischen Präferenzen, die man kultiviert, oder andere über Inklusionen erworbene Identifikationen konterkariert werden. Wie verhält es sich mit »Exklusionen«? Natürlich werden auch Exklusionen identitätsprägend wirken, aber soweit ich weiß, existiert keine Forschung oder Theoriebildung über Exklusionsidentitäten, vorausgesetzt, man geht davon aus, daß Niklas Luhmanns Theorie der Exklusionsindividualität ein Phänomen ganz anderen Typs behandelt.[14] Exklusionsidentitäten gehen nicht auf Identifikationen zurück, sondern reagieren auf Entfremdungen. Diese sind weniger spezifisch als die Identifikationen, aber sie sind vermutlich stärker. Man kann die Vermutung anstellen, daß ihnen eine Tendenz eigen ist, um bestimmte Cluster von Funktionssystemen herum zu kristallisieren, Cluster von Funktionssystemen, wie sie typischerweise bei multiplen Exklusionen vorkommen.

Wenn man zu den multiplen Identitäten zurückkehrt, die auf Inklusionsprozesse zurückgehen, kann man ein viertes Argument hinzufügen. Dieses Argument erweitert den Begriff der Identität um eine temporale Komponente: Identitäten sind nicht nur multipel, sie sind auch – in Anlehnung an einen Vorschlag von Martin Heisler – Teilzeitidentitäten.[15] Das bedeutet, daß selbst eine pointiert vorgetragene Identitätsartikulation zunächst nur für den Ort

---

14 Exklusionsindividualität ruht auf Inklusion und bezeichnet die je individuelle Synthese der heterogenen Inklusionen des Einzelnen. Bei dieser Synthese kann es sich nur um einen außergesellschaftlichen Sachverhalt handeln, weil sie nicht durch eine der vollzogenen Inklusionen als Synthese gestützt wird (Luhmann 1989). Man könnte im Blick auf Intimbeziehungen dieser These widersprechen.
15 Heisler 1990.

und den Zeitpunkt gilt, an dem sie vorgetragen wird, und daß man weder sich selbst noch dem anderen einen Gefallen tut, wenn man sie in ihren Ansprüchen übergeneralisiert. Heisler behauptet die Geltung dieser These beispielsweise für den Fall der modernen ethnischen Identität.[16]

Der fünfte und letzte Gesichtspunkt, den ich hervorheben möchte, referiert auf den immer stärker hervortretenden Netzwerkcharakter der modernen Gesellschaft. Im Unterschied zu Funktionssystemen genügen für Netzwerke losere Inklusionsformen. Man kommt mit schwachen Verbindungen (»weak ties«) aus; nur kleine und sozial geschlossene Systeme werden auf der Basis von starken Verknüpfungen (»strong ties«) gebildet.[17] Daraus folgt, daß in manchen Hinsichten in der modernen Gesellschaft Verknüpfungen an die Stelle von Identitäten treten. Die Frage lautet dann nicht mehr: »Wer bist du? Welches sind deine Werte und Engagements?«, sondern: »Mit wem stehst du in Beziehungen? Mit wem hältst du Kontakt? Wen wirst du im Fall eines ernsthaften Problems anrufen können?« Netzwerke sind Vehikel, die sich gut für die Weitergabe und Diffusion potentieller Identitäten eignen. Aber in ihnen konsolidieren sich Identitäten nicht in langfristig stabilen Formen.

Dieser Text hat versucht, zwei semantische und analytische Komplexe für die Thematisierung und Regularisierung von Prozessen der Definition von Mitgliedschaft in älteren Gesellschaften und in der Weltgesellschaft der Gegenwart miteinander zu vergleichen. Der semantische Komplex der Beschreibung und der normativen Regulierung der Beziehungen zum Fremden und das neu entstandene theoretische Vokabular der Inklusion und der Exklusion sind zwei einflußreiche und historisch einander ablösende Modelle, und es läßt sich zeigen, daß der historische Wechsel vom einen zum anderen Modell der Beschreibung von Mitgliedschaftsbedingungen auch die Modi der Identitätsbildung in der Gesellschaft signifikant umstrukturiert.

---

16 Vgl. die These der symbolischen Ethnizität Gans 1979.
17 Siehe Granovetter 1983.

Literatur

Bateson, Gregory, 1973: *Steps to an Ecology of Mind. Collected Essays in Anthropology, Psychiatry, Evolution and Epistemology*, London: Paladin Books.

Emerson, Richard M., 1981: Social Exchange Theory, in: Morris Rosenberg und Robert H. Turner (Hg.), *Social Psychology: Sociological Perspectives*, New York: Basic Books, S. 30-65.

Epstein, Helen, 1998: Life & Death on the Social Ladder, in: *New York Review of Books* 45, 12: 26-30.

Ewald, François, 1995: Foucault: Analytique de l'exclusion, in: *Magazine littéraire*, 334: 22-24.

Farzin, Sina, Sven Opitz und Urs Stäheli (Hg.), 2008: *Inklusion Exklusion: Rhetorik – Körper – Macht* (= *Soziale Systeme* 14, 2008, 2), Stuttgart: Lucius & Lucius.

Foucault, Michel, 1974: La vérité et les formes juridiques, in: ders., *Dits et écrits, 1954-1988*, Bd. 2, 1970-1975, Paris: Gallimard 1994, S. 538-646.

Gans, Herbert J., 1979: Symbolic Ethnicity: The Future of Ethnic Groups and Cultures in America, in: *Ethnic and Racial Studies* 2, 1: 1-20.

Granovetter, Mark 1983: The Strength of Weak Ties: A Network Theory Revisited, in: *Sociological Theory* 1: 203-233.

Heisler, Martin O., 1990: Ethnicity and Ethnic Relations in the Modern World, in: Joseph V. Montville (Hg.), *Conflict and Peacemaking in Multiethnic Societies*, Lexington/Mass., Toronto: Lexington Books, D. C. Heath and Company, S. 21-52.

Lenoir, René, 1974: *Les exclus: Un Français sur dix*, Paris: Seuil.

Luhmann, Niklas, 1981: *Politische Theorie im Wohlfahrtsstaat*, München, Wien: Günter Olzog.

– 1984: *Soziale Systeme: Grundriß einer allgemeinen Theorie*, Frankfurt/M.: Suhrkamp.

– 1989: Individuum, Individualität, Individualismus, in: ders. (Hg.), *Gesellschaftsstruktur und Semantik. Studien zur Wissenssoziologie der modernen Gesellschaft*, 3. Auflage, Frankfurt/M.: Suhrkamp, S. 149-258.

Parsons, Talcott, 1965: Full Citizenship for the Negro American?, in: Talcott Parsons (Hg.), *Politics and Social Structure*, New York: The Free Press 1969, S. 252-291.

Parsons, Talcott, und Gerald M. Platt, 1974: *The American University*, Cambridge/Mass.: Harvard University Press.

Ruesch, Jurgen, und Gregory Bateson, 1951: *Communication: The Social Matrix of Psychiatry*, Nachdruck, New York: Norton 1968.

Sennett, Richard, 1996: The Foreigner, in: Paul Heelas, Scott Lash und Paul

Morris (Hg.), *Detraditionalization: Critical Reflections on Authority and Identity*, Cambridge/Mass.: Blackwell, S. 173-199.

Shannon, Claude E., und Warren Weaver, 1949: *The Mathematical Theory of Communication*, 4. Auflage, Urbana, Ill.: University of Illinois Press 1969.

Silver, Hilary, 1995: Reconceptualizing Social Disadvantage: Three Paradigms of Social Exclusion, in: Rodgers Gerry (Hg.), *Social Exclusion: Rhetoric, Reality, Responses*, Genf: International Institute for Labour Studies, S. 57-80.

Singer, Natasha, 2009a: Medical Papers by Ghostwriters Pushed Therapy, in: *New York Times*, 5. August, S. A1.

– 2009b: Senator Moves to Block Medical Ghostwriting, in: *New York Times*, 19. August, S. B1.

Stäheli, Urs, und Rudolf Stichweh (Hg.), 2002: *Exclusion and Socio-Cultural Identities. Systems Theoretical and Poststructuralist Perspectives* (= *Soziale Systeme* 8, 2002, Nr. 1), Stuttgart: Lucius & Lucius.

Stichweh, Rudolf, 2000: Systems Theory as an Alternative to Action Theory? The Rise of ›Communication‹ as a Theoretical Option, in: *Acta Sociologica* 43, 1: 5-13.

White, Harrison C., 1992: *Identity and Control: A Structural Theory of Social Action*, Princeton/N.J.: Princeton University Press.

Zedlitz, Carl Abraham Freiherr von, 1777: *Ueber den Patriotismus als einen Gegenstand der Erziehung in monarchischen Staaten*, Berlin: Christian Friedrich Voß.

II
Fremdheit in der Weltgesellschaft
Indifferenz und Minimalsympathie

I. Andersheit und Fremdheit

Die soziale Erfahrung der Fremdheit ist von Andersheit zu unterscheiden. Die Andersheit eines Alter ego ist eine unabweisbare und damit eine universelle soziale Erfahrung. Sie ist die Voraussetzung dafür, daß ich mich überhaupt als ich selbst aus der Differenz zur Andersheit eines Anderen erleben kann. Fremdheit hingegen liegt nur dann vor, wenn die Andersheit eines Alter ego als Irritation oder als Störung empfunden wird.[1] Dieses pragmatische Kriterium der Irritation ist als konstitutiv für Fremdheit zu verstehen. Ambivalenz – im Sinne des Gegebenseins widersprüchlicher Wertungen, die sich auf denselben Gegenstand richten – und Ungewißheit sind weitere Begleitphänomene der Erfahrung von Fremdheit. Die erfahrene Fremdheit löst in vielen Fällen einen Handlungsbedarf aus. Man kann die Störung nicht auf sich beruhen lassen, sondern fühlt sich aufgerufen, etwas zu ihrer Verarbeitung oder gar Beseitigung zu tun.

Man kann zwei alternative Hintergrundbedingungen von Fremdheit unterscheiden: soziale und sachliche Differenzen.[2] Die Erfahrung von Fremdheit kann sich auf ein soziales Gegenüber beziehen, das über die Verschiedenheit seiner Äußerungsformen hinweg als ein Fremder aufgefaßt und insofern als ein kompaktes soziales Objekt vergegenwärtigt wird. Sie bezieht sich alternativ aber auch auf sachliche Differenzen und die mit ihnen verbundenen Unvertrautheiten. Es ist möglich, einem bestimmten Wissensbestand (der Mathematik, der Informationstechnik, der Kultur der Hethiter) fremd gegenüberzustehen. In beide Formen von Fremdheit spielt zudem das Moment der räumlichen und zeitlichen Distanz hinein. Distanz kann Fremdheit auslösen, wenn Jahrtausende einen von einer fremden Kultur trennen; sie kann sie aber auch entproblematisieren, weil die räumliche und zeitliche Trennung den Handlungsbedarf entfallen läßt.

1 Vgl. Stenger 1998.
2 Vgl. zu sozialer und kultureller Fremdheit Münkler 1997.

Die folgenden Überlegungen werden sich auf den sozialen Aspekt von Fremdheit konzentrieren, also darauf, daß jemand in einer Gesellschaft oder an deren Grenze als ein Fremder wahrgenommen und klassifiziert wird. In diese Zuschreibung können vielfältige einzelne sachliche Differenzen eingehen; sie treten aber in der kompakten Auffassung des Anderen als eines Fremden zurück. Mit dieser Zuschreibung wird in dem Sozialsystem, in dem sie vorgenommen wird, die Mitgliedschaftsfrage gestellt. Ist der betreffende Fremde Mitglied des jeweiligen Sozialsystems, und mit welchen Einschränkungen, aber auch Privilegierungen wird die ihm eventuell eingeräumte Mitgliedschaft ausgestattet?[3]

II. Historische Semantiken und sozialstrukturelle Varianten der Einbeziehung des Fremden

Die Rede von »dem Fremden« verkörpert eine nahezu universelle historische Semantik, für die wir in einer Vielzahl von Kulturen und Literaturen Beispiele finden. Fast jede historische Gesellschaft hat sich mit der Zuweisung von Rollen und Mitgliedschaftsstatus für Fremde befaßt. Aus Texten wie dem Alten Testament, der *Ilias* und der *Odyssee* dürften den meisten Lesern Beispiele für die Prominenz der Semantik des Fremden vertraut sein: So werden die Hebräer im Alten Testament unablässig ermahnt, Fremde als Gast und freundlich zu behandeln, da sie selbst dereinst Fremde und Sklaven in Ägypten gewesen seien.[4] In Formulierungen dieses Typs finden wir weitverbreitete Aspekte der Semantik des Fremden: die Ungewißheiten des eigenen Lebenswegs (= die Pilgerschaft des Menschen auf Erden), die einen jeden irgendwann einmal zum Fremden machen mögen; die generalisierte Reziprozität unter Menschen, die auf der Basis solcher Ungewißheiten entsteht; aber auch die Ambiguitäten der Behandlung des Fremden, die sich u. a. der Tatsache verdanken, daß er sich immer auch noch als ein verkleideter Gott erweisen könnte.

Diese historischen Fragen, so faszinierend sie sind, werden im

3 Vgl. Harman 1988.
4 Greifer 1945.

folgenden nicht unser Thema sein, da es uns um eine Analyse der Weltgesellschaft der Gegenwart geht. Statt einer historischen Behandlung sei nur eine Minimalrekonstruktion der unterschiedlichen Muster der Einbeziehung des Fremden in verschiedenen Gesellschaften gegeben, die unmittelbar auf das Leitthema »Fremde in der Weltgesellschaft« hinführt.

Fünf Modi der Auffassung und Behandlung des Fremden möchte ich unterscheiden. Dabei ist der analytische Charakter der im folgenden vorgetragenen Unterscheidungen zu betonen. Es handelt sich nicht um eine Sequenz, in der die Typen streng einander ablösen. Vielmehr kommen die Typen nebeneinander vor; es ist vorstellbar, daß in einer gegebenen Gesellschaft mehrere von ihnen zu beobachten sind.

Es gibt erstens Gesellschaften, denen es nicht gelingt, den Fremden überhaupt als Fremden zu erkennen. In diesem Fall treten auch keine wirkliche Irritation und kein Handlungsbedarf auf. Aus den Jahren kurz nach 1930, in denen zum ersten Mal Fremde (zunächst australische Goldsucher) die bis dahin unbesiedelt geglaubten, in Wirklichkeit aber dicht besiedelten Regionen im Hochland Neuguineas bereisten, wird berichtet, daß die Stämme, auf die sie unerwarteterweise trafen, einhellig und ohne großes Zögern die Fremden, die ihnen entgegentraten, als frühere Stammesmitglieder – ja sogar konkret als verstorbene Familienmitglieder (Ahnen) – identifizierten, die zurückgekehrt waren.[5] Erfahrene Fremdheit war insofern kein Teil der Reaktion der Stammesmitglieder, weil sie im »Weltbild« der betreffenden Gesellschaften nicht als Möglichkeit vorgesehen war.

Ein zweiter Typus von Gesellschaften registriert Fremde in ihrer Beunruhigungsqualität, aber er konzentriert alle seine Mechanismen für den Umgang mit Fremdheit darauf, die erfahrene Fremdheit sofort wieder zum Verschwinden zu bringen. Diese Mechanismen reichen von der Expulsion oder Tötung des Fremden bis zu den Mustern der Aufnahme in die Gesellschaft, die u.a. Reinigungsriten und die Adoption des Fremden in einen Verwandtschaftszusammenhang einschließen, bei denen es also darum geht, den Fremden aller Momente von Fremdheit zu entkleiden.

Ein drittes Muster haben die stratifizierten Gesellschaftssysteme

---

5 Siehe als Rekonstruktion dieser Episode Connolly und Anderson 1988.

verwirklicht, die einen Großteil der Gesellschaftsgeschichte der letzten Jahrtausende bestimmt haben. In ihnen gab es erstmals eine Pluralität möglicher Status für Fremde, die der Diversifikation der Sozialstruktur in stratifizierten Gesellschaften entsprach. Es gab innere und äußere Fremde; geduldete, privilegierte und unterworfene Fremde; Berufe und Enklaven, die für Fremde reserviert und zugleich Einheimischen untersagt waren; Fremde, die dort plaziert wurden, wo Kommunikationsunterbrechungen zwischen gesellschaftlichen Gruppen sie als Vermittler unentbehrlich machten, und viele andere Varianten mehr. Die Moderne des 19. und 20. Jahrhunderts, an deren Ausgangspunkt u.a. die Erfindung des Nationalstaats als einer universellen politischen Form steht, bringt in einer Hinsicht eine radikale Vereinfachung dieser diversifizierten Muster und damit eine vierte Form des Umgangs mit Fremden hervor: An die Stelle der Pluralität der Status treten binäre Klassifikationen, die Einheimische, die vollgültige Mitglieder des Nationalstaats sind, von Fremden, denen die entsprechenden Berechtigungen fehlen, unterscheiden. Ohne den Nationalstaat und die komplexen Sets von miteinander gekoppelten Mitgliedschaftsrechten, auf denen er ruht, wäre diese Vereinfachung der vormodernen Statusvielfalt nicht möglich gewesen.

Parallel zur Genese des Nationalstaats aber entsteht zugleich die Situation, die uns in diesem Text vor allem interessiert und die den fünften Typus der gesellschaftlichen Einbettung von Fremdheit hervorbringt. Nationalstaatliche Systeme sind bereits im Prozeß der Durchsetzung der neuen Form politischer Organisation, die sie verkörpern, eingebettet in die Entstehung eines weltweiten Gesellschaftssystems, in dem sich die Erfahrungen, die man mit anderen als Fremden machen kann, weitgehend verändern. In einer ersten Annäherung kann man von einer *Universalisierung des Fremden* sprechen.[6] Damit ist gemeint, daß in modernen, beispielsweise städtisch geprägten Lebenszusammenhängen die Mehrzahl der Interaktionen, in die man eintritt, eine Interaktion mit Perso-

---

6 Eine der vielen Formulierungen dieses Sachverhalts schlägt Clifford Geertz mit Blick auf die Diversität von intellektuellen Traditionen vor, die für die in ihnen Engagierten gleichsam tribale Besonderung bedeuten, aber auch jeweils »weltkonstitutiv« wirken: »We are all natives now, and everybody else not immediately one of us is an exotic« (»Wir sind jetzt alle Eingeborene, und jeder, der nicht unmittelbar uns zugehört, ist ein Exot«; Geertz 1983; Übersetzung R. S.).

nen ist, die man *Fremde* nennen könnte, was dann heißt, daß die Fremdheit des Anderen alltäglich und selbstverständlich wird und den Charakter der Irritation und der Störung verliert. Eine alternative Deutung spricht von einem *Verschwinden des Fremden* oder von seiner *Unsichtbarkeit,* womit gemeint ist, daß es zwar einen Diskurs über den Fremden gibt, der dessen Beunruhigungsqualität semantisch zu kontinuieren versucht, daß es aber nicht leichtfällt, jemanden zu nennen, den man in diesem Sinn als Fremden zu identifizieren bereit wäre. Es ist diese Erfahrungswelt, die spezifisch für die Weltgesellschaft der Gegenwart ist, die im folgenden näher exploriert werden soll. Dabei verstehen wir unter Weltgesellschaft den Sachverhalt, daß Kommunikationen heute füreinander im Prinzip weltweit erreichbar sind und es deshalb nur noch ein Gesellschaftssystem auf der Erde gibt.[7]

III. Die Normalisierung der Fremdheit: Die paradoxe Struktur der Indifferenz

Schon am Ende des 18. Jahrhunderts stoßen wir auf Diagnosen, die der gerade skizzierten ähneln. So findet sich bei Edmund Burke in einem Text von 1796 die die Vereinheitlichung der europäischen Welt registrierende Bemerkung: »From this resemblance in the modes of intercourse, and in the whole form and fashion of life, *no citizen of Europe could be altogether an exile in any part of it.*«[8] In Anmerkungen wie dieser zeichnet sich ein fundamentaler Umbruch in der Gesellschaftsgeschichte ab, der mir tiefgreifender scheint als die sich gleichzeitig vollziehende Genese des Nationalstaats. Wenn kein Ort mehr als ein *vollständiges Exil* erfahren werden kann, heißt dies, daß eine basale Vertrautheit mit einem jeden potentiellen Interaktionspartner und jedem denkbaren Aufenthaltsort unterstellt werden kann. Also ist kein Platz für eine zugespitzte Fremdheit im sozialen Verkehr mehr identifizierbar. Zumindest gilt dies auf der Ebene der Beschreibungen, die Europa über sich selbst produziert.

Andere Indizien für diese Umstellungen lassen sich leicht finden.

---

7 Stichweh 2000.
8 »Angesichts dieser Ähnlichkeit in den Verkehrsformen und in den Formen und Weisen des Lebens, könnte kein Europäer in irgendeinem anderen Teil Europas noch ganz und gar ein Exilant sein«; Burke 1999 (1796), 134; Übersetzung R. S.

Wichtig ist die sich gleichfalls im 18. Jahrhundert abzeichnende Durchsetzung der *Menschheitsidee*, zu deren Implikationen gehört, daß es basale Gemeinsamkeiten einer Spezies gibt, die über die empirisch beobachtbare Fremdheit und Feindseligkeit hinweg gelten.[9] Gesellschaftstheorie kann dann nicht mehr als Freundschaftstheorie ausgeführt werden, weil ein solches Verständnis unterstellen würde, daß es ein soziales Außen der Gesellschaft gibt (= andere Gesellschaften), gegenüber dem nicht Freundschaft, sondern Fremdheit und Feindschaft die vorherrschenden Einstellungen sind. Statt einer Gesellschaftstheorie als Freundschaftstheorie werden jetzt Mittellagen zwischen Freundschaft und Feindschaft als prototypisch für Sozialität gedacht. Benjamin Nelson, dessen *The Idea of Usury* interessant für die Analyse dieser Umstellungen ist, verweist auf die Naturrechtstheorie des 16. und 17. Jahrhunderts (Alberico Gentili, Samuel Pufendorf), der er die Leitidee eines *kalkulierten Wohlwollens* als einer wünschbaren Einstellung gegenüber anderen Menschen, aber auch gegenüber anderen Staaten zuschreibt.[10] Wichtig an dieser Formel ist das Spannungsverhältnis, das zwischen einer *kalkulatorischen* Einstellung, mit der man einem Anderen begegnet, und dem diesem Anderen geschenkten *Wohlwollen* liegt. In diesem Spannungsverhältnis zeichnet sich die paradoxe Struktur der Indifferenz ab.

Eine zweite wichtige Station in einer historischen Semantik der Indifferenz ist die Moralphilosophie der schottischen Aufklärung, ungefähr im Zeitraum von 1730 bis 1790. Zu denken ist insbesondere an Adam Smith, für den bekanntlich die Theorie der Arbeitsteilung, als Theorie der Tauschbeziehungen unter Fremden in einer kommerziellen Gesellschaft, eingebettet war in eine Theorie der moralischen Gefühle, die die Beziehungen von Menschen untereinander bestimmen.[11] Was bei Smith deutlich wird, ist, daß Tauschbeziehungen unter beliebigen Fremden nicht mehr auf die Prämisse persönlicher, gar freundschaftlicher Beziehungen der Beteiligten angewiesen sein können, daß es aber Minimalvoraussetzungen des Vertrauens und einer basalen Sympathie für schlechthin jeden anderen bedarf, damit man von den personalen Eigenschaften des Anderen abstrahieren darf, also ihnen gegenüber indifferent sein kann. Hier wird erneut das Paradox sichtbar,

9 Bödeker 1982; Fuchs und Göbel (Hg.) 1994.
10 Nelson 1969.
11 Smith 1978; 1759.

das eben schon angedeutet wurde: Minimalvertrauen oder basale Sympathie fungieren als Voraussetzung dafür, daß im übrigen Indifferenz unproblematisch ist.

Wie sieht der sozialstrukturelle Hintergrund von Indifferenz aus, und was eigentlich meint der Begriff »Indifferenz«? In der Moderne tritt an die Stelle der lokal bestimmten *cluster* von Feinden und Freunden, von Einheimischen und Fremden, die für die meisten älteren Gesellschaftssysteme charakteristisch waren, das Phänomen eines um vieles erweiterten sozialen Bezugssystems eines jeden Einzelnen, das keine anderen Möglichkeiten mehr offenläßt, als den meisten Menschen mit Indifferenz gegenüberzutreten. Um dies angemessen zu verstehen, sollte man die pejorativen Konnotationen von *Indifferenz* oder die des deutschen Äquivalents *Gleichgültigkeit* vermeiden. Sprachlich sind sie nicht zwingend, weil beide Worte eigentlich nur besagen, daß bestimmte Unterschiede, die der Sache nach im Prinzip gegeben sind, in der jetzigen Situation nicht weiter beachtet werden. Das deutsche *gleichgültig* läßt dies besonders gut erkennen. Man behandelt Dinge, die an sich verschieden sind, so, daß man sie gleich viel gelten läßt, obwohl man ihnen bei einer anderen Interessenlage vielleicht auch eine unterschiedliche Wertigkeit zuschreiben könnte. Die Entscheidung für Indifferenz oder Gleichgültigkeit hat etwas mit Informationsüberlast zu tun, die jemanden auf eine im Prinzip verfügbare Information verzichten läßt.

Sozialstrukturell geht es um die Ausdehnung, teilweise globale Ausdehnung des Netzwerks von Beziehungen, in das ein jeder eingebettet ist. Eine Konsequenz dieser Veränderung ist, daß die Anderen, mit denen man interaktionell und kommunikativ zu tun hat, nicht primär unter dem Gesichtspunkt ihrer dann näher zu klärenden Ungleichheit aufgefaßt werden, daß sie vielmehr als Individuen behandelt werden. Mit Blick auf das Faktum ihrer Individualität aber sind sie einander gleich. Gegenüber dieser fundamentalen Gleichheit aller anderen, die als Individuen registriert werden, müssen Unterschiede und Ungleichheiten erst erarbeitet werden. In der Regel wird man sich für diese Unterschiede nicht interessieren, da sie in der jeweiligen Situation nicht relevant sind und einen mit untragbaren Informationslasten überfordern würden. Daher rührt das Phänomen der Indifferenz gegenüber fast allen sozialen Differenzen. Bei Niklas Luhmann ist in einer Formulierung, die ein wenig nach Norbert Elias klingt, einmal von *disziplinierter Individualität* als Eigentümlichkeit der Moderne die Rede.[12] Diese Formulierung, die erneut paradox verfaßt ist, trifft gleichermaßen für die Selbstauffassung wie für die Erwartungen, die man an andere adressiert, zu. Die einem jeden anderen zugemutete Individualität ist nicht mehr die eines außergewöhnlichen Individuums oder eines Helden. Für das Selbstverhältnis des Individuums gilt Entsprechendes, im Sinne einer Erwartung, daß man nicht mit der Darstellung einer extraordinären Individualität die Interaktion und die anderen belastet. Basal ist also der Sachverhalt der Individualisierung aller Teilnehmer an Interaktion und Gesellschaft. Im Verhältnis dazu werden die Unterschiede zwischen ihnen sekundär und nur dann aktiviert, wenn man sie für situativen Gebrauch zur Darstellung bringt oder durch Beobachtung des Anderen erschließt. In allen anderen Fällen ist man ihnen gegenüber indifferent.

Ähnliche Diagnosen hatte sich bereits die heute klassisch genannte Soziologie am Anfang des 20. Jahrhunderts erarbeitet. Simmel spricht von der *Reserviertheit* des Großstädters, die er gleichfalls auf Erfordernisse psychischer Ökonomie zurückführt (anderenfalls »würde man sich innerlich völlig atomisieren und in eine ganz unausdenkbare seelische Verfassung geraten«). Simmels Diagnose unterscheidet sich von der hier vorgetragenen Analyse darin, daß Simmel in dieser Reserviertheit einen »Oberton versteckter Aversion« zu erblicken glaubt.[13] Eine solche durchgehaltene Aversion erschiene mir viel zu aufwendig und daher unwahrscheinlich. Ein anderer interessanter, heute ganz unbekannter Autor ist Nathaniel Shaler, ein Geologe aus Harvard, der als Laiensoziologe 1904 eine *Natural History of Human Contacts* publiziert hat.[14] Shaler sieht den Trend der zivilisatorischen Entwicklung darin, daß dort, wo dereinst die Unterscheidung von Freund und Feind, von Einheimischen und Fremden vorherrschte, eine dritte soziale Kategorie zur dominanten Form der Einstufung von anderen geworden ist. Er nennt diese dritte Kategorie *commonplace-folk* und beschreibt unsere Einstellung dem *commonplace-folk* gegenüber dadurch, daß wir entweder ohne bewußtes Registrieren ihrer Präsenz auszukommen versuchen oder (in relativ befriedeten Sozialverhältnissen) uns

---

12 Luhmann 1989, 185 f.
13 Simmel 1992, 122 f.
14 Shaler 1904.

im Verhältnis zu ihnen eine minimale sympathetische Einstellung abringen.

In allen diesen Analysen war die Stadt ein expliziter oder impliziter Hintergrund des beobachteten Strukturwandels. Sie war das Laboratorium moderner Verhaltensweisen und ist heute zur nahezu universellen Lebensweise von Menschen auf der Erde geworden. Die zugrundeliegende Unterscheidung von *Stadt* und *Land,* eine der ältesten Ressourcen im Vokabular des Soziologen, ist heute nur noch in seltenen Fällen eine instruktive Unterscheidung. Auch in dieser Hinsicht tritt die Universalisierung von Differenzerfahrungen an die Stelle eines klar geschnittenen Unterschieds, der spezifisch für städtische Sozialität war.[15]

IV. Mechanismen der Indifferenz

Die moderne Soziologie läßt sich in einer denkbaren Interpretation als ein Repertorium von Mechanismen der Indifferenz lesen. Diese These trägt der Tatsache Rechnung, daß Indifferenz, ähnlich wie andere zivilisatorische Techniken, ausdrücklich – auch wenn dies nicht bewußt geschieht – gelehrt und gelernt werden muß. Einige Einträge aus diesem Repertorium der Indifferenz seien hier vergegenwärtigt.

Eine der bekanntesten begrifflichen Erfindungen ist Erving Goffmans *civil inattention*. Erneut erkennen wir das paradoxe Spannungsverhältnis in der Formulierung. Es geht um Zivilisiertheit und bürgerliche Gesittetheit des Verhaltens, die hier aber die zunächst befremdliche Form der *Unaufmerksamkeit* gegenüber dem anderen annimmt. Wie Goffman wiederholt betont, ist dies nur deshalb möglich, weil dem anderen seinerseits bürgerliche Gesittetheit in der Form einer minimalen wohlwollenden Intention zugeschrieben wird.[16] Ein verwandter Terminus für diese Zuschreibung auf den anderen ist *Vertrauen*, wobei wir seit Niklas Luhmann und anderen wissen, daß es sich bei dem Mechanismus des Vertrauens um einen riskanten Vorschuß auf künftiges Verhalten eines Alter ego han-

---

15 Bei Goffman 1983 kann man sehen, wie unter anderem der Bedeutungsverlust der Unterscheidung von Stadt und Land eine Bedingung dafür ist, daß eine weitgehende Abstraktion wie die der Interaktionsordnung möglich wird.
16 Goffman 1963; 1972.

delt, ein Risiko, dessen entlastende Effekte wir aber für den Aufbau eigener komplexer Handlungsvollzüge benötigen.[17] Ein Vertrauen dieses Typs ruht erneut nur in engen Grenzen auf einer bewußten Entscheidung auf. Anthony Giddens spricht in einer treffenden Formulierung von Vertrauen als *background noise*.[18]

Ein weiterer Vorschlag, der uns fast an das Naturrechtsdenken des 17. Jahrhunderts erinnert, ist Allan Silvers *routine benevolence*.[19] Wohlwollen ist in dieser Fassung nicht länger etwas, was man einem Anderen aus Erfahrungen heraus aktiv schenkt, es ist vielmehr eine der operativen Routinen sozialer und personaler Systeme, und Routinen sind, wie wir aus Theorien soziokultureller Evolution wissen, einigermaßen stabile Resultate der bereits abgelaufenen Evolution eines Systems, die Veränderungsspielräume zugleich beschränken, aber sie auch vorzeichnen.[20]

Allen diesen paradoxen Modi der Orientierung kann man ungefähr dieselbe Leistung zuschreiben. Sie erlauben jedem, der diese Orientierungsmuster benutzt, vieltausendfache Negationen (die Nichtbeachtung von anderen), ohne daß der Vollzug dieser Negationen als solcher registriert würde, und d.h. auch, ohne daß die Implikationen von Konflikt und Verneinung des Anderen sichtbar und thematisch werden könnten. In dieser Hinsicht tragen alle diese Orientierungsmuster zur Invisibilisierung des Nein bei, die eine der bemerkenswerten konflikteindämmenden Erfindungen der Moderne ist.[21]

Wie aber vollziehen sich diese Negationen, und welche Leistungsaspekte und Handlungsfähigkeiten sind besonders zu betonen? Zunächst einmal geht es um die erstaunliche Leistung des *Herausfilterns von Tausenden von Anderen*, die an sich da sind. Dies läßt sich am Beispiel von Städten, öffentlichen Plätzen und Massenveranstaltungen illustrieren, für die man die Fähigkeit braucht, sich nicht auf alle diese Anderen bezogen zu fühlen. Psychische Störungen, in denen genau dies nicht gelingt und es zu einer Überflutung des Selbst kommt, machen die Unselbstverständlichkeit dieser Leistung deutlich, wie sie gleichzeitig auch darauf hindeuten, daß

17 Luhmann 1973.
18 Giddens 1990, 82.
19 Silver 1990; 2002.
20 Nelson und Winter 1982.
21 Siehe zur Invisibilisierung des Nein Stichweh 2004, III.

diese Leistung heute normativ erwartet wird. Wenn man dazu nicht imstande ist, ist man in dieser Hinsicht krank, und psychiatrische Behandlungen oder Exklusionen sind die Reaktionsmuster, mit denen man rechnen muß.

In manchen Situationen ist die *Prätention der Nichtanwesenheit* eine wichtige Technik. Diese hatte bereits in der ständischen Gesellschaft des alten Europa eine relevante Rolle gespielt, wenn die Interaktion in Haushalten so ablief, als ob das physisch anwesende und im Erbringen von Dienstleistungen aktiv beteiligte Personal eigentlich gar nicht da sei. Heute ist dies eine Lösung in Situationen mit zugespitzter Differenz und Konfliktpotential, in denen die prätendierte Nichtanwesenheit des Anderen, aber auch des eigenen Ich die an sich vorhandene und als gefährlich erlebte Konflikttendenz neutralisiert.

Unterstützt werden derartige Prätentionen durch eine *Kunst der Vermeidung.*[22] Man beschleunigt oder verlangsamt den Schritt, wechselt die Straßenseite und vermeidet jeden Blickkontakt. In telekommunikativen Kontakten spielen Anonymität, die Verwendung von *aliases* und die Nichtnennung des eigenen Namens eine vergleichbare Rolle. Viele Telefongespräche funktionieren zunächst als eine Auseinandersetzung darüber, wer den Eigennamen zuerst nennen muß.

Hinzu kommt eine eigentümliche Erfindung der Moderne: eine *Nichtkommunikation trotz unbestreitbarer Wechselseitigkeit des Wahrnehmens*. An der Richtigkeit des Watzlawickschen Diktums, man könne nicht *nicht* kommunizieren, muß man deshalb noch nicht prinzipiell zweifeln. Aber es ist erneut eine hochunwahrscheinliche Errungenschaft der Moderne, daß man sich beispielsweise in der Bahn stundenlang wechselseitig anblicken kann, ohne miteinander zu sprechen und ohne dieses Geschehen als Kommunikation auszuflaggen.[23]

Auf der positiven Seite derselben Minimalisierung der Interaktion stehen die *Institutionen der minimalen Akzeptation* des Anderen. Mit dem Aufeinandertreffen und dem Gruß, auch wenn es sich um füreinander völlig fremde Personen handelt, verknüpft sich ein Lächeln, das der Andere sich nicht erst verdienen muß. Dieses Lächeln scheint aber eine kulturspezifische und keine universelle

22 Vgl. Anderson 1990, 209, zu »art of avoidance«.
23 Siehe Simmel 1993, 727.

Institution zu sein, und es wird beispielsweise aus dem modernen Griechenland berichtet, daß an die Stelle des Lächelns durchaus der kalte, ausforschende Blick tritt, der dem Anderen deutlich macht, daß er ein Fremder ist und sich als solcher erst noch zu bewähren hat.[24]

Alle diese Leistungen hängen mit der Ausdifferenzierung *unpersönlicher Beziehungen* als einem alltäglichen Teil der Erfahrungswirklichkeit eines jeden zusammen. Die Person wird dann gewissermaßen hinter die Linien der Interaktion zurückgenommen und kann unbekannt bleiben. Damit wächst die Gewöhnung an den Umgang mit Menschen, die man eigentlich nicht kennt. Freundschaft und Feindschaft, Vertrautheit und Fremdheit sind keine angemessenen Duale mehr für das Verständnis dieser Situation. An deren Stelle tritt die neue gesellschaftliche Institution der *Bekanntschaft,* die die Differenz zwischen persönlichen und unpersönlichen Beziehungen überspielt. Der Zugang zu und die Adressierung von Bekannten ist unproblematisch möglich, was die Reichweite von Beziehungen jenseits von Vertrautheit und Fremdheit enorm erweitert. Schließlich entspricht diesen Umbauten die Emergenz jener Form sozialer Strukturbildung, die Netzwerk heißt und die Kontakt und sogar Gemeinschaft aus allen Lokalitätsbedingungen herauslöst.[25]

V. Schlußbemerkung: Indifferenz und Moral

Wie sehen die moralischen Grundlagen der Indifferenz aus? Ist Indifferenz selbst eine denkbare moralische Grundlage der modernen Gesellschaft? Es gibt offensichtlich eine *Minimalmoral*, die in einer basalen Akzeptanz aller Anderen besteht, die diese sich nicht erst erarbeiten und verdienen müssen. Wichtig aber ist weiterhin, daß die Anderen auch nicht mehr als diese Minimalsympathie *verdienen*. Sie besitzen keinen weiterreichenden Anspruch auf unsere Aufmerksamkeit und auf unsere Engagements. Darin sind wir alle distanzierte Beobachter, denen man allenfalls die erneut paradoxe Orientierung des *detached concern* abverlangen kann, eine Orientierungsweise, die in der Professionstheorie von Renée Fox und später von Talcott Parsons als eine Bewältigungsform für die an die

---

24 Storace 1997.
25 Wellman 1999.

helfenden Berufe adressierten Zuwendungserwartungen theoretisiert worden ist.[26] Gleichzeitig gibt es jenseits der Interaktionsebene Anzeichen für eine Minimalsolidarität unter allen Menschen – als weltweite Solidarität all jener, die zur Spezies Menschheit gerechnet werden. Die strukturellen Effekte der Indifferenz wird man taxieren können, wenn man diese Phänomene auf den verschiedenen Ebenen der Bildung von Gesellschaft systematisch beobachtet und sie miteinander vergleicht. Am Ende ist diese Gesellschaft Weltgesellschaft, und das heißt, daß sie kein soziales Außen mehr kennt, daß es niemanden mehr gibt, den man legitimerweise einen *Fremden der Gesellschaft* nennen könnte.[27]

---

26 Fox 1959.
27 Vgl. Fögen 1991.

Literatur

Anderson, Elijah, 1990: *Streetwise: Race, Class and Change in An Urban Community*, Chicago: University of Chicago Press.

Bödeker, Hans Erich, 1982: Menschheit, Humanität, Humanismus, in: Otto Brunner, Werner Conze und Reinhart Koselleck (Hg.), *Geschichtliche Grundbegriffe*, Bd. 3, Stuttgart: Klett, S. 1063-1128.

Burke, Edmund, 1999: *Letters on a Regicide Peace (1795-1797). Select Works of Edmund Burke*, Bd. 3, Indianapolis: Liberty Fund.

Connolly, Bob, und Robin Anderson, 1988: *First Contact. New Guinea's Highlanders Encounter the Outside World*, London: Penguin.

Fögen, Marie Theres (Hg.), 1991: *Fremde der Gesellschaft. Historische und sozialwissenschaftliche Untersuchungen zur Differenzierung von Normalität und Fremdheit* (Ius commune, Sonderheft 56), Frankfurt/M.: Klostermann.

Fox, Renée C., 1959: *Experiment Perilous: Physicians and Patients Facing the Unknown*, Glencoe, Ill.: The Free Press.

Fuchs, Peter, und Andreas Göbel (Hg.), 1994: *Der Mensch – das Medium der Gesellschaft?*, Frankfurt/M.: Suhrkamp.

Geertz, Clifford, 1983: The Way We Think Now: Toward an Ethnography of Modern Thought, in: ders. (Hg.), *Local Knowledge. Further Essays in Interpretive Anthropology*, New York: Basic Books, S. 147-163.

Giddens, Anthony, 1990: *The Consequences of Modernity*, Stanford, Cal.: Stanford University Press.

Goffman, Erving, 1963: *Behavior in Public Places*, Glencoe/Ill.: The Free Press.

– 1972: *Relations in Public: Microstudies of the Public Order*, Harmondsworth: Penguin Books.

– 1983: The Interaction Order, in: *American Sociological Review* 48, 1: 1-17.

Greifer, Julian, 1945: Attitudes to the Stranger. A Study of the Attitudes of Primitive Society and Early Hebrew Culture, in: *American Sociological Review* 10: 739-745.

Harman, Lesley D., 1988: *The Modern Stranger: On Language and Membership*, Berlin: Mouton de Gruyter.

Luhmann, Niklas, 1973: *Vertrauen: Ein Mechanismus der Reduktion sozialer Komplexität*, 2., erweiterte Auflage, Stuttgart: Enke.

– 1989: Individuum, Individualität, Individualismus, in: ders. (Hg.), *Gesellschaftsstruktur und Semantik. Studien zur Wissenssoziologie der modernen Gesellschaft*, 3. Auflage, Frankfurt/M.: Suhrkamp, S. 149-258.

Münkler, Herfried (Hg.), 1997: *Furcht und Faszination. Facetten der Fremdheit*, Berlin: Akademie Verlag.

Nelson, Benjamin, 1969: *The Idea of Usury. From Tribal Brotherhood to Universal Otherhood*, 2. erweiterte Auflage, Chicago: University of Chicago Press.

Nelson, Richard R., und Sidney G. Winter, 1982: *An Evolutionary Theory of Economic Change*, Cambridge/Mass.: The Belknap Press of Harvard University Press.

Shaler, Nathaniel S., 1904: *The Neighbor. The Natural History of Human Contacts*, Boston: Houghton, Mifflin & Co.

Silver, Allan, 1990: Friendship in Commercial Society: Eighteenth-Century Social Theory and Modern Sociology, in: *American Journal of Sociology* 95, 6: 1474-1504.

– 2002: »Two Different Sorts of Commerce« – Friendship and Strangership in Civil Society, in: Jeff Weintraub und Krishan Kumar (Hg.), *Public and Private in Thought and Practice. Perspectives on a Grand Dichotomy*, Chicago, London: The University of Chicago Press, S. 43-74.

Simmel, Georg, 1992: *Soziologie. Untersuchungen über die Formen der Vergesellschaftung*, hg. von Otthein Rammstedt, Bd. 11, *Gesamtausgabe*, Frankfurt/M.: Suhrkamp.

– 1993: Die Großstädte und das Geistesleben (1903), *Aufsätze und Abhandlungen, 1901-1908*, Bd. 1, *Gesamtausgabe*, Bd. 7, Frankfurt/M.: Suhrkamp, S. 116-131.

Smith, Adam, 1759: *The Theory of Moral Sentiments*, Indianapolis, Ind.: Liberty Fund 1984.

– 1978. *Der Wohlstand der Nationen. Eine Untersuchung seiner Natur und seiner Ursachen*, 5. Auflage, München: DTV.

Stenger, Horst, 1998: Soziale und kulturelle Fremdheit. Zur Differenzierung von Fremdheitserfahrungen am Beispiel ostdeutscher Wissenschaftler, in: *Zeitschrift für Soziologie* 27, 1: 18-38.

Stichweh, Rudolf, 2000: *Die Weltgesellschaft. Soziologische Analysen*, Frankfurt/M.: Suhrkamp.

– 2004: Zum Verhältnis von Differenzierungstheorie und Ungleichheitsforschung. Am Beispiel der Systemtheorie der Exklusion, in: Thomas Schwinn (Hg.), *Differenzierung und soziale Ungleichheit. Die zwei Soziologien und ihre Verknüpfung*, Frankfurt/M.: Humanities Online, S. 353-367.

Storace, Patricia, 1997: *Dinner with Persephone: Travels in Greece*, New York: Vintage.

Wellman, Barry (Hg.), 1999: *Networks in the Global Village: Life in Contemporary Communities*, Boulder, CO.: Westview Press.

12
Weltgesellschaft und Fundamentalismus

I

Die Unterscheidung von Staat und Gesellschaft, die sich im 19. Jahrhundert durchsetzt, markiert auch den Anfang des Faches Soziologie. Die Soziologie als Gesellschaftswissenschaft konnte sich in der Folge darauf konzentrieren, Gesellschaften, die als dem Staat gegenüberstehend gedacht wurden, zu untersuchen. Es fiel dann auf, daß es – insbesondere in der außereuropäischen Welt – auch viele Gesellschaften ohne Staat gab, und diese wurden zum Gegenstand des Faches Anthropologie oder Ethnologie. Wenn man diese Ausgangskonstellation in die Gegenwart hinein verlängert, ist nicht zu übersehen, daß es heute nur noch Gesellschaften mit Staat gibt und daß praktisch die gesamte Landfläche der Erde lückenlos mit Staaten bedeckt ist, was bekanntlich zu einer Identitätskrise der Ethnologie geführt hat. Aber auch die Soziologie ist in ihrem Selbstverständnis betroffen, weil soziale Beziehungen und Zusammenhänge, die über die Grenzen der Territorialstaaten hinausgreifen, ja auf diese gar nicht mehr Bezug nehmen, vielfach auffälliger und wichtiger werden als die sozialen Zusammenhänge innerhalb eines territorialstaatlichen Gefüges. Von welchem Sozialsystem aber spricht man, wenn man diese überstaatlichen sozialen Zusammenhänge und die Art und Weise, wie sie in den Alltag einer jeden Person hineinwirken, in den Blick zu nehmen versucht?

Das Phänomen selbst ist bereits dem europäischen 18. Jahrhundert – vor der Entstehung der Unterscheidung von Staat und Gesellschaft – aufgefallen. Es war in Europa im 18. Jahrhundert nicht mehr zu übersehen, daß sich eine europäische Makroordnung oberhalb der Staaten herausbildete, die nicht in der Interaktion der Staaten aufging, also anders zu beschreiben war. Da der Gesellschaftsbegriff zu diesem Zeitpunkt noch gar nicht zur Verfügung stand, wählten die meisten Autoren eine politische Terminologie. Während die einzelnen Staaten, aus denen Europa bestand, zu diesem Zeitpunkt ausschließlich monarchisch regiert wurden, wurde der überstaatliche soziale Zusammenhang Europas gern eine »Republik« genannt, was vor allem hieß, daß es sich um eine offensichtlich nichtmonarchische Ordnung handelte. So etwa Voltaire in seiner Schrift *Siècle de Louis XIV*, Europa sei eine große Republik, die zwischen verschiedenen Staaten aufgeteilt sei.[1] Oder sehr ähnlich Edward Gibbon in *Decline and Fall of the Roman Empire*, der Europa als eine große aus verschiedenen Staaten zusammengesetzte Republik sieht, in der die wechselseitige Beobachtung und Imitation die Korrektur der Regierungsformen, die Erhaltung militärischer Tugend und die Stärkung der Wirtschaft sichere.[2] Das Wort »Republik« hat in dieser Verwendung einerseits etwas Kühnes, weil die Möglichkeit einer implizit mitgemeinten Kritik an den Monarchien der Zeit nicht auszuschließen ist, andererseits aus heutiger Sicht etwas deskriptiv Inadäquates, weil für uns offensichtlich ist, daß dieser entstehende überstaatliche soziale Zusammenhang Europas mit dem Wort »Republik«, einem Terminus aus der aristotelischen Klassifikation der Regierungsformen, nicht angemessen zu erfassen war.

Die Soziologie unserer Tage reagiert auf die hier in einer ersten Annäherung angedeuteten, spätestens seit dem 18. Jahrhundert sichtbar werdenden Phänomene der Entstehung weltweiter Verflechtungen mit zwei begrifflichen Entscheidungen, die als Grundlage für unser folgendes Argument dienen können. Die eine dieser Entscheidungen ist die, sich die Gesellschaft als ein System vorzustellen, das sich selbst wieder – als ein intern differenziertes System – aus einer Mehrzahl von Großsystemen aufbaut, die man sinnvollerweise Funktionssysteme nennt.[3] Als Beispiele für Funktionssysteme kommen u. a. die Wirtschaft, das Recht, das Religionssystem, die Wissenschaft und die Kunst in Frage, und im 20. Jahrhundert treten schnell neu entstehende Funktionssysteme hinzu wie Sport, Massenkommunikation und Tourismus. Der Begriff Funktionssystem meint, wie aus diesen Beispielen erhellt, sachthematische Schwerpunkte gesellschaftlicher Kommunikation, die innergesellschaftlich verselbständigt werden und um die sich große Institutionenkomplexe bilden. Wenn man aber so denkt, die Gesellschaft also als in Funktionssysteme differenziert begreift, wird auf einmal die Unterscheidung von Staat und Gesellschaft obsolet. Es fällt

1 Zit. n. Hampson 1981, 229, Fn. 4.
2 Zit. n. Pocock 1985, 149.
3 So vor allem Talcott Parsons und Niklas Luhmann. Siehe etwa Parsons 1977; 1978; Luhmann 1970-1995.

dann auf, daß der Staat selbst nur eines dieser Funktionssysteme ist, das man in einer wissenschaftlichen Beschreibung (im Unterschied zur Selbstbeschreibung als »Staat«) politisches System nennen sollte und zu dem Verwaltung, Parteipolitik und Regierung, aber auch die politische Öffentlichkeit gehören. Damit entfällt jede Möglichkeit der Gegenüberstellung von Staat und Gesellschaft, weil der Staat selbst nur eines der Teilsysteme der Gesellschaft ist, das nur eine Sonderfunktion betreut – viele sprechen mit Bezug auf diese Sonderfunktion von der Herstellung kollektiv bindender Entscheidungen –, aber auch nicht mehr.

Wenn der Staat nicht mehr als Gegenüber des Gesellschaftssystems gedacht werden kann, wie sind dann die Grenzen eines Gesellschaftssystems überhaupt zu identifizieren? Dieses Problem wird noch einmal dadurch verschärft, daß gerade an vielen Funktionssystemen der modernen Gesellschaft auffällt – prototypisch wäre hier an Religion, Wirtschaft oder Wissenschaft zu denken –, wie selbstverständlich ihre Kommunikationszusammenhänge weltweite Verflechtungen herstellen. Angesichts dessen wird es zunehmend unplausibel, sich die Grenzen von Funktionssystemen so vorzustellen, als ob sie mit den Grenzen der Territorialstaaten zusammenfielen. Die Vorstellung eines deutschen Wissenschaftssystems, eines englischen Religionssystems oder eines französischen Wirtschaftssystems ergibt spätestens seit dem Wachstumsschub internationaler Verflechtungen am Anfang des 20. Jahrhunderts wenig Sinn. Die erste unserer Leitentscheidungen läuft also darauf hinaus, die Gesellschaft durch ihre Innendifferenzierung in eine Mehrzahl von Funktionssystemen zu beschreiben, von denen der Staat nur eines ist und insofern in seiner Bedeutung auch relativiert wird.

Die zweite begriffliche Leitentscheidung folgt unmittelbar aus den gerade angedeuteten Schwierigkeiten. Wenn Funktionssysteme nicht in territoriale Grenzen eingeschlossen werden können, der Gesellschaftsbegriff aber als Bezeichnung eines Systems gemeint ist, das die auseinanderstrebende Vielfalt der Funktionssysteme zur Einheit eines Systems zusammenfaßt, kann auch »Gesellschaft« nicht mehr als territorial limitiert beschrieben werden. Insofern scheint ein Schluß zwingend zu werden: Gesellschaft muß als Weltgesellschaft gedacht werden, und sie kann nur als Weltgesellschaft gedacht werden. Nur ein System der Weltgesellschaft kann als gemeinsame Umwelt aller in ihr operierenden Funktionssysteme fungieren. Vielleicht sollte die Radikalität dieses Vorschlags betont werden. Viele Soziologen akzeptieren für gelegentliche Abschlußformulierungen die Einsicht, daß es ein System der Weltgesellschaft gibt, benutzen aber in den Einzelanalysen ungerührt weiterhin eine Terminologie, die von der Gesellschaft der Bundesrepublik Deutschland, von der italienischen Gesellschaft usw. spricht. Demgegenüber möchte ich darauf beharren, daß es für die Fortsetzung einer solchen Redeweise keine Rechtfertigung gibt. Ein streng durchgeführtes Argument führt auf die Folgerung hin, daß es gegenwärtig in der Welt nur ein einziges Gesellschaftssystem gibt, was nicht als eine optimistische Beschreibung gemeint ist, weil offensichtlich ist, daß, wenn nur ein einziges Gesellschaftssystem existiert, Fehlentwicklungen, die sich in diesem Gesellschaftssystem ereignen, nicht durch Entwicklungen in anderen Gesellschaftssystemen korrigiert werden können.

Was aber macht die Einheit des Systems der Weltgesellschaft aus, wo doch die Verschiedenheit der Funktionssysteme immer mehr zunimmt? Was fungiert als Definitionskriterium für Gesellschaft, damit man sich ein System der Weltgesellschaft ernsthaft vorstellen kann? Wenn ich beispielsweise den Gesellschaftsbegriff über Gemeinsamkeit der Werte oder über Solidarität als integratives Prinzip formulieren würde,[4] würde der Verschiedenheit der Funktionssysteme nicht Rechnung getragen; ebenso erscheint auch eine weltweite Gemeinsamkeit der Werte oder eine weltweite solidarische Verbundenheit wenig wahrscheinlich.[5] Angesichts dessen ist meinem Eindruck nach nur der Vorschlag von Niklas Luhmann überzeugend, der als elementare Einheit der Gesellschaft Kommunikation annimmt, den Begriff der Gesellschaft über kommunikative Erreichbarkeit definiert und damit die Weltgesellschaft als ein System versteht, das alle Kommunikationen zur Einheit eines Systems zusammenfaßt, die im Prinzip – über wie indirekte Vernet-

---

4 So bekanntlich Talcott Parsons. Siehe interessant schon Parsons 1934, 231, wo er Gesellschaft zunächst als »total complex of human relationships« (»den vollständigen Komplex menschlicher Beziehungen«) bestimmt und dann die Einschränkung vornimmt, »insofar as they grow out of action in terms of the means-end relationship« (»insoweit als sie aus Handeln in Termini einer Ziel-Mittel-Beziehung entstehen«), damit ein Bezugssystem aus Normen und Werten in die Diskussion einführend.

5 Für letzteres ließen sich im Begriff der »Menschheit« immerhin Anhaltspunkte finden. Siehe einige Bemerkungen in Stichweh 1994, insb. 83-88; vgl. Robertson 1994.

zungen auch immer – füreinander erreichbar sind.⁶ Damit würde aus dem System der Weltgesellschaft allenfalls ein lokaler isolierter Zusammenhang ausscheiden, der weder von außen kommunikativ beeinflußt wird noch je eine Kommunikation in Zusammenhänge hineinsteuert, die außerhalb dieser lokalen Vernetzung liegen. Es ist davon auszugehen, daß es in Neuguinea und vielleicht auch im Amazonasgebiet noch vereinzelte tribale Gesellschaften gibt, die diese Definitionsbedingungen erfüllen, und diese wären dann sehr kleine Gesellschaften neben dem System der Weltgesellschaft.⁷ Aber das sind Residualphänomene, die bald verschwunden sein werden.

Ich will einen Einwand kurz berühren, der sich dem Leser vielleicht aufdrängen wird. Wie soll von einem System der Weltgesellschaft die Rede sein, wo doch die Lebensbedingungen für Menschen, beispielsweise in Bangladesch und in der Bundesrepublik Deutschland, so extrem verschieden sind? Wenn man dies einen Augenblick überdenkt, wird einleuchten, daß die Einheitlichkeit der Lebensbedingungen in keinem Fall als Definiens für das Vorliegen eines Gesellschaftssystems fungieren kann. Weder die durch die Grenzen der Territorialstaaten bestimmten Systeme der gegenwärtigen Welt noch die historischen Gesellschaften früherer Epochen hätten die Bedingungen dieses Postulats je erfüllen können. Man müßte beispielsweise nur auf den Sachverhalt hinweisen, daß die Wahrscheinlichkeit, daß ein junger Schwarzer in Harlem das Lebensalter von vierzig Jahren erreicht, kleiner ist als dieselbe Wahrscheinlichkeit für einen gleichaltrigen jungen Mann in Bangladesch.⁸ Mit diesem Hinweis ließe sich die Behauptung, es gebe ein Gesellschaftssystem der Vereinigten Staaten, als absurd erweisen. Ich werde auf die Frage der Gleichheit der Lebensbedingungen später, wenn ich mich mit Nationalstaaten im System der Weltgesellschaft befasse, noch einmal zurückkommen, möchte im Moment aber nur noch eines betonen. Für die Theorie der Weltgesellschaft stellt sich die Uneinheitlichkeit der Lebensbedingungen in der Welt als die Forderung dar, diese beobachtbaren Unterschiede als interne Differenzierungen des Systems der Weltgesellschaft zu

---

6 Luhmann 1971; 1982.
7 Diamond 1991, 231, führt an, daß es in Neuguinea heute noch auf einem Gebiet von der Größe von Texas fast eintausend verschiedene, wechselseitig füreinander unverständliche Sprachen gebe.
8 So Sen 1992.

erklären,⁹ sie also nicht einfach als historische Fakta zu nehmen, die uns aus geschichtlichen Bedingungen überkommen sind, vielmehr genauer zu zeigen, wie das System der Weltgesellschaft Unterschiede, die unbestreitbar auch historisch konditioniert sind, in seinem gegenwärtigen Operieren reproduziert. Darin liegt die These, daß ein einmal entstandener Unterschied nicht umstandslos als stabil angesehen werden kann, dass vielmehr die Mechanismen seiner Reproduktion analysiert werden müssen.

Eine letzte analytische Bemerkung zum Begriff »Weltgesellschaft« ist anzuschließen. Es wäre ganz verkehrt, sich die Wirkungsweise der Weltgesellschaft so vorzustellen, als erweise sie sich darin, daß jeder von uns täglich interkontinentale Telefongespräche führt. Zwar ist auch dies in gewisser Hinsicht richtig. Die Forschung, die es darüber gibt, zeigt, daß schon seit Jahrzehnten das Wachstum der verschiedenen Formen internationalen Kontakts höhere Raten aufweist als das Wachstum lokaler oder nationaler Kontakte.¹⁰ Aber das ist auch ein oberflächlicher Befund. Viel wichtiger für eine Theorie der Weltgesellschaft ist, daß sich an jeder einzelnen Interaktion oder an jeder einzelnen kommunikativen Sequenz zeigen läßt, daß sie als ein Umschaltpunkt oder als ein Integrationsmoment fungiert, so daß im einzelnen interaktiven Ereignis Lokales und Globales miteinander interpenetrieren.¹¹ Ich möchte dies mit zwei Hypothesen näher erläutern, für die ich vor allem bei Sozialtheoretikern wie Niklas Luhmann und Anthony Giddens Anhaltspunkte finde.¹² Die erste dieser beiden Hypothesen nenne ich die »Und-so-weiter«-Hypothese. Diese besagt, daß der für die These der Weltgesellschaft entscheidende Sachverhalt nicht ist, daß die einzelne Interaktion enorme räumliche oder zeitliche Distanzen überspannt, daß es vielmehr darum geht, daß in jeder einzelnen Interaktion ein »Und-so-weiter« anderer Kontakte der Teilnehmer präsent ist und dies die Möglichkeit weltweiter Verflechtungen eröffnet, eine Möglichkeit, die wiederum als Selektivitätsbewußtsein in der einzelnen Interaktion relevant wird und auf diese Weise in die Interaktionssteuerung eingreift.

Diese Hypothese ergänze ich durch eine Dekontextualisierungs-

9 Vgl. Heintz 1982; Luhmann 1992, 72.
10 Inkeles 1975.
11 Vgl. zum folgenden Stichweh 1995.
12 Luhmann 1971, 1982; Giddens 1990.

these. Die Dekontextualisierungsthese meint die Behauptung, daß die Verlängerung der »Und-so-weiter«-Ketten durch die Einbettung von Interaktionen in die Funktionssysteme der modernen Gesellschaft und in deren Sondersprachen ermöglicht wird, eine Einbettung, die die Interaktionen aus diffusen Verflechtungen mit anderen Kontexten herauslöst. Dadurch, daß eine Interaktion ein Vorgang ökonomischen Tauschs wird und sich des Geldes als des hochgeneralisierten Symbols des Wirtschaftssystems bedient, wird sie aus den lokalen Vernetzungen, aus denen sie entsteht, gleichzeitig auch herausgenommen und von globalen Bedingungen durchdrungen, die von der einzelnen Interaktion aus nicht zu kontrollieren sind. Ein schönes Beispiel dafür findet sich bei dem britischen Sozialanthropologen Meyer Fortes, der in einer schnell wachsenden urbanen Agglomeration in Nordghana auf die Frage, wie man denn überhaupt noch in der Lage sei, Fremde und Einheimische voneinander zu unterscheiden, folgende Antwort erthielt: Der Unterschied sei daran zu erkennen, daß Fremde für ihre Wohnung Miete zahlten, während die Einheimischen selbstverständlich ein Recht auf eine kostenlose Behausung hätten.[13] Eine traditionale lokal ordnende Unterscheidung wie fremd/einheimisch wird hier durch die generalisierten Symbole des Geldmediums zahlen/nicht zahlen überlagert, und es ist leicht auszurechnen, welche Dilemmata eine lokale Gemeinschaft sich einhandelt, wenn sie künftige Vergabeentscheidungen unter dem Gesichtspunkt treffen muß, ob sie die Solidarität mit den Einheimischen oder die Zahlungsfähigkeit der Fremden bevorzugt.

Anthony Giddens spricht von einer Differenzierung von Raum und Zeit im System der Weltgesellschaft.[14] Er meint damit offensichtlich im Sinn unserer Dekontextualisierungsthese, daß jetzt Ereignisse im Verhältnis zueinander gleichzeitig sein können und sich in ihren Wirkungen wechselseitig durchdringen können, obwohl sie durch enorme räumliche Distanzen getrennt sind. Ich will auch dafür nur ein Beispiel zitieren. Der in Harvard lehrende indische Entwicklungsökonom Amartya Sen hat in einer Reihe von Untersuchungen gezeigt, daß die großen Hungerkatastrophen, die auch die Zeit nach dem Zweiten Weltkrieg gekannt hat, sich ereignet haben, obwohl es in dem von ihnen betroffenen Gebiet in vielen Fällen

13 Fortes 1975, 242.
14 Giddens 1990.

keine Anzeichen für ernsthafte Ernteausfälle, geschweige denn eine Mißernte gab.[15] Der Grund war vielmehr die ökonomische Beweglichkeit von Getreide und anderen Grundnahrungsmitteln, die auf kleine Preisveränderungen und Knappheiten in weit entfernten Regionen reagieren. Diese Beweglichkeit produzierte dann, wenn eine lokale Zahlungsschwäche keine Anpassung an steigende Preise erlaubte, eine von den lokalen Bedingungen her fast unerklärlich scheinende Hungerkrise.

II

Im nunmehr folgenden Teil meiner Überlegungen nähere ich mich dem zweiten Wort im Titel dieses Textes. Was hat die Weltgesellschaft mit Fundamentalismus zu tun? Indiziert nicht allein das schlichte Faktum eines weltweit vordringenden Fundamentalismus, daß die Idee der Weltgesellschaft eine Illusion ist?

Ich werde in einem ersten Schritt das Phänomen des Fundamentalismus auf meine eingangs skizzierten begrifflichen Leitentscheidungen beziehen: funktionale Differenzierung als die angemessenste Beschreibung für das System der modernen Gesellschaft und die Existenz eines einzigen Gesellschaftssystems, der Weltgesellschaft, als Konklusion aus dem Faktum funktionaler Differenzierung. Nun liegt zunächst einmal der Zusammenhang von funktionaler Differenzierung und Fundamentalismus auf der Hand, aber man verliert ihn aus dem Blick, wenn man, wie dies häufig geschieht, immer nur an religiösen Fundamentalismus denkt. Fundamentalismus ist nicht traditional, er ist vielmehr ein Versuch, in einer auseinanderstrebenden Gesellschaft, die durch die Vielfalt der Funktionssysteme geprägt ist, Übersichtlichkeit und Ordnung dadurch wiederherzustellen, daß man behauptet, eines der Funktionssysteme sei viel wichtiger als die anderen und folglich sei von diesem einen Funktionssystem die Entwicklung der Gesellschaft zu steuern. In seinen Steuerungs- und Interventionsansprüchen ist der Fundamentalismus vielfach rigoros modern und verstört deshalb auch die eigentlichen Traditionalisten, weil er die Traditionsbestände des

---

15 Siehe zuletzt Sen 1994.

von ihm präferierten Funktionssystems relativ beliebig arrangiert. Wenn man Fundamentalismus so versteht, ist religiöser Fundamentalismus zweifellos eine Möglichkeit, aber er ist nur eine unter mehreren Möglichkeiten, die im System der modernen Gesellschaft von einzelnen Funktionssystemen her entstehen können und die auch empirisch beobachtbar sind.

Zunächst einmal liegt die Möglichkeit eines technokratisch-szientifischen Fundamentalismus auf der Hand, der Strukturentscheidungen, welcher Art auch immer, an die Autorität wissenschaftlichen Beweises und technischer Rationalität geknüpft sehen will und sich daher auch jede externe Beschränkung von Wissenschaft und Technik kaum vorstellen will.[16] Eine andere Möglichkeit ist der politische Fundamentalismus, wie wir ihn unter anderem in dem im Westen erneut populären Kommunitarismus beobachten können. Soweit es im Kommunitarismus darum geht, zu betonen, daß es für den tugendhaften Bürger eine ethische Obligation gibt, die öffentlichen Angelegenheiten in die eigene Hand zu nehmen und sie lokal auszuhandeln, haben wir es mit einem politischen Fundamentalismus zu tun, der Obligationen einmahnt, die in einer funktional differenzierten Gesellschaft nicht nur von der Religion nicht mehr zu beanspruchen sind.[17] Schließlich ist ein ökonomischer Fundamentalismus zu betonen, der sicher überall dort vorliegt, wo, etwa in der Dritten Welt, die Pluralität von Gestaltungsabsichten in einem territorialstaatlichen System sich ausschließlich durch elementare ökonomische Kennziffern, etwa solche der Geldmengenbeeinflussung, steuern lassen soll. Auch jenseits der Dritten Welt bilden sich unablässig immer neue Varianten eines ökonomischen Marktfundamentalismus, der auch durch noch so katastrophale Finanzkrisen nicht an seiner reduktiven Attraktivität zu verlieren scheint. Die Liste läßt sich leicht verlängern: eine hypertrophe rechtliche Regulierung sozialer Beziehungen, sofern es dazugehörige Ideologien gibt[18] (dieses Moment, daß nämlich

16 Vgl. zur Technokratiediskussion der sechziger Jahre Koch und Senghaas 1970.
17 Die Nähe des Kommunitarismus zur florentinischen politischen Tradition, wie sie Pocock 1975 unübertrefflich rekonstruiert hat, ist unübersehbar. Nur fehlen die wesentlichen strukturellen Voraussetzungen des florentinischen politischen Modells: Politik als System der Elitenherrschaft in einer ständischen Gesellschaftsverfassung und politische Ordnung als eine lokale Ordnung in einem durch enge interaktive Verflechtung bestimmten und begrenzten Raum.
18 Manche Varianten des für Deutschland charakteristischen Rechtsstaatsdenkens

die faktisch verlangte Präponderanz eines Funktionssystems durch ideologische Konstruktionen überhöht wird, sollte in jedem Fall ein Teil der Definition des Fundamentalismus sein); ein Fundamentalismus einer polizeilich überwachten öffentlichen Ordnung, wie er lange Zeit in Singapur vorlag, u. a. Eine Analyse dieses Typs hat relativierende Wirkungen: Es ist offensichtlich in einer funktional differenzierten Gesellschaft mit Fundamentalismen jederzeit zu rechnen, aber es scheint wenig wahrscheinlich, eine Entwicklung anzunehmen, die die Welt gewissermaßen dual polarisiert: funktionale Differenzierung vs. religiöser Fundamentalismus. Eine solche Diagnose würde ihrerseits eine besondere Wirkungsmacht des Religiösen annehmen, die sie schwerlich anders als wiederum fundamentalistisch begründen könnte. Mit einer Spur von Malice könnte man denn auch anmerken, daß die hysterischsten westlichen Diagnostiker des religiösen Fundamentalismus selbst einem politischen Fundamentalismus zuzuneigen scheinen, also gewissermaßen ein Interesse an einer polaren Vereinfachung der Welt – Religion gegen Politik – verkörpern.[19]

Ich möchte eine Anmerkung zu meinem anderen Leitbegriff anfügen: Weltgesellschaft. Ist der Fundamentalismus eine Kommunikation im System der Weltgesellschaft, oder zieht er sich aus diesem zurück, bricht er die Verbindungen dazu ab? Meinem Eindruck nach spricht alles für die erste dieser beiden Vermutungen: die Angewiesenheit auch des Fundamentalismus auf kosmopolitische Funktionseliten,[20] die Ausdifferenzierung von Intellektuellenrollen, die Wichtigkeit moderner Techniken der Massenkommunikation,[21] überhaupt der missionarische Stil, der über die Grenze der eigentlich angesprochenen Gruppe hinauswirken will. Insofern spricht vieles dafür, auch mit Bezug auf den religiösen Fundamentalismus das Moment der Identitätsbehauptung in einer Weltgesellschaft, in der die Darstellungsbedarfe zunehmen, hervorzuheben. Diese These wird im folgenden Argument deutlicher werden.

lassen sich in diese Richtung interpretieren. Siehe zur Vorgeschichte Stolleis 1988.

19 Bei Huntington 1993 sind Tendenzen in diese Richtung zu erkennen.

20 Vgl. Hannerz 1991, 118 f., am Beispiel von Nigeria; siehe dagegen aber Huntington 1993, 27, der von einer Indigenisierung und Entwestlichung der Eliten spricht, während sich gleichzeitig eine Amerikanisierung der kulturellen Präferenzen der Bevölkerungsmassen vollziehe.

21 Siehe dazu Luhmann 1995, 72 f.

III

Im dritten und im vierten Teil meiner Überlegungen möchte ich spezifischere Vermutungen über die Durchsetzungsfähigkeit des Fundamentalismus, insbesondere des religiösen Fundamentalismus, im System der Weltgesellschaft anstellen, indem ich wichtige Strukturelemente der Weltgesellschaft daraufhin prüfe, wie sie die Durchsetzungschancen des Fundamentalismus beeinflussen. Zwei Strukturelemente werde ich diskutieren: das politische System der Weltgesellschaft (III) und die Kultur der Weltgesellschaft (IV).[22]

Das politische System der Weltgesellschaft verkörpert insofern eine Besonderheit, als die Differenzierung in Staaten erhalten bleibt, ja immer mehr zum bestimmenden Element der Weltpolitik wird. Politisch gesehen besteht die Welt aus einer Pluralität von Staaten. Ist dies eigentlich ein Widerspruch zur These der Weltgesellschaft? Wenn man sich die soziologische Literatur zur Diskussion dieser Frage ansieht, wird deutlich, daß die Antwort negativ ausfallen muß. Es ist insbesondere auf die Arbeiten der Gruppe um John Meyer in Stanford zu verweisen, die seit vielen Jahren diese Logik der Weltpolitik untersucht.[23] Zunächst einmal ist deutlich, daß die weltweite Proliferation von Staatlichkeit, die Entstehung von Staatlichkeit als der universellen Form, die das Politische annimmt, sich erst nach dem Zweiten Weltkrieg und mit der Auflösung der Kolonialreiche vollzogen hat. Das heißt, es entstand zunächst das System der Weltgesellschaft, und erst danach bildete sich eine im System der Weltgesellschaft institutionalisierte Erwartung, die jede Region der Welt und jede in einer Region der Welt siedelnde Nation dazu berechtigt, für sich selbst die Form des Nationalstaats als politische Normalform zu fordern.

Bemerkenswert ist, daß die UN-Charta Rechte und Pflichten für den Nationalstaat explizit normiert, so als handle es sich bei dem System der Nationalstaaten um ein Analogon zu jener Ansammlung von Bürgern mit Rechten und Pflichten, aus denen der einzelne Staat im Inneren besteht.[24] Der Nationalstaat ist aber nicht nur die Normalform des Politischen im System der Weltgesellschaft, er ist vor allem auch eine hochgradig standardisierte Form. Das

---

22 Vgl. zum folgenden auch Stichweh 1994a; 1995.
23 Thomas u. a. 1987; Meyer 1989; 1992.
24 Meyer 1987.

heißt, unter dem Druck wechselseitiger Beobachtung im System der Weltgesellschaft versuchen alle Nationalstaaten sich mit denselben Institutionen auszustatten: Schulen und Hochschulen, Militär, Kultur- und Wissenschaftspolitik, Legislative, Verfassung, Währung, Bürokratie und Gewerkschaften.[25] Vor allem aber versuchen alle Staaten Wohlfahrtsstaaten zu sein, d.h., sie implementieren in wie rudimentärer Form auch immer die in der westlichen Welt entstandenen Versicherungs- und Ausgleichssysteme,[26] deren wesentliche Funktion es ist, innerhalb des Territoriums eines Nationalstaats eine relative Gleichheit der Bürger zu schaffen, während nach außen hin, zur weltgesellschaftlichen Umwelt des Staates, nahezu beliebige Ungleichheit vorstellbar ist.

Am Anfang des 20. Jahrhunderts hat Émile Durkheim mit Blick auf die überwältigende Bedeutung von Individualität in der modernen Welt von einem Kult der Individualität gesprochen. Frank Lechner hat diese Formel aufgegriffen und im Bezug auf die gerade beschriebenen Phänomene der fraglosen Institutionalisierung des Nationalstaats in der Weltgesellschaft einen Kult des Nationalstaats und damit eine gleichsam religiöse Dignität des Nationalstaats in der Gegenwart diagnostiziert.[27] An dieser Stelle des Arguments aber wird die Verbindung zum Phänomen Fundamentalismus wieder sichtbar. Wenn der Nationalstaat die politische Form der Individualität im System der Weltgesellschaft verkörpert, muß dem einzelnen Nationalstaat etwas zukommen, was auch im übrigen für Individuen charakteristisch ist: Er muß einzigartig sein und dies nach innen und außen kommunizieren.

An diese Beobachtung schließen sich zwei Thesen an:

1. Ein nicht kleiner Teil der ethnisch-religiösen Phänomene, die unter dem Titel Fundamentalismus rubriziert werden, sind vermutlich den Identitätsartikulationen im System der Weltgesellschaft zuzurechnen. Sie sind Bekundungen von Einzigartigkeit, gleichzeitig auch Anmeldung des Anspruchs auf Gleichwertigkeit, aber sie haben darin auch das Prinzip ihrer Begrenzung. Kommunizierte Einzigartigkeit muß davon ausgehen, daß es Andersheit, also auch andere Einzigartigkeit gibt. Wenn diese Kommunikationen ihre Ansprüche heute vielfach zuspitzen, hat dies vielleicht mehr damit

---

25 Vgl. dazu auch Wallerstein 1991.
26 Siehe Abbott und DeViney 1992.
27 Lechner 1989, 17.

zu tun, daß sie sich Gehör zu verschaffen versuchen, als damit, daß sie Andersheit argumentativ leugnen wollen.

2. Die fundamentalistisch ausgeflaggten, religiös und/oder ethnisch motivierten gewaltsamen Konflikte unserer Gegenwart scheinen in der Regel Konflikte über die Frage zu sein, wer einen eigenen Nationalstaat beanspruchen kann und wer in einem Nationalstaat die Macht in Händen hält.[28] Das relativiert die These, die Samuel Huntington radikalisiert hat, wir seien mit einem Zusammenstoß der Zivilisationen (»clash of civilisations«) konfrontiert.[29] Statt dessen scheint es um die Kontrolle über einzelne Nationalstaaten und um die eventuelle Proliferation weiterer Nationalstaaten zu gehen. Fundamentalistische Kommunikationen sind in vielen Fällen auch nach innen gerichtete Durchsetzungsstrategien in einem solchen Macht- und Sezessionskonflikt. Und nachdem der jeweilige Fundamentalismus Macht und Staatlichkeit erlangt hat, limitieren sich die weltweiten Verpflichtungen, die er eingegangen zu sein scheint, durch die Verpflichtung auf die Einzigartigkeit der von ihm verwalteten Staatlichkeit, die gleichfalls eine Verpflichtung im System der Weltgesellschaft ist.

IV

Am Ende meiner Überlegungen stehen Bemerkungen zur Kultur der Weltgesellschaft. Gibt es eine solche und befördert oder restringiert sie die Chancen des Fundamentalismus? Wenn man diese Frage stellt, muß man zunächst dem Einwand Rechnung tragen, den u. a. Anthony D. Smith vorgebracht hat, daß »Kultur« ihrem Begriff nach nur in der Form der Existenz mehrerer verschiedener Kulturen gedacht werden kann, also die Existenz einer Weltkultur eine in sich widersprüchliche Vorstellung sei.[30] Eine naheliegende Reaktion auf diesen Einwand ist die, zu vermuten, daß dieser Einwand selbst die Kultur der Weltgesellschaft verkörpert oder ausspricht. Das heißt, weltweit institutionalisiert ist vor allem das Prinzip kultureller Diversität selbst, und alles weitere, was darüber hinaus gesagt werden

---

28 Dazu mit reichem empirischen Material Gurr 1994, und siehe auch Juergensmeyer 1995.
29 Huntington 1993.
30 Smith 1990.

kann, folgt aus den Bedingungen der Institutionalisierung dieses Prinzips. Vier Bemerkungen oder Thesen möchte ich anschließen, deren Prüfung vielleicht zu klären erlaubt, wie Fundamentalismen die Kultur der Weltgesellschaft beeinflussen könnten bzw. wie sie von dieser beeinflußt werden könnten.

1. Die Weltkultur ist gekennzeichnet durch das Prinzip kultureller Diversität bei gleichzeitig zunehmender Interdependenz verschiedener kultureller Systeme.

2. Im Blick auf die kulturellen Systeme der gegenwärtigen Welt in ihrem Verhältnis zueinander sind sowohl ausgeprägte Disjunktionen wie auch charakteristische Bereiche der Überschneidung von Traditionen auffällig. Dabei können Überschneidungen auch dort beobachtbar sein, wo gleichzeitig ausgeprägte Disjunktionen vorliegen. So teilen beispielsweise die islamische und die christlich-westliche Welt sowohl wissenschaftliche (beispielsweise aristotelische) wie religionsgeschichtliche (alt- und neutestamentarische) Traditionen, während eine basale Gemeinsamkeit der Rechtskultur nicht unterstellt werden kann.[31]

3. Offensichtlich ist die Frage der Kompatibilität/Inkompatibilität von Kulturen wichtig. Dies kann man u. a. so verstehen, daß die Weltgesellschaft eine Prämie darauf setzt, daß Kulturen nicht aggressiv missionierend auftreten. Weltweit verbreitete kulturelle Komponenten dürften dann nur einen relativ geringen Grad von Explizitheit aufweisen. George Modelski hat eine solche These mit der Überlegung formuliert, daß eine politische Rolle im System der Weltgesellschaft nur für Staaten zugänglich ist, die nicht gleichzeitig eine kulturelle Mission verfolgen.[32] Es geht also um das Moment, daß eine Kultur nicht für eine andere Kultur unlösbare Probleme mit sich bringen darf und daß sie, wenn sie es doch tut, dadurch in ihrer Wirkungsfähigkeit eingeschränkt wird.

4. Eine vierte Bemerkung ergänzt die Frage der Kompatibilität/Inkompatibilität durch die spezifischere Dimension der Inklusivität/Exklusivität. Um dies an einem Beispiel einzuführen: Roland Robertson hat die japanische Einpassungsfähigkeit in das System der Weltgesellschaft und eine damit einhergehende Beharrungsfähigkeit japanischer Kultur aus deren ausgeprägtem Synkretismus und insbesondere demjenigen japanischer Religion zu

31 Siehe die Essaysammlung Easterman 1992.
32 Modelski 1983, 118.

erklären versucht, die problemlos fremde Götter zu inkorporieren imstande sei.[33] Ich möchte dies mit einer Episode illustrieren, die sich 1616 ereignet hat. Die japanische Obrigkeit entschließt sich, gegen die zum Christentum konvertierten Japaner vorzugehen. Sie stellt sie vor die harte Wahl, sich entweder hinrichten zu lassen oder dem Christentum *expressis verbis* abzuschwören. Diese Absage an den christlichen Glauben aber wird mit einer bemerkenswerten Abschlußformel bekräftigt: »Im Namen des Vaters, des Sohnes und des Heiligen Geistes, der heiligen Maria und aller Engel [...], und wenn ich diesen Eid breche, so möge ich die Gnade Gottes auf ewig verlieren und in den elenden Zustand Judas Iskariots stürzen.«[34] Darauf folgt dann noch ein Eid auf buddhistische und schintoistische Gottheiten. Man mag an dieser Episode außergewöhnlich finden, wie hier ein staatliches Handeln, das einerseits noch ganz durch die Logik der rabiaten Verfolgung bestimmt scheint, gleichzeitig durch eine Art synkretistische Absicherung ergänzt wird. Es geht bei dieser vierten These offensichtlich darum, daß kulturelle Deutungssysteme dann der Realität der Weltgesellschaft besser angepaßt sind, wenn sie inklusiv operieren können, d.h., wenn sie in der Lage sind, einen Platz für konkurrierende Deutungssysteme vorzusehen. Demgegenüber könnten Kulturen sich als problematisch (im Sinne von: ihren eigenen Einfluß durch Inflexibilität beschränkend) erweisen, die auf Exklusionen angewiesen sind, also ihr Verhältnis zu anderen Kulturen nur in die Form eines strikten Entweder / Oder bringen können. Das verweist die Beobachtung einer emergenten Weltkultur auf eine Leitfragestellung. Ist das System der Weltgesellschaft darin kulturell effektiv, daß sich in ihm unter der Prämisse institutionalisierter kultureller Diversität ein Selektionsprozeß vollzieht, der inklusive Varianten begünstigt und exklusive Varianten marginalisiert? Gibt es also einen Selektionsdruck im kulturellen System der Weltgesellschaft, der fundamentalistische Varianten dazu nötigt – um ihrer Kommunikationsfähigkeit willen –, an sich selbst inklusive Momente zu betonen, also Momente, die andere Kulturen in das eigene System einzubauen imstande sind?

---

33 Robertson 1987, 39 f.
34 Watzlawick, Beavin und Jackson 1971, 186 f., zit. nach Sansom 1950, 127.

Literatur

Abbott, Andrew und Stanley DeViney, 1992: The Welfare State as Transnational Event: Evidence from Sequences of Policy Adoption, in: *Social Science History* 16, 245-274.

Diamond, Jared, 1991: *The Rise and Fall of the Third Chimpanzee*, London: Radius.

Easterman, Daniel, 1992: *New Jerusalems. Reflections on Islam, Fundamentalism and the Rushdie Affair*, London: Grafton.

Fortes, Meyer, 1975: Strangers, in: ders. und Sheila Patterson (Hg.), *Studies in African Social Anthropology*, London: Academic Press, S. 229-253.

Giddens, Anthony, 1990: *The Consequences of Modernity*, Cambridge: Cambridge U. P.

Gurr, Ted Robert, 1994: Peoples Against States: Ethnopolitical Conflict and the Changing World System, in: *International Studies Quarterly* 38, 347-377.

Hampson, Norman, 1981: The Enlightenment in France, in: Roy Porter und Mikulas Teich (Hg.), *The Enlightenment in National Context*, Cambridge: Cambridge U. P., S. 41-53, 228-230.

Hannerz, Ulf, 1991: Scenarios for Peripheral Cultures, in: Anthony D. King (Hg.), Culture, *Globalization and the World-System. Contemporary Conditions for the Representation of Identity*, Houndmills: Macmillan, S. 106-128.

Heintz, Peter, 1982: *Die Weltgesellschaft im Spiegel von Ereignissen*, Diessenhofen: Rüegger.

Huntington, Samuel P., 1993: The Clash of Civilizations, in: *Foreign Affairs* 72, H. 3, 22-49.

Inkeles, Alex, 1975: The Emerging Social Structure of the World, in: *World Politics* 27, 467-495.

Juergensmeyer, Mark, 1995: The New Religious State, in: *Comparative Politics* 27, 1995, 379-391.

Koch, Claus, und Dieter Senghaas (Hg.), 1970: *Texte zur Technokratiediskussion*. Frankfurt/M.: Europäische Verlagsanstalt.

Lechner, Frank J., 1989: Cultural Aspects of the Modern World-System, in: William H. Swatos (Hg.), *Religious Politics in Global and Comparative Perspective*, New York: Greenwood Press, S. 11-27.

Luhmann, Niklas, 1970-1995: *Soziologische Aufklärung*, Bd. 1-6, Opladen: Westdeutscher Verlag.

– 1971: Die Weltgesellschaft, in: ders., *Soziologische Aufklärung 2. Aufsätze zur Theorie der Gesellschaft*, Opladen: Westdeutscher Verlag 1975, S. 51-71.

– 1982: The World Society as a Social System, in: ders., *Essays on Self-Reference*, New York: Columbia U. P. 1990, S. 175-190.

- 1992: Probleme der Forschung in der Soziologie, in: ders., *Universität als Milieu*, hg. von André Kieserling, Bielefeld: Haux, S. 69-73.
- 1995: *Die Realität der Massenmedien* (Nordrhein-Westfälische Akademie der Wissenschaften, Vorträge G 333), Opladen: Westdeutscher Verlag.

Meyer, John W., 1987: The World Polity and the Authority of the Nation State, in: George M. Thomas u. a., *Institutional Structure. Constituting State, Society, and the Individual*, Newbury Park: Sage, S. 41-70.
- 1989: Conceptions of Christendom: Notes on the Distinctiveness of the West, in: Melvin L. Kohn (Hg.), *Cross-National Research in Sociology*, Newbury Park: Sage, S. 395-413.

Meyer, John W. u. a., 1992: *School Knowledge for the Masses: World Models and National Primary Curricular Categories in the Twentieth Century*, Washington DC und London: Falmer Press.

Modelski, George, 1983: Long Cycles of World Leadership, in: William R. Thompson (Hg.), *Contending Approaches to World System Analysis*, Beverly Hills: Sage, S. 115-139.

Parsons, Talcott, 1934: Society, in: *Encyclopedia of the Social Sciences*, Bd. 14, S. 225-231.
- 1977: *Social Systems and the Evolution of Action Theory*, New York: The Free Press.
- 1978: *Action Theory and the Human Condition*, New York: The Free Press.

Pocock, J. G. A., 1975: *The Machiavellian Moment: Florentine Political Thought and the Atlantic Republican Tradition*, Princeton: Princeton U. P.
- 1985: *Virtue, Commerce and History*, Cambridge: Cambridge U. P.

Robertson, Roland, 1987: Globalization and Societal Modernization: A Note on Japan and Japanese Modernization, in: *Sociological Analysis* 47, 35-42.
- 1994: Religion and the Global Field, in: *Social Compass* 41, 121-135.

Sansom, G. B., 1950: *The Western World and Japan. A Study in the Interaction of European and Asiatic Cultures*, New York: Random House.

Sen, Amartya, 1992: *Inequality Reexamined*, New York: Russell Sage Foundation.
- 1994: Population: Delusion and Reality, in: *New York Review of Books* 41, H. 15, 22. September, 62-71.

Smith, Anthony D., 1990: Towards a Global Culture?, in: *Theory, Culture & Society* 7, 171-191.

Stichweh, Rudolf, 1994: Fremde, Barbaren und Menschen. Vorüberlegungen zu einer Soziologie der ›Menschheit‹, in: Peter Fuchs und Andreas Göbel (Hg.), *Der Mensch – das Medium der Gesellschaft?*, Frankfurt/M.: Suhrkamp, S. 72-91 (in diesem Band: Kap. 2).
- 1994a: Nation und Weltgesellschaft, in: Bernd Estel und Tilman Mayer

(Hg.), *Das Prinzip Nation in modernen Gesellschaften. Länderdiagnosen und theoretische Perspektiven*, Opladen: Westdeutscher Verlag, S. 83-96 (= Kap. 3 in: *Die Weltgesellschaft*, Frankfurt/M.: Suhrkamp 2000).

– 1995: Zur Theorie der Weltgesellschaft, in: *Soziale Systeme – Zeitschrift für soziologische Theorie* 1, 29-45 (= Kap. 1 in: *Die Weltgesellschaft*, Frankfurt/M.: Suhrkamp 2000).

Stolleis, Michael, 1988: *Geschichte des öffentlichen Rechts in Deutschland*, Bd. 1, *Reichspublizistik und Policeywissenschaft 1600-1800*, München: C. H. Beck.

Thomas, George M., u. a., 1987: *Institutional Structure. Constituting State, Society, and the Individual*, Newbury Park: Sage.

Wallerstein, Immanuel, 1991: *Geopolitics and Geoculture. Essays on the Changing World-System*, Cambridge, Paris: Cambridge U. P.

13
Interkulturelle Kommunikation in der Weltgesellschaft
Zur politischen Soziologie der Integration und Assimilation

I. Weltgesellschaft

Der Begriff der Weltgesellschaft formuliert die Hypothese der Existenz nur noch eines einzigen weltweiten Gesellschaftssystems. Dieses ist in den letzten 500 bis 600 Jahren entstanden und schließt alle Unterschiede und alle früheren Gesellschaftssysteme in sich ein. Die Weltgesellschaft ist ein historisches System mit einer langen Vorgeschichte. Die vielleicht wichtigste ökologische Bedingung der Weltgesellschaft ist die Existenz einer relativ einheitlichen Spezies ›Homo sapiens‹, die vor etwas mehr als 100 000 Jahren entstanden ist und in den letzten sechzig- bis siebzigtausend Jahren alle Kontinente der Erde (außer der Antarktis) besiedelt hat. Eine der entscheidenden Voraussetzungen von Weltgesellschaft ist die Erfindung von Sprache und Kommunikation, die die Form der der Spezies *Homo sapiens* eigenen Sozialsysteme prägen.

Religiöse und philosophische Fundamente der Weltgesellschaft werden in den Kulturen der Achsenzeit des ersten Jahrtausends vor unserer Zeitrechnung gelegt.[1] Gesellschaftliche Grundlagen werden in Texten formuliert, die kognitiv orientiert sind, die aber zugleich in relevanten Hinsichten für bestimmte Aussagen normative Verbindlichkeit einfordern. Begriffliche Strukturen des Rechts, die bis heute fortwirken, werden in der Entwicklung des römischen Rechts zwischen ca. 500 v. Chr. und 500 n. Chr. fixiert.

Vor diesem Hintergrund entsteht Weltgesellschaft als ein politökonomisches System (als eine *world-economy*, die nicht mehr Teil eines *world-empire* ist[2]) in der globalen Expansion Europas in den letzten 600 Jahren. Die Weltgesellschaft ist nicht einheitlich, nicht konfliktfrei und friedlich, nicht durch Gleichheit und Gerechtigkeit bestimmt –, aber es gilt, daß alle Differenzen, Konflikte

1 Armstrong 2006.
2 Wallerstein 1974.

und Kriege, Gleichheiten und Ungerechtigkeiten heute innerhalb der Weltgesellschaft reproduziert werden, daß man dieses System analysieren muß, wenn man diese Phänomene verstehen will. Zugleich ist aber auch zu betonen, daß Ansprüche auf Gleichheit und Gerechtigkeit als globale Ansprüche kommuniziert werden und in globale Vergleichshorizonte eingespannt sind. Normative Ansprüche dieses Typs sind also nicht etwa irrelevant. Nur dürfen sie nicht als Einwand gegen die Existenz der Weltgesellschaft vorgebracht werden, müssen vielmehr als die kommunizierte Wirklichkeit normativer Erwartungen in ihren Existenzbedingungen und Erfolgswahrscheinlichkeiten in der Weltgesellschaft untersucht werden.

Welches sind in der Gegenwart die wichtigsten strukturbildenden Merkmale der Weltgesellschaft?[3] Zu nennen sind u. a. globale Netzwerke (als *small-world networks*), multi- oder transnationale Organisationen, Weltereignisse, Weltkriege und Weltkonflikte,[4] schließlich Verkehrs- und Kommunikationstechniken, deren Progression sich in den letzten 200 Jahren enorm beschleunigt hat. Alle diese strukturbildenden Momente sind hier nicht näher zu analysieren; statt dessen stelle ich auf eine Struktur ab, die meines Erachtens die wichtigste strukturbildende Eigentümlichkeit der Weltgesellschaft ist: funktionale Differenzierung.

II. Funktionale Differenzierung

Funktionssysteme sind sachthematisch konzentrierte Kommunikationszusammenhänge beispielsweise der Politik, der Wissenschaft, der Wirtschaft, des Rechts, der Liebeskommunikation, der Erziehung, des Sports. Ausnahmslos alle dieser Funktionssysteme bilden heute weltweite Kommunikations- und Vergleichszusammenhänge. Diese Globalität aller Funktionssysteme bedeutet u. a., daß die Kommunikationen der Funktionssysteme sich nicht an nationalen Grenzen unterbrechen. Für die meisten Funktionssysteme macht es keinen Sinn, Subsysteme zu postulieren, die mit den territorialen Grenzen des politischen Systems zusammenfallen. Neben der *Globalität der Funktionssysteme* ist es für ein angemessenes Verständnis der modernen Gesellschaft gleichermaßen wichtig, die *Pluralität*

3 Vgl. Stichweh 2007; 2008a.
4 Stichweh 2008b.

der Funktionssysteme zu betonen. Es gibt eben nicht einzelne wenige, sondern eine beträchtliche Zahl und Heterogenität funktional spezifizierter, global vernetzter Makrosysteme gesellschaftlicher Kommunikation.

Zwei weitere Gesichtspunkte sind hinsichtlich der globalisierten Funktionssysteme in der Weltgesellschaft hervorzuheben. Erstens – im Vorgriff auf den hier noch zu diskutierenden Begriff der Kultur: Alle diese Funktionssysteme bringen *Eigenkulturen* hervor, die die Differenzen zwischen ihnen immer schärfer hervortreten lassen. Die Kultur des Rechts, die Kultur der Wissenschaft, die Kultur der Wirtschaft und die Kultur des Sports unterscheiden sich so signifikant voneinander, daß die Differenzen zwischen den Kulturen der Funktionssysteme zu den auffälligsten kulturellen Differenzen zählen, die es in der Gesellschaft der Gegenwart gibt. Es ist also nicht länger sinnvoll, eine soziale Differenzierung der Gesellschaft anzunehmen, die durch eine Gemeinsamkeit der Kultur gewissermaßen überwölbt wird. Vielmehr sind die gesellschaftlichen Subsysteme die hauptsächlichen Produzenten dessen, was ein wie auch immer ausgelegter Begriff der Kultur zu bezeichnen imstande ist.

Zweitens ist außer der Heterogenität der Funktionssysteme im Verhältnis zueinander das Steigerungsmoment zu betonen, das darin liegt, daß wir Prozesse der internen Diversifizierung in den einzelnen Funktionssystemen beobachten:

So beispielsweise im Fall der Medizin die große Zahl medizinischer Spezialisierungen und die Wissens- und Sozialsysteme, die sich mit diesen Spezialgebieten verbinden, und außerdem orthogonal zu den Spezialgebieten der Medizin die hinzutretende Diversifizierung durch Wissenssysteme weltregionalen Ursprungs jenseits des biomedizinischen Kerns – also Praktiken und Wissenssysteme wie Ayurveda, Traditionelle chinesische Medizin (TCM), Homöopathie, die sich zunächst in bestimmten Regionen in komplementärer Stellung zur Biomedizin etablieren, aber mittlerweile ihrerseits globale therapeutische Systeme sind, die die ursprüngliche Bindung an die Kultur einer bestimmten Weltregion abgestreift haben. Im Fall des Wissenschaftssystems haben wir es, auch wenn wir nur die Natur- und Technikwissenschaften betrachten, bereits mit 8000 bis 10 000 Spezialgebieten zu tun. Allein aus diesem Grund der extremen internen Differenzierung der Wissenschaft ist Interdisziplinarität als eine tägliche Praxis – und nicht als ein Luxus einer kognitiven Sonderwelt – in der Wissenschaft unabweisbar, und sie ist nur ein Spezialfall der Interkulturalität, um die es auch im folgenden gehen wird. Wenn wir drittens vergleichend das Wirtschaftssystem hinzuziehen, drängt sich unmittelbar die kulturelle Diversifizierung der Branchen und der Märkte als ein weiterer Fall weltweit etablierter Heterogenität auf. Sobald man beispielsweise Banken, die Pharmaindustrie, die Metallverarbeitung und personenbezogene (*people-processing*) Dienstleistungen als Wirtschaftsbereiche vergleicht, leuchtet unmittelbar ein, daß wir es in allen diesen Fällen mit robusten Eigenkulturen zu tun haben, die kaum unter einen einfachen Begriff einer einheitlichen ökonomischen Orientierungsweise reduziert werden können.

III. Kultur

Es wird an dieser Stelle wichtig, uns einen Begriff davon zu verschaffen, was der bereits mehrfach verwendete Begriff der ›Kultur‹ besagt. In einer ersten Annäherung postuliere ich, daß es sich um einigermaßen stabile Verhaltenserwartungen und auf diese Erwartungen gestützte Routinen des Verhaltens handelt.

Worin unterscheidet sich dieser Begriff der Kultur von dem der ›Sozialstruktur‹? Die Differenz scheint gering zu sein, und ich möchte dafür plädieren, dies auch ausdrücklich zu affirmieren und sich zu vergegenwärtigen, daß Kultur nicht auf einer ontischen Ebene von Sozialstruktur unterschieden werden darf, daß es sich nicht um voneinander getrennte Wirklichkeitsbereiche handelt.

Vielmehr sprechen wir von Sozialstruktur immer dann, wenn die Betonung ausdrücklich auf der Geordnetheit und der Regelhaftigkeit des Sozialen liegt. Kultur dagegen meint immer ›diese‹ Kultur im Unterschied zu einer ›anderen‹ Kultur, d.h., den Kulturbegriff verwenden wir immer dann, wenn wir als Beobachter ein Vergleichsinteresse verfolgen, wenn wir also Möglichkeiten, die bei uns realisiert worden sind, mit Möglichkeiten des Verhaltens vergleichen wollen, die sich anderswo durchgesetzt haben. Dem Begriff der Kultur ist insofern eigen, daß er zwangsläufig auf eine Pluralität von Möglichkeiten und auf den Vergleich dieser Möglichkeiten verweist.

Vier weitere Implikationen des Begriffs der Kultur sind zu notieren.

1. Kultur ist im Prinzip operativ zu verstehen. Sie ist nicht ein Sachbereich, den man in irgendeinem Sinne anschauen oder anfassen könnte, sondern sie besteht aus immateriellen Erwartungen, die aber nur so lange fortdauern, wie es Kommunikationen gibt, die sich durch diese Erwartungen instruieren lassen.[5] Auch unter diesen gedanklichen Voraussetzungen wird man an einem Begriff der materiellen Kultur festhalten können. Dieser bezeichnet alle diejenigen ›Dokumente‹ von einer gewissen Dauerhaftigkeit, die als Dokumente des Vollzugs einer Kette von Operationen entstehen und persistieren.

2. Der Kulturbegriff ist dem Sinnbegriff nahe verwandt. Der Sinnbegriff ruht auf der Unterscheidung von Aktualität und Potentialität. Er bezeichnet die unablässige Produktion von Möglichkeitsüberschüssen in sozialen Systemen, die als Möglichkeitsüberschüsse erhalten bleiben und als denkmögliche Alternativen die realisierten Wirklichkeiten begleiten.[6] Alles, was in Wirklichkeit geschieht, ist dann von Sinn- und Möglichkeitsüberschüssen umgeben und wird durch diese kommentiert und vertieft, und soweit dies zutrifft und durch den Kulturbegriff bezeichnet wird, ist dieser ein Synonym für die menschliche Lebensform überhaupt. In diesem Verständnis meint er dann ein Universal der menschlichen Lebensform, die sich in den Varianten der einzelnen Kulturen verwirklicht.

3. Kulturen dürfen nicht räumlich-regional oder ethnisch eingeengt werden. Beide – die räumlich-regionale oder die ethnische Spezifikation und Grenzbildung einer Kultur – sind als zwei der Möglichkeiten der Konstitution von Kommunikationszusammenhängen, die auf Selbst- und Fremdzuschreibungen beruhen und vielleicht auch eine Verhaltenskultur hervorbringen, zweifellos gegeben. Aber es sind nur zwei Möglichkeiten unter den vielen Kulturen der Moderne, und ich habe in diesem Text bereits zu

---

5 Zusätzlich wird man die Möglichkeit einer latenten Kultur konzedieren müssen, also einer Kultur, die derzeit nur in der Form eines wie auch immer gearteten kulturellen Gedächtnisses verfügbar ist und die vielleicht erst zu einem späteren Zeitpunkt wieder operativ aktualisiert wird. Der Zusammenhang von Latenz und Kultur tritt besonders markant in der Theorie Talcott Parsons' hervor. Siehe Parsons 1973.
6 Luhmann 1971.

demonstrieren versucht, daß in einem immer höheren Grade die Diversifikation der Kulturen der Funktionssysteme (die durch eine interne Auffächerung *in* den Funktionssystemen ergänzt wird) die Situation der Weltgesellschaft bestimmt.

4. Menschliche Individuen dürfen nicht einer bestimmten oder gar einer einzigen Kultur zugerechnet werden, und sie sind auch nicht die ›Träger‹ einer bestimmten Kultur. Kulturen sind vielmehr gegenüber menschlichen Individuen operativ (und strukturell) eigenständig. Demgegenüber scheint es angemessen, ein menschliches Individuum als ein autonomes psychisches System aufzufassen, das sich manchmal als im Zentrum einer Kultur stehend empfindet, manchmal als exzentrisch, in anderen Fällen auch als marginal. Das einzelne Ich ist also nicht der Träger einer Kultur und auch nicht mit der Gesamtheit seiner/ihrer Lebensvollzüge in eine bestimmte Kultur eingeschlossen; es ist vielmehr situativ wechselnd und in schneller Abfolge und oft gleichzeitig ein Partizipant an einer Pluralität von Kulturen.

IV. Interkulturalität

Aus den bisherigen Überlegungen dieses Textes dürfte bereits deutlich geworden sein, daß die Gesellschaft der Gegenwart überwiegend aus interkulturellen Situationen besteht. Dies gilt bereits für den Kommunikations- und Handlungszusammenhang einer einzelnen menschlichen Person, die typischerweise mit Lebenslagen und Handlungsproblemen befaßt ist, die mehrere der Kulturen involviert, an denen die Person operativ partizipiert. Ein gutes Beispiel liefert die Theorie der Marginalität, so wie sie Robert Ezra Park bereits früh im 20. Jahrhundert entworfen hat. Diese Theorie beschreibt die marginale Person als jemanden, der auf der Grenze zweier Kulturen steht. Bei Park läuft dies auf eine Theorie der großen Männer oder in der vorsichtigeren Version auf eine Theorie der Innovation heraus, die in jedem Fall zu dem Schluß kommt, daß nahezu alle soziale Innovation aus interkulturellen Situationen und den zugehörigen Hybridisierungen stammt.[7]

Auf dieser Basis ist zu notieren, daß in den meisten interkulturel-

---

7 Siehe Park 1928; 1964; für eine erfolgreiche Anwendung Ben-David und Collins 1966.

len Situationen mindestens zwei, aber oft weit mehr als zwei Kulturen involviert sind. Es gibt das jeweilige Funktionssystem und die interne Diversifikation der Funktionssysteme; es spielen Sprachen, räumlich-regionale Unterschiede, Ethnizitäten, Geschlechterkulturen, Schichtung mit – und alle diese Logiken des Unterscheidens werden in ein und dieselbe Situation hineingeblendet. Man könnte auch postulieren, daß es in jeder kommunikativen Situation schlechthin einen ›Kampf der Kulturen‹ gibt, der kurzfristig damit endet, daß sich temporär eine dieser Kulturen durchsetzt und es dann nur noch um sozialtheoretische Auffassungsunterschiede, Geschlechterkonflikte, ständisches Distinktionsverhalten oder politische Meinungsunterschiede geht, bis sich erneut eine der anderen Arten der Differenzbildung in den Vordergrund schiebt.

V. Multikulturalismus, Integration, Assimilation

Wenn wir die hier vorgetragenen Überlegungen zur Pluralität von Kulturen in der Weltgesellschaft zugrunde legen: Was folgt aus diesen Überlegungen für das Verständnis dreier Leitbegriffe der politischen Soziologie in all jenen Ländern, die es mit der Einwanderung von ›Fremden‹ zu tun haben und die sich nach den Erwartungen fragen, die sie an sich selbst und an die Fremden adressieren sollten? Die drei Leitbegriffe sind: Multikulturalismus, Integration, Assimilation.

Ich beginne mit dem Konzept des *Multikulturalismus*. Dieses erscheint in einer problematischen Gestalt, wenn es seinen Begriff des Multikulturellen nur politisch-ethnisch auslegt, einzelne Mitglieder der Gesellschaft eineindeutig einem bestimmten politisch-ethnischen Segment zuweist und in der Folge die Koexistenz und das Nebeneinanderbestehen – vielleicht auch die Konflikthaftigkeit – dieser politisch-ethnischen Segmente postuliert.

Dieses Konzept ist deshalb zu kritisieren, weil es die Zahl und die Diversität der operativ relevanten Kulturen in einer Gesellschaft drastisch unterschätzt und in der Folge für Gesellschaftsmitglieder repressive Folgen hat, insoweit es sie in eine einzige Kultur einschließt. Jenseits dieser Schwäche aber ist zu notieren, daß Multikulturalismus (im Sinne der Kopräsenz multipler kultureller Referenzen) ein unabweisbarer Aspekt jeder gesellschaftlichen Situation ist, wie andererseits auch gilt, daß die jeweilige kommunikative Situation oft für eine kurze Zeit eine monothematische Engführung erfährt, und dann geht es für diese kurze Zeit in dem jeweiligen Kommunikationssystem *nur* um Kunst oder *nur* um Wissenschaft oder *nur* um Sport – oder auch *primär* um die Affirmation einer gemeinschaftlich-ethnischen Zugehörigkeit. Aber nie geht es in *letzter Instanz* um etwas, die Dominanzen eines bestimmten sachlichen Themenkomplexes sind nicht etwa sachlich zwingend und alternativenlos, weil es irgendeinen Themenkomplex gäbe, der eine gesellschaftsweite Letztrelevanz beanspruchen könnte; sie gelten nur temporär, sind prinzipiell zeitlich begrenzt.

Für die beiden anderen Leitbegriffe der *Integration* und *Assimilation* ist in der ersten Annäherung zu fragen, worin eigentlich der Unterschied im Aussagegehalt besteht. ›Integration‹ meint die (wechselseitige) Einschränkung von Freiheitsgraden des Verhaltens.[8] Ein System verzichtet auf bestimmte Verhaltensvarianten, die an sich auch möglich und im eigenen System nicht unzulässig wären. Sie würden aber ein benachbartes System, im Verhältnis zu dem man die wechselseitige Integration sucht, vor Verhaltensprobleme stellen. Aus diesem integrativen Motiv verzichtet man auf die volle Ausnutzung des gegebenen Verhaltensspielraums.[9]

›Assimilation‹ ist demgegenüber etwas Anspruchsvolleres. Im Fall der Assimilation läßt das sich assimilierende System – nehmen wir an, es handle sich um eine Person – nicht nur einen Einfluß auf die Selektivität seiner Verhaltenswahlen zu. Es strebt vielmehr ausdrücklich eine Personenveränderung im Kontext eines umfassenderen Bezugssystems an, in das es sich einzupassen bereit ist. Die Person konzediert dem umfassenderen System einen relevanten Einfluß auf die Trajektorie der eigenen personaler Entwicklung. Eine der Formen der Assimilation ist die Aneignung eines Habitus, in dem von Pierre Bourdieu vorgeschlagenen Verständnis.[10] Die Person legt sich dann beispielsweise den Habitus eines Schülers,

---

8 So Niklas Luhmann z. B. 1985, 413; 1990, 586.

9 Niklas Luhmann hat wiederholt eine persönliche Äußerung von Talcott Parsons zitiert, in der dieser Integration so beschrieb, daß der Sachverhalt der gesellschaftlichen Integration bedeutet, daß kein Funktionssystem Probleme erzeugt, die für andere Funktionssysteme unlösbar sind. So in einer Vorlesung Luhmanns am 10. Mai 1977.

10 Bourdieu 1987, insb. 97-121.

eines Gelehrten, eines Leistungssportlers, eines Amerikaners, eines deutschen Christen – oder einen der vielen anderen Habitus – zu und betreibt durch diesen aktiven Aufbau eines positiv bestimmten Verhaltensrepertoires ihre gesellschaftliche Assimilation.

Wenn man die Sache so betrachtet, fällt auf, daß Integration und Assimilation relativ allgemeine Prozesse sind, die in jeder menschlichen Lebensführung unablässig vorkommen. Manchmal integriert man sich nur (verzichtet also auf bestimmte, an sich zulässige Verhaltensvarianten); manchmal ist einem ein Bezugssystem so wichtig geworden, daß man sich auf Prozesse der Assimilation einläßt, also Inkorporation, Habitusbildung und Personenveränderung zuläßt und auch absichtsvoll anstrebt. In wieder anderen Fällen verweigert man absichtsvoll bereits die Integration, weil man mit dem betreffenden Referenzkontext nichts zu tun haben will. In diesem Fall kann es sein, daß man in der Folge Konflikte in Kauf nehmen muß. Aber diese sind wiederum in einer multikulturellen Gesellschaft alltäglich.

Was folgt aus diesen Überlegungen für die Diskussion über Migranten, in der die Worte ›Integration‹ und ›Assimilation‹ eine so große Rolle spielen? Meine Folgerung ist diese: Sowohl die Forderung nach ›Integration‹ wie auch die Forderung nach ›Assimilation‹ wie schließlich auch die Polemik gegen Assimilation[11] sind ziemlich deplaziert. Und sie sind es deshalb, weil sie völlig unterkomplex sind. Der Rat an den Migranten und an die Migrantin müßte unter den Prämissen meines Arguments folgendermaßen lauten: Wähle einige wohlüberlegte Integrationen, d. h. verzichte auf Verhaltensvarianten, die in der Interaktion von Person und Bezugssystem zu Konflikten und Unlösbarkeiten führen könnten. Wähle aber auch einige Assimilationen, d. h., siehe einige Dinge vor, mit denen du dich so eng vernetzt, daß habitusbildende und persönlichkeitsverändernde Wirkungen eingeschlossen sind und auch angestrebt werden, und zwar deshalb angestrebt werden, weil man in ihnen eher die Chancen und die Zuwächse als die Risiken sieht. Und schließlich: Wähle auch einige ›Nichtintegrationen‹, also Hinsichten, in denen du dich nicht einlassen willst, weil, wenn du dich auch noch auf diese Sachgehalte einlassen würdest, die Komplexität deiner Lebensführung zu Überforderungen führen würde.

11 Siehe Erdogan 2008.

Wenn man den Rat an den Migranten in diesem Sinne formuliert, fällt jedem Beobachter unmittelbar auf, daß es sich gar nicht spezifisch um einen Rat für einen Migranten handelt, daß vielmehr die angeführten Gesichtspunkte, sofern sie überhaupt zutreffen, für die Lebensführung eines jeden von uns zutreffend sein werden.

VI. Der Forderungsgehalt pluraler Kulturen

Ich schließe mit einer Bemerkung zum Forderungsgehalt pluraler Kulturen. Die in diesem Text entwickelte These, daß in fast jeder kommunikativen Situation eine Pluralität der involvierten Kulturen unabweisbar ist, impliziert in keiner Weise einen Relativismus, ein *anything goes*. Ohne Frage tritt jede dieser Kulturen den Teilnehmern an Gesellschaft mit einem Forderungsgehalt gegenüber. Und dort, wo eine Person ihre Lebensführung mit einigen dieser Kulturen und Sozialsysteme enger vernetzt, hängt einiges davon ab, daß diese Person sich des Werts der *Eigenkultur* des jeweiligen Bereichs bewußt ist und für den Wert dieser Eigenkultur eintritt. Ich erläutere dies am Beispiel der Schule. Ihre Rolle als Instanz der Vorbereitung auf die Beteiligung an vielfältigen gesellschaftlichen Zusammenhängen kann sie nur spielen, wenn sie sich in der Vielfalt der Kulturen, die sie in sich spiegelt, immer bewußt ist, daß in der Schule die Eigenkultur der Schule den Primat hat. Entsprechendes kann man hinsichtlich der Bindung an die Eigenkultur der Systeme, mit denen man sich in seiner Lebensführung verknüpft, für die anderen großen Funktionsbereiche der pluralen Kultur der Weltgesellschaft sagen. Insofern kann man dieses letzte Argument dieses Textes und jetzt erneut mit Blick auf den Eigenwert der Schule mit jener berühmten Formel Senecas resümieren, die fast immer falsch zitiert wird, die aber in einer selbstreferenzbewußten Gesellschaft nur in der ursprünglichen Version überzeugt: »Non vitae, sed scholae discimus.«[12]

---

12 Seneca, *Epistulae morales ad Lucillium* 106,12.

Literatur

Armstrong, Karen A., 2006: *The Great Transformation. The Beginning of Our Religious Traditions*, New York, Toronto: Alfred A. Knopf.

Ben-David, Joseph und Randall Collins, 1966: Social Factors in the Origin of a New Science: The Case of Psychology, in: *American Sociological Review* 31, 4: 451-465.

Bourdieu, Pierre, 1987: *Sozialer Sinn. Kritik der theoretischen Vernunft*, Frankfurt/M.: Suhrkamp.

Erdogan, Recep Tayyip, 2008: »Assimilation ist ein Verbrechen gegen die Menschlichkeit« ⟨http://www.sueddeutsche.de/politik/85/432834/text⟩.

Luhmann, Niklas, 1971: Sinn als Grundbegriff der Soziologie, in: Jürgen Habermas und Niklas Luhmann (Hg.), *Theorie der Gesellschaft oder Sozialtechnologie – Was leistet die Systemforschung?*, Frankfurt/M.: Suhrkamp, S. 25-100.

– 1985: Die Autopoiesis des Bewußtseins, in: *Soziale Welt* 36: 402-446.

– 1990: *Die Wissenschaft der Gesellschaft*, Frankfurt/M.: Suhrkamp.

Park, Robert Ezra, 1928: Human Migration and the Marginal Man, in: Robert Ezra Park (Hg.), *Race and Culture*, New York: The Free Press 1964, S. 345-356.

– 1964: *Race and Culture. Essays in the Sociology of Contemporary Man*, Free Press paperback, New York: The Free Press.

Parsons, Talcott, 1973: Culture and Social System Revisited, in: Louis Schneider und Charles M. Bonjean (Hg.), *The Idea of Culture in the Social Sciences*, Cambridge: Cambridge University Press, S. 33-46.

Stichweh, Rudolf, 2007: The Eigenstructures of World Society and the Regional Cultures of the World, in: Ino Rossi (Hg.), *Frontiers of Globalization Research: Theoretical and Methodological Approaches*, New York: Springer, S. 133-149.

– 2008a: Das Konzept der Weltgesellschaft: Genese und Strukturbildung eines globalen Gesellschaftssystems, in: Martin Schulte und Rudolf Stichweh (Hg.), *Weltrecht*, Berlin: Duncker & Humblot, S. 329-355.

– 2008b: Zur Soziologie des Weltereignisses, in: Stefan Nacke, René Unkelbach und Tobias Werron (Hg.), *Weltereignisse. Theoretische und empirische Perspektiven*, Wiesbaden: VS Verlag für Sozialwissenschaften, S. 17-40.

Wallerstein, Immanuel, 1974: *The Modern World-System. Capitalist Agriculture and the Origins of the European World-Economy in the Sixteenth Century*, New York: Academic Press.

Textnachweise

1 Die klassische Soziologie des Fremden und die Genese der Disziplin Soziologie (unveröffentlicht)

2 Fremde, Barbaren und Menschen. Vorüberlegungen zu einer Soziologie der ›Menschheit‹ (in: Peter Fuchs und Andreas Göbel (Hg.), *Der Mensch – das Medium der Gesellschaft?*, Frankfurt/M.: Suhrkamp 1994, S. 72-91)

3 Homo sapiens in der Umwelt sozialer Systeme. Eine Antwort auf die Frage »Was ist der Mensch?« (Ms. 2008, unveröffentlicht)

4 Die psychische Einheit der Menschheit und die Nichtrationalität des Sozialen. Voraussetzungen und Folgen einer Idee der Moderne (Vortrag Hanse-Wissenschaftskolleg Delmenhorst, 17. 6. 2009, unveröffentlicht)

5 Der Körper des Fremden (in: Michael Hagner (Hg.), *Der falsche Körper. Beiträge zu einer Geschichte der Monstrositäten*, Göttingen: Wallstein 1995, S. 174-186)

6 Die Semantik des Fremden in der Genese der europäischen Welt (Vortrag Universität Tübingen 13. 10. 2006; unveröffentlicht)

7 Universitätsmitglieder als Fremde in spätmittelalterlichen und frühmodernen europäischen Gesellschaften (in: Marie Theres Fögen (Hg.), *Fremde der Gesellschaft. Historische und sozialwissenschaftliche Untersuchungen zur Differenzierung von Normalität und Fremdheit*, Frankfurt/M.: Klostermann 1991, S. 169-191)

8 Fremde im Europa der frühen Neuzeit (in: Cornelia Bohn/Herbert Willems (Hg.), *Sinngeneratoren. Fremd- und Selbstthematisierung in soziologisch-historischer Perspektive*, Konstanz: UVK 2001, S. 17-33)

9 Ambivalenz, Indifferenz und die Soziologie des Fremden (in: Heinz Otto Luthe und Rainer E. Wiedenmann (Hg.), *Ambivalenz. Studien zum kulturtheoretischen und empirischen Gehalt einer Kategorie der Erschließung des Unbestimmten*, Opladen: Leske & Budrich 1997, S. 165-183)

10 Fremde, Inklusionen und Identitäten (in englischer Sprache veröffentlicht in: *Soziale Systeme* 8, 2002, 101-109)

11 Fremdheit in der Weltgesellschaft. Indifferenz und Minimalsympathie (in: Andreas Gestrich und Lutz Raphael (Hg.), *Inklusion/Exklusion. Studien zu Fremdheit und Armut von der Antike bis zur Gegenwart*, Frankfurt/M.: Lang 2004, S. 35-47)

12 Weltgesellschaft und Fundamentalismus (Vortrag Freiburger Kulturgespräche im Marienbad, 12.-14. 6. 1995; unveröffentlicht)

13 Interkulturelle Kommunikation in der Weltgesellschaft. Zur politischen Soziologie der Integration und Assimilation (Vortrag bei den 1. Ulmer Denkanstößen »Interkulturalität«, Stadthaus Ulm 21. 2. 2008; unveröffentlicht)

Sachregister

abweichendes Verhalten 15
Achsenzeit 195
Adel 114f., 118, 136
Adoption 31, 164
Adressen, kommunikative 47, 151, 154
Affektivität 65f.
Ahnen 27f., 164
Akteur 157
Ambivalenz 13, 78, 128-145
amoralischer Familismus 132
Andersheit 162
Ankömmling 10
Anpassung 10, 53f.
Anthropologie 36, 51
Arbeitsteilung 167
Armut, Paupertas 89, 92f., 95f., 112, 114f., 132, 149f.
Askription/Leistungsorientierung 136
Assimilation 202-204
Asymmetrie 130
Aufklärung 36, 50
Aufklärung, schottische 167f.
Außenmoral 18
Auswanderer 19
Authentica Habita 89
Authentizität 157f.
Autopoiesis 38

Barbarei 144
Barbaren 25-41, 79f., 87
Beamte, fremde 117f.
Begrenzung, soziale 15
bekannt/unbekannt 121, 173
Berber 87
Bestialität 36
Bettler 111, 115
Bewegung 50

binäre Codes / binäre Opposition 63f., 137
Biologie des Menschen 34f.
Bodenbesitz 16f.
Bruderschaft 116
Bürgerrecht der Städte 119-22
Bürgerrecht des Staats 122f.
Bürgertum 105

Calvinismus 103
China 25ff.
Christentum 31ff., 81f.
citizenship 22
civil inattention 143, 170
commonplace folk 143, 169f.
Communities, wissenschaftliche 56f.
Dekontextualisierungsthese 183
denial of reciprocity / permissiveness 137
detached concern 13, 135f., 173
detachement 12
Dienstpersonal 22
Differenz, kulturelle 39
Differenzen, kleine 67
Differenzierung, Differenzierungstheorie 39, 53, 150f., 152
Disaffiliation 14
Distanz, Distanznahme 11f., 162
Diversität 40, 41, 45, 189f., 199f.
Disziplin, wissenschaftliche 9f., 13, 22
Domestikation 47
dual inheritance 54
Dualität 16

Ebenenunterschiede 21
Ehe, Ehepartner 21, 101, 113, 118, 131
Ehre 114

Eigenkulturen der Funktionssysteme 197, 204
Eigenrealität des Sozialen 53 f.
Einheit der Menschheit 37 f.
Einwanderer 14
Einwohner und Bürger 121 f.
Eliten, soziale 103 f.
Epidemiologie 54 f.
Erwartungen 20, 151 f.
Erziehung, Bildung 36 f.
Ethnologie 51
Europa 28, 50, 75-82, 166, 177 f.
Evolution 38, 54, 55 f.
Exil 30, 82, 93, 166
Exklusion 12, 46, 124, 144, 148 f.

familiale Sozialstruktur 21, 113
Familienuniversität 99-102
Feind 26, 77, 130 ff.
Forschungsreisen 50-52
Französische Revolution 36, 38
Fremdenuniversität 99-102
Freund/Feind 142, 144, 167 f.
Freundschaftstheorie 167
Frühe Neuzeit 111-124
Fundamentalismus 184-191
funktionale Differenzierung 142, 154, 178-180, 183, 184-186, 196-198
funktionale Spezifikation 97, 140

Gast, Gastfreundschaft 22, 27, 76-78, 113, 114 f., 130-133, 142-144
Gastarbeiter 78 f.
Gastgeber 76 f.
Geld, Geldverleih 17, 19, 128, 183
Gelehrsamkeit 84-106
Geophysik 51
Genealogie 28
Genus humanum 29
Gesellschaft, Gesellschaftsbegriff 45, 53, 177-82
Ghostwriting 154 Fn 7

Goten 26
Gott, Delokalisierung 29 f.
Gott, Fremde als Gott 27
Grenzbildung sozialer Systeme 47
Griechenland 61

Habitus 202 f.
Handel, Händler 16 f., 88 f., 104
Handlung 62
Handwerker 97, 116
Haus, oikos 21, 113, 142 f.
Herrschaft 27
Himmelsrichtungen 25
Homo sapiens 45-48, 52 f., 195
Homonymie, gegenbegriffliche 129-131
Hospes/Hostis 76 f.
Hospitalitas 80 f.
Hospital 76 f., 95 f.
Hugenotten 117
humanitär 39
Humanitas 29, 36 f.
humboldtian science 51
Hund 25, 28
Hungersnot 183 f.
Hybrid, kultureller 11 ff.
hyphenated American 13

Identifikation 14 f., 86
Identität 156-159, 188 f.
Illoyalität 14
Immediatstellung des Fremden 98, 106, 116 f.
Impenetrabilität 50
Indianer 32, 33, 59
Indifferenz 121, 143 f., 167-174
Individualität 46, 142, 168 f., 188
Informationstheorie 150
Inklusion 14 f., 69 f.
Inklusion und Exklusion 20, 22, 76, 112-117, 121, 131, 148-159, 190 f.

Inklusionsidentität / Exklusions-
   identität 158
Inkommensurabilität 14
Innendifferenzierung der Funkti-
   onssysteme 197f.
inkorporierte soziale Systeme 156
Innovation 12 ff., 129, 134
Integration, Sozialintegration 11,
   30, 85, 114, 133, 202-204
Intelligenz 17
Intellektueller 13
Interaktion und Weltgesell-
   schaft 182
Interaktionsmuster 121
intuitive Überzeugungen 54f.
Interkulturalität 60, 200f.
Irritation, Störung 129, 155, 162
Islam 81
Israel 133

japanische Kultur 190f.
Jesuiten 103f.
Jude, Judentum 15, 18 Fn 28, 19, 30,
   59, 67-71, 91, 111, 113, 123, 140

kalkuliertes Wohlwollen 167
Klassizität 9f.
Kleidung 64
Kleingruppe 94, 101
Kleinstadt 15
Klerus, Kleriker 95
Klient 13
Königreich, Königtum 113, 114f.,
   117f.
Körper 59-71
Koevolution 53f.
kollektive Identität 156
Kommunikation, Kommunika-
   tionstheorie 40f., 55, 149f.,
   180f.
Kommunitarismus 185
kompakte soziale Objekte 155

Konfessionalisierung 103f.
Kontingenz 111
Korporation 90f., 93, 96-98, 99-
   102, 116, 122, 134
Kosmopolit, Kosmopolitismus 59,
   104
Kosmos 51
Kriminalität 15, 144
Kultur, Kulturbegriff 14, 28f., 34f.,
   54, 198-200
Kultur der Weltgesellschaft 189-191
Kunst, Codierung 138
Kunst der Vermeidung 172

Langobarden 80
Laster 105
Lebensbedingungen, Einheitlichkeit
   der 181f.
Lehre, universitäre 97f.
Liebe/Liebesbeziehungen 142
Liquidität 16f., 79
Loyalität, geteilte 13

Makrosoziologie 40f.
Markomannen 31
Marginalität, marginal man 11 ff.,
   85-87
Medientheorie 17 Fn 26
Medizin als Funktionssystem 197
Mensch 45-48, 50ff.
Mensch und Bürger 36
Menschenrechte 47
Menschenwürde 32
Menschheit 25-41, 60, 167
Metarepräsentation 55
Metoikos 79
Migration, Migrant 45, 52, 79,
   119-121, 203f.
Mikrodiversität 47
Mikrosoziologie 40
Militär, Offiziere 118f.
Militärdienst 70

Minimalsympathie, minimale Akzeptation 172-174
Mitgliedschaft 20, 152f., 155
Mobilität, räumliche 19
Mönchstum 92, 95
Monstrosität, Mißbildung 35, 62f., 96f.
Moral 39 Fn 58, 173f.
Multikulturalismus 201-204

Nachbar 113
Nächstenliebe 31 Fn 22
Nähe und Ferne 12
Nation, Nationalismus 21f., 106, 123f., 157
Nation, amerikanische 40
Nationalstaat 9, 22, 92, 165, 187-189
naturalistische Epistemologie 56f.
Naturlehre, Naturgeschichte 50
Naturrecht 167
Naturreiche 50ff., 54
Negationen 171
Netzwerke 19, 159, 168, 173
Neuguinea 164, 181 u. Fn 7
Neuhumanismus 37
Nichtkommunikation 172
Nichtrationalität 50-57
Normen und Werte 53, 132, 135f.

Objektivität 11
Ödnis 18
Ökologie 40f.
operationale Schließung 153f.
operative Kultur 199
Organisation, formale 20, 153
Ostafrika 45, 52

Paradoxie 13, 136, 137, 144
Patriotismus 39, 157
Patriziat 100
pattern variables 136
peregrinatio academica 93, 102f.

Periphere, der 111, 124
Person, Personalität 28
persönlich/unpersönlich 121, 140f., 173
Philologie 9
Pilger, Pilgerschaft 88, 112
plurale Kulturen 204
Politik, Opposition 138
politischer Fundamentalismus 185f.
politisches System 153, 179, 187-189
Polizei und Recht 122
Population 19, 45ff.
Preis 16f.
Privilegierung/Disprivilegierung des Fremden 91f., 95, 98f., 104-106
Problemstellung 10
psychische Einheit der Menschheit 37f., 45f., 50-57
psychische Systeme 46f., 151, 154f., 200
Psychologie 56f.
Professionelle 12f., 37, 137

Rasse 64
Rationalität 57, 185
Raum und Zeit 183f.
Religion 55f.
religiöser Fundamentalismus 184f., 187-189
Repräsentationen 54f.
Republik 177f.
Reserviertheit 169
Ressourcenknappheit 132
Reziprozität 130, 132f.
Römerbrief 32
Römisches Reich 25ff., 29, 31f.
Rollen, Berufsrollen 15f., 20, 135f.
Rollenhybrid 13, 15
routine benevolence 143, 171
Rücksichtslosigkeit des Fremden 18 u. Fn 28

Rücksichtslosigkeit sozialer Systeme 47f.

Schließung sozialer Systeme 153f.
Schnelligkeit 140f.
Schöpfung 38
Schule 204
Semantik, historische 9, 46f., 148f., 152-154, 163
Sichtbarkeit 61f., 65
Sinnbegriff 199
Sklave, Sklaverei 35, 46, 64, 130f.
Solidarität 37, 180
soziale und sachliche Differenzen 162f.
Sozialstruktur 198
Sozialsystem 45
soziokulturelle Evolution 54-57
Soziologie 9-22, 148, 177f.
Spezies 41, 45-48
Sport 60
Sprache 28f., 59f.
Staat und Gesellschaft 177-179
Staat und Weltgesellschaft 187f.
Staatsbildung frühe Neuzeit 122-124
Stadt 22, 105, 119-21, 139, 141, 165, 170
Stände, ständische Gesellschaft, stratifizierte Gesellschaft 32, 34, 37, 105f., 114, 116f., 118, 134, 153, 164f.
Stammesgesellschaften, tribes 25, 27, 133f., 181
Status, pluraler (für Fremde) 30f. u. Fn 21, 123, 165
Statusabstieg 111
Statuslücken 76, 116f., 134, 135
strukturelle Kopplung 45f.
Studium generale 90f.
stummer Handel 59
Subjektivität 46

Supernumerarius 17
Symbola 77
sympathetisch vs. typisierend 141f.
Systemtheorie 149, 151

Tastsinn 65f.
Tauschbeziehungen 167f.
Telekommunikation 182
Teilzeitidentität 158f.
Territorialstaat 102
Tier und Mensch 28f., 34f.
Tötung 78
treuhänderische Verantwortung 48
Turnbewegung, jüdische 68, 70

Überraschung 75, 128f.
Überzeugungen (beliefs) 54f.
Umschaltbegriffe 21
Und-so-weiter-Hypothese 182f.
Uneindeutigkeit 131
Ungewißheit 27, 114, 132, 141
Ungleichheit 46, 50, 181f.
Universalisierung des Fremden 139, 165
Universalismus/Partikularismus 40, 89f., 93, 101f., 136
Universalmacht 90
Universität 84-106
Universitätsnationen 33, 62f., 96f., 100, 103, 106, 116
Unsichtbarkeit des Fremden 138f., 166
Untertan und Bürger 122

Vagabund, Vagantentum 92, 111f., 123
Verhaltensorganismus 62
Vernunft 33f.
Vertrauen 170f.
Verwandtschaft 21f., 131, 142
Völkerrecht 33, 82
Voluntarismus 53

Wanderer 111
weak ties/strong ties 85, 159
Weltfremdheit 93
Weltgesellschaft 21, 22, 37 ff., 41, 45-48, 128, 150, 166, 174, 179-184, 186, 187-191, 195 f.
Wilde 33 ff.
Wirtschaft 16 f., 19, 185, 198
Wissenschaft und Fremdheit 84-106
Wissenschaft und interne Differenzierung 197 f.
Wissenschaft und Religion 56 f.
Wissenschaft und Wahrheit 137 f.
Wohlfahrtsstaat 124, 188
Wohnformen, studentische 98

Xenos 77
Xenophobie 117

Zeithorizonte 18 f.
Zentrum/Peripherie 11
Zigeuner 111, 123
Zweckrationalität 18
Zwischenhandel 16 f.

Soziologie und Systemtheorie im Suhrkamp Verlag
Eine Auswahl

Dirk Baecker
- Die Form des Unternehmens. stw 1453. 288 Seiten
- Organisation und Management. stw 1614. 348 Seiten
- Organisation als System. stw 1434. 384 Seiten

Claudio Baraldi/Giancarlo Corsi/Elena Esposito. GLU. Glossar zu Niklas Luhmanns Theorie sozialer Systeme. stw 1226. 248 Seiten

Karl-Heinrich Bette. Systemtheorie und Sport. stw 1399. 307 Seiten

Günter Burkart/Gunter Runkel (Hg.). Luhmann und die Kulturtheorie. stw 1725. 289 Seiten

Elena Esposito
- Die Fiktion der wahrscheinlichen Realität. Aus dem Italienischen von Nicole Reinhardt. es 2485. 127 Sciten
- Soziales Vergessen. Formen und Medien des Gedächtnisses der Gesellschaft. stw 1557. 419 Seiten
- Die Verbindlichkeit des Vorübergehenden: Paradoxien der Mode. 192 Seiten. Kartoniert

Peter Fuchs
- Die Erreichbarkeit der Gesellschaft. Zur Konstruktion und Imagination gesellschaftlicher Einheit. 291 Seiten. Gebunden
- Intervention und Erfahrung. stw 1427. 160 Seiten
- Moderne Kommunikation. Zur Theorie des operativen Displacements. 248 Seiten. Gebunden

- Die Umschrift. Zwei kommunikationstheoretische Studien: »japanische Kommunikation« und »Autismus«.
  stw 1216. 198 Seiten
- Das Unbewußte in Psychoanalyse und Systemtheorie. Die Herrschaft der Verlautbarung und die Erreichbarkeit des Bewußtseins. stw 1373. 240 Seiten

Peter Fuchs/Andreas Göbel (Hg.). Der Mensch – das Medium der Gesellschaft? stw 1177. 368 Seiten

Hans-Joachim Giegel/Uwe Schimank. Beobachter der Moderne. Niklas Luhmanns ›Die Gesellschaft der Gesellschaft‹. stw 1612. 352 Seiten

Matthias Grundmann (Hg.). Konstruktivistische Sozialisationsforschung. Lebensweltliche Erfahrungskontexte, individuelle Handlungskompetenzen und die Konstruktion sozialer Strukturen. Beiträge zur Soziogenese der Handlungsfähigkeit. stw 1429. 352 Seiten

Kai-Uwe Hellmann. Soziologie der Marke.
stw 1679. 532 Seiten

Kai-Uwe Hellmann/Rainer Schmalz-Bruns. Theorie der Politik. Niklas Luhmanns politische Soziologie.
stw 1583. 319 Seiten

André Kieserling
- Kommunikation unter Anwesenden. Studien über Interaktionssysteme. 520 Seiten. Gebunden
- Selbstbeschreibung und Fremdbeschreibung. Beiträge zu einer Soziologie des soziologischen Wissens.
  stw 1613. 306 Seiten

Bruno Latour
- Die Hoffnung der Pandora. Untersuchungen zur Wirklichkeit der Wissenschaft. Aus dem Englischen von Gustav Roßler. stw 1595. 386 Seiten
- Eine neue Soziologie für eine neue Gesellschaft. Aus dem Englischen von Gustav Roßler. Mit Abbildungen. 488 Seiten. Gebunden
- Das Parlament der Dinge. Für eine politische Ökologie. Aus dem Französischen von Gustav Roßler. 365 Seiten
- Wir sind nie modern gewesen. Versuch einer symmetrischen Anthropologie. Aus dem Französischen von Gustav Roßler. stw 1861. 205 Seiten

Dieter Lenzen (Hg.). Irritationen des Erziehungssystems. Pädagogische Resonanzen auf Niklas Luhmann. stw 1657. 236 Seiten

Niklas Luhmann
- Ausdifferenzierung des Rechts. Beiträge zur Rechtssoziologie und Rechtstheorie. stw 1418. 459 Seiten
- Das Erziehungssystem der Gesellschaft. Herausgegeben von Dieter Lenzen. stw 1593. 236 Seiten
- Funktion der Religion. stw 407. 324 Seiten
- Die Gesellschaft der Gesellschaft. Zwei Bände. stw 1360. 1164 Seiten
- Gesellschaftsstruktur und Semantik. Studien zur Wissenssoziologie der modernen Gesellschaft.
  Band 1. stw 1091. 319 Seiten
  Band 2. stw 1092. 294 Seiten
  Band 3. stw 1093. 458 Seiten
  Band 4. stw 1438. 185 Seiten
- Ideenevolution. Beiträge zur Wissenssoziologie. Herausgegeben von Andre Kieserling. stw 1870. 400 Seiten
- Die Kunst der Gesellschaft. stw 1303. 517 Seiten
- Legitimation durch Verfahren. stw 443. 261 Seiten

- Liebe als Passion. Zur Codierung von Intimität.
  stw 1124. 231 Seiten
- Die Moral der Gesellschaft. Herausgegeben von Detlef
  Horster. stw 1871. 401 SeitenDie Politik der Gesellschaft.
  Herausgegeben von André Kieserling. stw 1582. 444 Seiten
- Protest. Systemtheorie und soziale Bewegungen. Herausgegeben und eingeleitet von Kai-Uwe Hellmann.
  stw 1256. 216 Seiten
- Das Recht der Gesellschaft. stw 1183. 598 Seiten
- Die Religion der Gesellschaft. stw 1581. 368 Seiten
- Schriften zur Kunst und Literatur. Herausgegeben und mit
  einem Nachwort von Niels Werber. stw 1872. 300 Seiten
- Schriften zur Pädagogik. Herausgegeben und mit einem
  Vorwort von Dieter Lenzen. stw 1697. 350 Seiten
- Soziale Systeme. Grundriß einer allgemeinen Theorie.
  stw 666. 675 Seiten
- Theorie der Gesellschaft. Neun Bände in Kassette. Die Kassette enthält: Soziale Systeme / Die Gesellschaft der Gesellschaft / Die Wissenschaft der Gesellschaft / Die Wirtschaft der Gesellschaft / Das Recht der Gesellschaft / Die Kunst der Gesellschaft / Die Politik der Gesellschaft / Die Religion der Gesellschaft / Das Erziehungssystem der Gesellschaft. Zusammen 5100 Seiten
- Die Wirtschaft der Gesellschaft. stw 1152. 356 Seiten
- Die Wissenschaft der Gesellschaft. stw 1001. 732 Seiten
- Zweckbegriff und Systemrationalität. Über die Funktion
  von Zwecken in sozialen Systemen. stw 12. 390 Seiten

Niklas Luhmann/Peter Fuchs. Reden und Schweigen.
stw 848. 227 Seiten

Niklas Luhmann/Karl Eberhard Schorr. Reflexionsprobleme
im Erziehungssystem. stw 740. 390 Seiten

Niklas Luhmann/Karl Eberhard Schorr (Hg.). Zwischen Intransparenz und Verstehen. Fragen an die Pädagogik. stw 572. 325 Seiten

Niklas Luhmann/Stephan H. Pfürtner (Hg.). Theorietechnik und Moral. stw 206. 267 Seiten

Rudolf Maresch/Niels Werber (Hg.)
- Kommunikation – Medien – Macht. stw 1408. 450 Seiten
- Raum – Wissen – Macht. stw 1603. 309 Seiten

Richard Münch. Offene Räume. Soziale Integration diesseits und jenseits des Nationalstaats. stw 1515. 318 Seiten

Armin Nassehi. Der soziologische Diskurs der Moderne. 502 Seiten. Gebunden

Armin Nassehi/Gerd Nollmann (Hg.). Bourdieu und Luhmann. Ein Theorievergleich. stw 1696. 272 Seiten

Frithard Scholz. Freiheit als Indifferenz. Alteuropäische Probleme mit der Systemtheorie Niklas Luhmanns. 287 Seiten. Kartoniert

Rudolf Stichweh
- Der frühmoderne Staat und die europäische Universität. Zur Interaktion von Politik und Erziehungssystem im Prozeß ihrer Ausdifferenzierung im 16.-18. Jahrhundert. 427 Seiten. Gebunden
- Wissenschaft, Universität, Profession. Soziologische Analysen. stw 1146. 402 Seiten
- Theorie der Weltgesellschaft. Soziologische Analysen. stw 1500. 275 Seiten

Helmut Willke
- Atopia. Studien zur atopischen Gesellschaft.
  stw 1516. 263 Seiten
- Dystopia. Studien zur Krisis des Wissens in der modernen Gesellschaft. stw 1559. 291 Seiten
- Heterotopia. Studien zur Krisis der Ordnung moderner Gesellschaften. stw 1658. 356 Seiten
- Supervision des Staates. 380 Seiten. Gebunden

Pierre Bourdieu
im Suhrkamp Verlag

Ein soziologischer Selbstversuch. Übersetzt von Stephan Egger. Mit einem Nachwort von Franz Schultheis.
es 2311. 151 Seiten

Die feinen Unterschiede. Kritik der gesellschaftlichen Urteilskraft. Übersetzt von Bernd Schwibs und Achim Russer. Gebunden und stw 658. 910 Seiten

Homo academicus. Übersetzt von Bernd Schwibs.
Gebunden, kartoniert und stw 1002. 455 Seiten

Die männliche Herrschaft. Übersetzt von Jürgen Bolder.
211 Seiten. Gebunden

Meditationen. Zur Kritik der scholastischen Vernunft. Übersetzt von Achim Russer. Gebunden und stw 1695. 335 Seiten

Praktische Vernunft. Zur Theorie des Handelns. Übersetzt von Hella Beister. es 1985. 226 Seiten

Rede und Antwort. Übersetzt von Bernd Schwibs.
es 1547. 237 Seiten

Die Regeln der Kunst. Genese und Struktur des literarischen Feldes. Übersetzt von Bernd Schwibs und Achim Russer.
stw 1539. 552 Seiten

Sozialer Sinn. Kritik der theoretischen Vernunft. Übersetzt von Günther Seib. stw 1066. 503 Seiten

Soziologische Fragen. Übersetzt von Hella Beister und Bernd Schwibs. es 1872. 256 Seiten

Über das Fernsehen. Übersetzt von Achim Russer. es 2054. 140 Seiten

Zur Soziologie der symbolischen Formen. Übersetzt von Wolfgang Fietkau. stw 107. 201 Seiten

Zu Pierre Bourdieu

Bourdieu und Luhmann. Ein Theorienvergleich. Herausgegeben von Armin Nassehi und Gerd Nollmann. stw 1696. 350 Seiten

Pierre Bourdieu: Deutsch-französische Perspektiven. Herausgegeben von Catherine Colliot-Thélène, Etienne François und Gunter Gebauer. stw 1752. 329 Seiten